奋楫扬帆

——来自两会的声音

本书编写组★编

中国言实出版社

图书在版编目(CIP)数据

奋楫扬帆：来自两会的声音 /《奋楫扬帆：来自两会的声音》编写组编．-- 北京：中国言实出版社，2023.3

ISBN 978-7-5171-4410-6

Ⅰ．①奋… Ⅱ．①奋… Ⅲ．①全国人民代表大会—2023—学习参考资料②中国人民政治协商会议—2023—学习参考资料 Ⅳ．①D622 ②D627

中国国家版本馆 CIP 数据核字（2023）第 041749 号

奋楫扬帆——来自两会的声音

责任编辑：张　朕
责任校对：代青霞

出版发行：中国言实出版社
　地　址：北京市朝阳区北苑路180号加利大厦5号楼105室
　邮　编：100101
　编辑部：北京市海淀区花园路6号院B座6层
　邮　编：100088
　电　话：010-64924853（总编室）　010-64924716（发行部）
　网　址：www.zgyscbs.cn　电子邮箱：zgyscbs@263.net

经　销：新华书店
印　刷：北京温林源印刷有限公司
版　次：2023年3月第1版　2023年4月第2次印刷
规　格：710毫米×1000毫米　1/16　26.25印张
字　数：386千字

定　价：42.00元
书　号：ISBN 978-7-5171-4410-6

目　录

特　稿

特别报道

一、习近平总书记全票当选国家主席中央军委主席

二、习近平总书记在第十四届全国人民代表大会第一次会议上的重要讲话引起热烈反响

两会前瞻

共商国是

通道连线

三、连线·委员通道

热点话题

一、中国式现代化

二、推动高质量发展

三、实现高水平科技自立自强

六、完善基层治理

九、推进全体人民共同富裕

十、推动发展方式绿色转型

国际反响

两会传声

特稿

在第十四届全国人民代表大会第一次会议上的讲话

（2023 年 3 月 13 日）

习近平

各位代表：

这次大会选举我继续担任中华人民共和国主席，我对各位代表和全国各族人民的信任，表示衷心感谢！

这是我第三次担任国家主席这一崇高职务。人民的信任，是我前进的最大动力，也是我肩上沉甸甸的责任。我将忠实履行宪法赋予的职责，以国家需要为使命，以人民利益为准绳，恪尽职守，竭诚奉献，绝不辜负各位代表和全国各族人民的重托！

各位代表！

具有五千多年文明史的中华民族，在历史上创造了无数辉煌，也经历过许多磨难。近代以后，中国逐步成为半殖民地半封建社会，饱受列强欺凌、四分五裂、战乱频繁、生灵涂炭之苦。中国共产党成立之后，紧紧团结带领全国各族人民，经过百年奋斗，洗雪民族耻辱，中国人民成为自己命运的主人，中华民族迎来了从站起来、富起来到强起来的伟大飞跃，中华民族伟大复兴进入了不可逆转的历史进程。

从现在起到本世纪中叶，全面建成社会主义现代化强国、全面推进中华民族伟大复兴，是全党全国人民的中心任务。强国建设、民族复兴的接力棒，历史地落在我们这一代人身上。我们要按照党的二十大的战略部署，坚持统筹推进“五位一体”总体布局、协调推进“四个全面”战略布局，加快推进中国式现代化建设，团结奋斗，开拓创新，在新征程上作出无负时代、无负历史、无负人民的业绩，为推进强国建设、民族复兴作出我们这一代人的应有贡献！

各位代表！

在强国建设、民族复兴的新征程，我们要坚定不移推动高质量发展。要完整、准确、全面贯彻新发展理念，加快构建新发展格局，深入实施科教兴国战略、人才强国战略、创新驱动发展战略，着力提升科技自立自强能力，推动产业转型升级，推动城乡区域协调发展，推动经济社会发展绿色化、低碳化，推动经济实现质的有效提升和量的合理增长，不断壮大我国经济实力、科技实力、综合国力。

我们要始终坚持人民至上。全面建成社会主义现代化强国，人民是决定性力量。要积极发展全过程人民民主，坚持党的领导、人民当家作主、依法治国有机统一，健全人民当家作主制度体系，实现人民意志，保障人民权益，充分激发全体人民的积极性主动性创造性。要贯彻以人民为中心的发展思想，完善分配制度，健全社会保障体系，强化基本公共服务，兜牢民生底线，解决好人民群众急难愁盼问题，让现代化建设成果更多更公平惠及全体人民，在推进全体人民共同富裕上不断取得更为明显的实质性进展。要不断巩固发展全国各族人民大团结、海内外中华儿女大团结，充分调动一切积极因素，凝聚起强国建设、民族复兴的磅礴力量。

我们要更好统筹发展和安全。安全是发展的基础，稳定是强盛的前提。要贯彻总体国家安全观，健全国家安全体系，增强维护国家安全能力，提高公共安全治理水平，完善社会治理体系，以新安全格局保障新发展格局。要全面推进国防和军队现代化建设，把人民军队建设成为有效维护国家主权、安全、发展利益的钢铁长城。

我们要扎实推进“一国两制”实践和祖国统一大业。推进强国建设，离不开香港、澳门长期繁荣稳定。要全面准确、坚定不移贯彻“一国两制”、“港人治港”、“澳人治澳”、高度自治的方针，坚持依法治港治澳，支持香港、澳门特别行政区发展经济、改善民生，更好融入国家发展大局。实现祖国完全统一是全体中华儿女的共同愿望，是民族复兴的题中之义。要贯彻新时代党解决台湾问题的总体方略，坚持一个中国原则和“九二共识”，积极促进两岸关系和平发展，坚决反对外部势力干涉和“台独”分裂活动，坚定不移推进祖国统一进程。

我们要努力推动构建人类命运共同体。中国的发展惠及世界，中国的发展离不开世界。我们要扎实推进高水平对外开放，既用好全球市场和资源发展自己，又推动世界共同发展。我们要高举和平、发展、合作、共赢旗帜，始终站在历史正确一边，践行真正的多边主义，践行全人类共同价值，积极参与全球治理体系改革和建设，推动建设开放型世界经济，推动落实全球发展倡议、全球安全倡议，为世界和平发展增加更多稳定性和正能量，为我国发展营造良好国际环境。

各位代表！

治国必先治党，党兴才能国强。推进强国建设，必须坚持中国共产党领导和党中央集中统一领导，切实加强党的建设。要时刻保持解决大党独有难题的清醒和坚定，勇于自我革命，一刻不停全面从严治党，坚定不移反对腐败，始终保持党的团结统一，确保党永远不变质、不变色、不变味，为强国建设、民族复兴提供坚强保证。

各位代表！

强国建设、民族复兴的宏伟目标令人鼓舞，催人奋进。我们要只争朝夕，坚定历史自信，增强历史主动，坚持守正创新，保持战略定力，发扬斗争精神，勇于攻坚克难，不断为强国建设、民族复兴伟业添砖加瓦、增光添彩！

谢谢大家！

（2023 年 3 月 14 日《人民日报》第 2 版）

团结奋进，创造新的伟业

——习近平总书记同出席二〇二三年全国两会人大代表、政协委员共商国是纪实

乘着浩荡东风，踏上新的征程。

在全面贯彻党的二十大精神开局之年，在亿万中国人民向着第二个百年奋斗目标砥砺前行之时，出席 2023 年全国两会的代表委员肩负人民重托，齐聚首都北京，共商国家大计。

连日来，习近平总书记参加江苏代表团审议，看望民建、工商联界委员并参加联组会，出席解放军和武警部队代表团全体会议，同大家倾心交流、深入讨论、擘画未来，凝聚起全面建设社会主义现代化国家、全面推进中华民族伟大复兴的磅礴力量。

把握首要任务：“没有高质量发展，就谈不上社会主义现代化”

党的二十大擘画了全面建设社会主义现代化国家、以中国式现代化全面推进中华民族伟大复兴的宏伟蓝图。

全面贯彻落实党的二十大精神，通过法定程序把党的二十大作出的决策部署转化为全国人民的实际行动，2023 年全国两会承载历史重任、备受各界瞩目。

3 月 5 日上午，人民大会堂，十四届全国人大一次会议首场“代表通道”开启。

聚光灯前，来自徐工集团的单增海代表，就如何提升中国制造硬实力回答了新华社记者提问。

“电影《流浪地球 2》中‘宇宙级’的施工，国产工程机械成了‘特殊演员’。近 30 年投身这个行当，我深刻感受到科技创新就要摒弃幻想，靠自己！”面对镜头，单增海充满自信。

单增海没想到，这一幕通过电视直播，被习近平总书记关注到了。

当天下午，人民大会堂东大厅，总书记来到江苏代表团参加审议。

坐在总书记对面的单增海刚一发言，习近平总书记就认出了他：“你今天在代表通道接受记者采访了吧？”

“是的。”

“我看到了。”总书记笑着说。

这是单增海第二次近距离同总书记交流。上一次还是 2017 年 12 月 12 日——党的十九大后习近平总书记首次国内考察，第一站就来到了单增海工作的徐工集团。

单增海清晰记得，那天，总书记饶有兴致地登上一台全地面轮式起重机，询问技术细节和操作流程，叮嘱大家“创新是企业核心竞争力的源泉，很多核心技术是求不到、买不来的”。

再次见到总书记，单增海迫不及待报告好消息：“您当时乘坐的全地面轮式起重机，关键指标已达到全球第一，国产化率由原来的 71% 提升到 100%。”

“起重机里面的芯片，是国产的吗？”总书记问。

“全是国产的。”

单增海进一步介绍，近年来徐工牢记总书记嘱托，坚持创新驱动，加大科研投入，北京大兴国际机场、港珠澳大桥、卡塔尔世界杯场馆等“超级工程”出现了越来越多徐工装备的身影。

“你们的工程机械是做出来了，达到了世界领先水平。”总书记点点头，“从全世界来看，我们现在的制造业门类品种是最齐全的。同时，我们还要再提升，向中高端走，我们高质量发展要体现在这里。任何时候，中国都不能缺少制造业。”

高质量发展，是党的二十大报告中强调的“全面建设社会主义现代化国家的首要任务”，是中国式现代化的一条本质要求，也是今年全国两会总书记反复论及的关键词。

如何推动高质量发展？

在江苏代表团，习近平总书记高屋建瓴、条分缕析，从制造业说起，为全国指明方向——

加快实现高水平科技自立自强是“必由之路”，加快构建新发展格局是“战略基点”，推进农业现代化是“必然要求”，人民幸福安康是“最终目的”……

谈到农业现代化，来自镇江新区永兴农机机械化专业合作社的魏巧代表讲了自己辞去北京好工作回乡务农的故事：

2014 年，习近平总书记来到魏巧的家乡考察现代农业发展情况，同下乡服务的农业老专家赵亚夫亲切交谈。

“我记得那天深夜，父亲打电话跟我说，总书记高度赞扬农业专家赵亚夫，你们两口子都是学农的，希望你们能回来接我的班，像赵老一样把论文写在大地上。”

在父亲激励下，魏巧和爱人分别辞去中科院和北京大学的工作，从城市回到乡村，成了数字化大田种植的行家里手。

“我们现在种植了 2 万多亩水稻，亩产达 1100 斤，通过数字化管理，大大提高劳动效率。”魏巧介绍说。

“2 万多亩，在南方面积是不小的。这样机械可以施展，可以搞现代设施农业。”总书记肯定道。

从现代农业的高质高效，放眼乡村振兴的人才问题，总书记进一步说：

“我们的年轻人、知识分子，也要双向流动。一方面在城镇化过程中成为新市民，另一方面农村对人才需求很大。像魏巧这样的同志到农村去，很好！这方面国家要有一些导向，有一些政策支持。”

在习近平总书记心中，中国式现代化是“农业强、农村美、农民富”的幸福图景，是“天蓝地绿水清”的壮美画卷。

江苏以占全国 1% 的面积、6% 的人口，创造了 10% 以上的经济总量。在对“排头兵”寄予厚望的同时，总书记始终强调“在率先、排头、先行的内涵中，把生态作为一个标准”。

“太湖好一点了吗？”“没有蓝藻了吧？”在许昆林代表发言时，习近平总书记插话问。

“我一直要求，在生态上一定要把握住。歌里唱‘太湖美’，多美啊！但一想起蓝藻，就起腻了。工业和生活排放一度对太湖污染很大，治理花了很大力气。我们讲绿水青山就是金山银山，生态搞不好就不是‘金山银山’，反而成了亏钱买卖。”总书记语重心长。

以高质量发展扎实推进中国式现代化，以中国式现代化全面推进中华民族伟大复兴。

总书记强调：“没有高质量发展，就谈不上社会主义现代化。我们谈高质量发展，不谈新发展理念不行。必须完整、准确、全面贯彻新发展理念，始终以创新、协调、绿色、开放、共享的内在统一来把握发展、衡量发展、推动发展。”

坚持稳中求进：“扎扎实实、踏踏实实地搞现代化建设”

“2023 年是贯彻党的二十大精神的开局之年，做好今年经济社会发展工作，推动经济运行整体好转，对于全面建设社会主义现代化国家开好局、起好步至关重要。”

3 月 6 日下午的政协民建、工商联界委员联组会上，习近平总书记回顾过去、分析当下、展望未来：

“面对国际国内环境发生的深刻复杂变化，必须做到沉着冷静、保持定力，稳中求进、积极作为，团结一致、敢于斗争。”

二十四个字，彰显着中国共产党应变局、开新局的智慧和定力。

联组会上，来自宁德时代新能源科技股份有限公司的曾毓群委员汇报了企业研发新能源汽车动力电池，努力占领全球新能源产业制高点的情况。“现在，宁德时代在全球动力电池的份额已达 37%，连续 6 年全球第一。”

“我在的时候，可没你这个企业啊。”30 多年前习近平总书记在宁德工作过，对曾经欠发达的闽东地区印象深刻。

“您在宁德的时候，我还在读大学。”

“突然冒出来个宁德时代，真是没想到，搞得还挺大的。”总书记笑着说。

曾毓群谈到战略性矿产资源的对外依存度，建议加强上游矿产资源保障和海外融资布局。

“新兴产业如火如荼。对这个事，亦喜亦忧。”习近平总书记深思熟虑，“喜的是，我们这一行在全世界走在前头了；忧的是，就怕来个大呼隆，先是一哄而起，最后一哄而散。你讲到上游矿产，人家对我们‘卡脖子’有些恰恰就是从上游开始的。”

“参与国际竞争，还要搞好统筹规划。市场有多大？风险在哪里？要防止一路所向披靡、孤军深入，最后却被人兜了底、全军覆没。要看到国际竞争异常激烈，国际斗争风云变幻。在人家对我们零和博弈情况下，还要给自己留条后路啊！”

习近平总书记把目光转向与会的中央和国家机关领导同志，进一步强调，国家产业政策一定要稳慎，制定产业政策、推动产业发展都要稳慎。希望我们的新能源产业，既要抓住机遇顺势而上，也要统筹好发展和安全的关系。

备豫不虞，为国常道。

民建中央副主席解冬委员谈到，风险投资在科创企业发展初期发挥着关键性作用，建议加大力度引导更多长期资本入场，打通金融支持科创“最先一公里”和“最后一公里”。

习近平总书记表示，这个金融问题，一个是改革，使金融在经济建设中起到关键作用；再一个就是防范风险。这两个问题在我们当前金融业态中都很突出。现在，风险投资搞起来了，总的看还是比较稳当的。

习近平总书记同时叮嘱道，在推进过程中还是要谨慎。我们的一些政策，搞好了是改革的成功，搞不好就可能是腐败的痛点。我们说不立不破。总之，科技要上来，科技金融要加强。决定做一件事情后，怎么推动起来，还是要好好研究，做好周全准备，必要时先行试点。

总书记举了个例子：就像“放管服”改革，“放”了以后，“管”跟上没有？“服”到位了没有？光“放”不“管”不行，跟着就要爆雷。

居安思危，于治思乱，破立并举。

在江苏代表团，习近平总书记强调了两个安全底线：“我常说两个必保，一个是粮食饭碗中国必须端牢，再一个制造业必须筑牢。一个 14 亿多人口的大国，必须靠自己解决这两个问题，不能‘一招鲜吃遍天’，缺了哪一项国际市场都保不了我们。”

坚持立足全局而谋一域，自觉着眼长远把握当前。

习近平总书记谈及江苏发展曾经走过的一段弯路：当年苏北有发展的“冲动”，抢着承接其他地区淘汰下来的污染企业、夕阳产业。响水一声爆雷，就是当时埋下的恶果。

“当时一时你的GDP上去了，增长率上去了，但是它就孕育着若干年以后的这些灾害性事件。任何时候我们都不能走急就章、竭泽而渔、唯GDP的道路。这就是为什么要树立新发展理念。树立正确的政绩观也就在这里，功成不必在我，功成必定有我。”

致广大而尽精微。只有坚持精准思维，才能避免盲目冲动。

总书记又指出当前乡村振兴中产业发展的一些误区：

有一份“培养一批‘一县一业’重点基地”的文件，我看了以后皱了眉头，这个事情不好下指标。一个县是不是光靠一个产业去发展，要去深入调研，不能大笔一挥，拨一笔钱，这个地方就专门发展养鸡、发展蘑菇，那个地方专门搞纺织，那样的话肯定要砸锅。

“这些东西都不能够想当然的。一个城市是不是就靠一业来发展，那不一定。靠几业，靠什么业，都要一把钥匙开一把锁，根据具体情况去定，不能下单子。”

统筹发展与安全，平衡局部和全局，把握当前和长远，能否做到“稳中求进”，说到底都是政绩观的问题。

党的二十大后，随着换届选举，不少党员、干部走上了新的领导岗位。

总书记叮嘱：“我在二中全会上说，新班子起来了，一定要注意啊，不要有大干快上的冲动，也就是不能不按规律办事，急功近利、急于出成绩。要把这种浮躁心理、急躁心态都压下来，扎扎实实、踏踏实实地搞现代化建设。”

坚守人民情怀：
“必须牢牢记在心上、时时抓在手上”

从脱贫攻坚到乡村振兴，从全面建成小康到扎实推进共同富裕，新时代新征程，一场历史性的接力，正在中华大地的城镇乡野进行。

近年来，全国工商联大力推进“万企兴万村”行动，把民营企业这支生力军更多动员到乡村振兴主战场。

政协联组会上，来自江西的谢茹委员向总书记汇报了“万企兴万村”行动进展情况，并举了江西新余市水北商会的例子——

2016年总书记考察江西时，对水北商会引导民营企业家参与脱贫攻坚的做法给予肯定。如今，这个商会又带领138家企业320名会员参与到“万企兴万村”行动中，帮扶当地群众每人年均增收至少1000元，带动6000余名农民本地就业，形成举党旗、抱团干、带民富的生动局面。

“这是个壮举。”习近平总书记目光转向在场的全国工商联负责同志。

“脱贫攻坚的时候，我们按您的指示发起‘万企帮万村’行动。脱贫后搞乡村振兴，我们就接着搞‘万企兴万村’。现在效果还不错，大家积极性都上来了。”这位负责同志说。

习近平总书记指出：“万企帮万村、万企兴万村，从扶贫到振兴，城乡一体化、工农一体化，民营企业在这方面的潜力是巨大的。”

总书记进一步叮嘱：“到农村做什么、怎么做，要有一些顶层设计和分类指导。如果只是给农民发红包，那不是帮扶，而是救济。资本下乡，要把投资投到点上，南辕北辙不行，要真正做到造福农村、富裕农民。”

中国式现代化是全体人民共同富裕的现代化。习近平总书记指出，无论是国有企业还是民营企业，都是促进共同富裕的重要力量，都必须担负促进共同富裕的社会责任。

同曾毓群委员交流时，总书记在赞许企业发展成绩的同时，不忘叮嘱：“你们企业在宁德办起来了，得造福于宁德啊。”

总书记特别强调了企业家的情怀和责任：“民营企业家要增强家国情怀，自觉践行以人民为中心的发展思想，增强先富带后富、促进共同富裕的责任感和使命感……做到富而有责、富而有义、富而有爱。”

民以食为天，解决好吃饭问题始终是治国理政的头等大事。

“粮食安全是‘国之大者’。悠悠万事，吃饭为大。”去年全国两会期间，参加政协联组会时，总书记重点讲了保障粮食安全问题。

此次在江苏代表团，习近平总书记从确保粮食安全，进一步谈到要严守耕地红线：

“苏湖熟，天下足”，过去是南粮北调，现在北粮南调，吃大米靠东北。但是南方自己的责任田，自己还是要保。我们有“菜篮子”市长负责制、“米袋子”省长负责制。现在的面积和产量，你不能再减少，不能出了问题就让国家给调粮调菜。

说到这里，总书记谈及往事：我在福建工作的时候，每天都要看吃菜的问题。福建人说“三天不见绿，两眼冒金光”，吃不上菜那就是政治，这种意识是很强的。现在一些干部没有这方面的意识和经验，忽视这些是不行的。我们现在叫耕地红线终身责任制，在哪一任耕地红线突破了，退了休也要追究。这是“国之大者”。

造福人民，是最大的政绩，是检验一切工作的标准。

习近平总书记强调，人民幸福安康是推动高质量发展的最终目的。基层治理和民生保障事关人民群众切身利益，是促进共同富裕、打造高品质生活的基础性工程，各级党委和政府必须牢牢记在心上、时时抓在手上，确保取得扎扎实实的成效。

教育问题，事关民生大计，事关民族未来。

在江苏代表团，“新安旅行团”的母校淮安市新安小学校长张大冬代表，向总书记介绍了学校传承红色基因，引领孩子们从小听党话、跟党走的情况。

“孩子们有许多心里话想对总书记说。我们排演了儿童剧《新安旅行团》。来之前儿童剧的主角李柏豪同学托我和您说：习爷爷，我在儿童剧中担任主角，我现在变得更加自信了，好期待您能来看我们的演出啊！”

“给孩子们问好啊！”习近平总书记高兴地说。

总书记详细询问孩子们的演出情况。

张大冬说：“现在我们在淮安、南京演出，计划沿着新旅的足迹到全国巡演。”

“是嘛，那说明你们那个剧还是不错的。”总书记表示肯定。

说起这些小家伙，总书记不由得回忆起自己的青少年时代：“我也是戴着红领巾过来的。因为上学早，第一批入少先队没有发展我，还哭了鼻子。后来当上少先队旗手，热血沸腾。”

“基础教育，承担着非常光荣艰巨的历史任务。”习近平总书记强调，新时代教育工作者要努力把青少年培养成为中国特色社会主义的建设者和接班人。

伟大而光荣的事业，必将在一代又一代人的接续奋斗中成为现实。

总书记思虑深远：“我说过我们现在是平视世界，不像过去那样仰视或是跪求，当然我们不去称霸、也不傲慢，我们要用自信来树立我们的价值观，来培养我们的后代。只有这样，我们现在所做的一切才有意义，将来我们的事业才能继续传承下去。”

凝聚奋进力量：“全体人民心往一处想、劲往一处使”

时隔 7 年，再次参加以经济界人士为主的民建、工商联界委员联组会，习近平总书记的到来让大家倍感振奋、深受鼓舞。

民建浙江省委会主委陈小平委员在发言中深情回忆起总书记在浙江工作期间关心民主党派的往事。

“你那个时候在哪工作？”习近平总书记插话问。

“我当时在杭州市政协。您亲自联系我们民建还有致公党两个党派。”

“对，那会儿交朋友嘛。”总书记笑着回应道。

“您当时还提出‘四心’的交朋友方法：政治上关心，思想上交心，感情上知心，事业上同心……”陈小平如数家珍。

“我从福建开始就交朋友。我当福建省委副书记也是分管统战，跟民主党派打交道就很多。”总书记说。

回首过去，习近平总书记高度评价各民主党派和工商联的卓越贡献——

“五年来，党和国家取得的成就也凝聚着各民主党派、工商联和在座各位委员的心血和智慧。”

展望未来，习近平总书记同样对大家寄予厚望——

“在全面建设社会主义现代化国家、全面推进中华民族伟大复兴的进程中发挥更大作用，作出更大贡献。”

新征程上，民营经济是实现中华民族伟大复兴的重要力量。

一段时间以来，由于多重因素的影响，社会上出现了一些不利于民营经济健康发展的杂音、噪音。在部分民营企业中间也存在着对国家政策的不正确认识和不准确理解，一定程度上影响了民营企业发展的积极性。

从福建到浙江到上海，谈起自己多年地方工作经历，习近平总书记曾表示："我是一贯支持民营企业的，也是在民营经济比较发达的地方干过来的。"

2016 年全国两会，习近平总书记参加民建、工商联界委员联组会，重申坚持"两个毫不动摇"，强调"三个没有变"，首提构建亲清政商关系。

"我在现场聆听，至今记忆犹新。"再次参加联组会，来自民建界的孙东生委员难掩激动之情，"您的重要讲话及时消除了社会上对发展民营经济的疑虑和民营企业家的顾虑，大大增强了市场信心，我国政商关系也发生历史性变化。"

迎着委员们热切的目光，习近平总书记语气坚定："党的十八大以来，我们始终坚持'两个毫不动摇'、'三个没有变'，始终把民营企业和民营企业家当作自己人。"

如何大力提振民营企业发展信心、如何扎实推进民营经济高质量发展、如何积极引导民营企业履行社会责任……习近平总书记回应社会关注，逐一详细论述。

"要把构建亲清政商关系落到实处，为民营企业和民营企业家排忧解难，让他们放开手脚，轻装上阵，专心致志搞发展……消除顾虑，放下包袱，大胆发展。"掷地有声的话语，提振信心，凝聚力量。

新征程上，妇女是时代的书写人、追梦的奋斗者。

"三八"国际劳动妇女节到来之际，在政协联组会上，习近平总书记代表中共中央，向参加全国两会的女代表、女委员、女工作人员，向全国各族各界妇女，向香港特别行政区、澳门特别行政区和台湾地区的女同胞、海外女侨胞，致以节日的祝贺和美好的祝福。

"中国梦是中华民族的梦，也是中国全体妇女的梦。"习近平总书记强调，要凝聚巾帼之力，汇集巾帼之智，尊重和关爱妇女，引导广大妇女积极投身新时代新征程的伟大实践，为全面建设社会主义现代化国家、全面推进中华民族伟大复兴作出新的更大的贡献。

新征程上，人民军队是实现中华民族伟大复兴的战略支撑。

8 日下午，习近平总书记在出席解放军和武警部队代表团全体会议时强调，巩固提高一体化国家战略体系和能力，是党中央把握强国强军面临的新形势新任务新要求，着眼于更好统筹发展和安全、更好统筹经济建设和国防建设作出的战略部署。贯彻落实好这一部署，对全面建设社会主义现代化国家、全面推进中华民族伟大复兴，对实现建军一百年奋斗目标、加快把我军建成世界一流军队，都具有十分重要的意义。要统一思想认识，强化使命担当，狠抓工作落实，努力开创一体化国家战略体系和能力建设新局面。

团结凝聚力量，奋斗创造未来。伟大而光荣的事业，必将在亿万中华儿女的团结奋斗中成为现实。

在政协联组会，习近平总书记的思考发人深省——

“只有全体人民心往一处想、劲往一处使，同舟共济、众志成城，敢于斗争、善于斗争，才能不断夺取新的更大胜利。”

在江苏代表团，习近平总书记的话语催人奋进——

“千里之行，始于足下。新征程上，江苏要勇挑大梁、走在前列，必须以时不我待的精神状态抓好当前。今年是贯彻党的二十大精神的开局之年，希望江苏全省广大干部群众汇通江淮之气概、畅达黄海之辽阔，以当表率、作示范、走在前的果敢担当，上下一心、真抓实干、奋发进取，为谱写‘强富美高’新江苏现代化建设新篇章实现良好开局。”

历史长河波澜壮阔，复兴征程东风浩荡。

今天的中国，充满生机活力。明天的中国，奋斗创造奇迹。

（2023 年 3 月 13 日《人民日报》第 1 版）

奔赴充满光荣和梦想的远征

——以习近平同志为核心的党中央引领亿万人民踏上新征程述评

春潮澎湃，万物生长，中华大地一派生机勃勃。

全面贯彻落实党的二十大精神的开局之年，亿万中华儿女在以习近平同志为核心的党中央引领下，意气风发踏上全面建设社会主义现代化国家新征程，向第二个百年奋斗目标进军。

新征程，新起点，新远航。

即将召开的2023年全国两会，将汇聚共识、凝聚信心，通过法定程序把党的二十大作出的决策部署转化为全国人民的实际行动。

向着新目标，奋楫再出发，奔赴充满光荣和梦想的远征。

新方位新任务——
“我国发展站在新的更高历史起点上”

“从现在起，中国共产党的中心任务就是团结带领全国各族人民全面建成社会主义现代化强国、实现第二个百年奋斗目标，以中国式现代化全面推进中华民族伟大复兴。”

2022年10月，党的二十大胜利召开，吹响了开启新征程、奋进新征程的雄壮号角。

前程远大，使命催征。

“让我们踏上新征程，向着新的奋斗目标，出发！”

党的二十大闭幕不久，习近平总书记带领新当选的二十届中共中央政治局常委来到延安，瞻仰革命圣地，缅怀老一辈革命家的丰功伟绩，宣示新一届中央领导集体赓续红色血脉、传承奋斗精神，在新的赶考之路上向历史和人民交出新的优异答卷的坚定信念。

十年砥砺奋进、十年勇毅前行，实现第一个百年奋斗目标的“豹尾”已经收官，实现第二个百年奋斗目标的“龙头”正在扬起。

新的出发，标注中华民族伟大复兴历史进程的新方位——

2012 年 11 月 29 日，国家博物馆。首次当选中共中央总书记的习近平在这里饱含深情地说：“我以为，实现中华民族伟大复兴，就是中华民族近代以来最伟大的梦想。”

从经历山河破碎、民不聊生的深重苦难，到无数仁人志士进行不屈不挠、前仆后继的斗争，世界上没有哪个民族比中华民族更渴望国家富强、民族复兴。

中国共产党一经成立，就义无反顾肩负起实现中华民族伟大复兴的历史使命，领导亿万人民谱写了气吞山河的壮丽史诗。

历经百年奋斗，走过新时代十年，我们党带领人民迎来从站起来、富起来到强起来历史性跨越的新阶段，我们已经拥有开启新征程、实现新的更高目标的雄厚物质基础。

2021 年 7 月 1 日，中国共产党成立 100 周年之际，习近平总书记在天安门城楼上庄严宣告，“经过全党全国各族人民持续奋斗，我们实现了第一个百年奋斗目标，在中华大地上全面建成了小康社会”。

十年间，近 1 亿农村贫困人口实现脱贫，经济总量从 54 万亿元增长到 114 万亿元，全球创新指数排名从第三十四位升至第十一位，居民人均可支配收入从 16500 元增加到 35100 元，建成世界上规模最大的教育体系、社会保障体系、医疗卫生体系，国家经济实力、科技实力、综合国力跃上新台阶。

习近平总书记信念如磐：“我们既要全面建成小康社会、实现第一个百年奋斗目标，又要乘势而上开启全面建设社会主义现代化国家新征程，向第二个百年奋斗目标进军。”“实现中华民族伟大复兴进入了不可逆转的历史进程”。

新的出发，把握世界百年未有之大变局下的新形势——

2020 年 3 月，抗击新冠疫情的关键时期，习近平总书记到浙江宁波舟山港考察复工复产。

“我感觉到，现在的形势已经很不一样了，大进大出的环境条件已经变化，必须根据新的形势提出引领发展的新思路。”

回京后不久，习近平总书记在中央财经委员会第七次会议上鲜明提出，构建以国内大循环为主体、国内国际双循环相互促进的新发展格局。

目光长远，方能行稳致远。

从国际看，和平与发展仍然是时代主题，但世界进入新的动荡变革期，不确定难预料因素增多。

从国内看，我国继续发展具有多方面优势和条件，但需求收缩、供给冲击、预期转弱三重压力仍然较大。

2020 年 10 月，习近平总书记在党的十九届五中全会上指出：“综合分析国内外形势，当前和今后一个时期，我国发展仍然处于重要战略机遇期，但机遇和挑战都有新的发展变化。”

有中国共产党的坚强领导、有中国特色社会主义制度的显著优势、有持续快速发展积累的坚实基础、有长期稳定的社会环境、有自信自强的精神力量——2022 年全国两会期间，习近平总书记阐述我国发展仍具有的“五个战略性有利条件”，深刻揭示了新时代我们为什么成功、新征程上我们怎样继续成功。

从取得新冠疫情防控重大决定性胜利到稳妥应对各方面风险挑战，从加快推进科技自立自强到通过顽强斗争打开事业发展新天地……

踏上新征程，挑战前所未有，时势总体有利，机遇依然在我。习近平总书记鲜明指出：“时与势在我们一边，这是我们定力和底气所在，也是我们的决心和信心所在。”

新的出发，锚定向社会主义现代化强国进军的新任务——

2022 年 10 月 26 日，习近平总书记在延安考察时来到安塞区高桥镇南沟村。山上的苹果园硕果累累，老乡们的生活越来越好，总书记从陕北的变化看到了中国的变化。

习近平总书记指出，现在，“两个一百年”奋斗目标的第一个百年目标已经实现，绝对贫困问题解决了，老乡们过上了好日子，但还要继续努力往前走，让生活越来越美好。

从打赢脱贫攻坚战到全面推进乡村振兴，从实现全面小康到促进全体人民共同富裕，一个个跨越昭示未来。

向着实现第二个百年奋斗目标，党的十九大作出分两步走的总的战略安排：从 2020 年到 2035 年基本实现社会主义现代化；从 2035 年到本世纪中叶把我国建成富强民主文明和谐美丽的社会主义现代化强国。

党的二十大明确了到 2035 年我国发展的总体目标，强调未来五年是全面建设社会主义现代化国家开局起步的关键时期并提出主要目标任务。

承前启后、继往开来。踏上新征程，我们比历史上任何时期都更接近、更有信心和能力实现中华民族伟大复兴的目标。

新谋划新布局——

“擘画了全面建设社会主义现代化国家、以中国式现代化全面推进中华民族伟大复兴的宏伟蓝图”

新征程上，建设什么样的社会主义现代化强国、怎样建设社会主义现代化强国？

习近平总书记指出：“我国现代化是人口规模巨大的现代化，是全体人民共同富裕的现代化，是物质文明和精神文明相协调的现代化，是人与自然和谐共生的现代化，是走和平发展道路的现代化。”

14 亿多人口的中国实现现代化，将使世界上实现现代化的人口翻一番多。前无古人的开创性事业，需要高屋建瓴的全局性擘画。

逐梦笃行的时间表愈发清晰——

编制和实施国民经济和社会发展五年规划，是我们党治国理政的重要方式。

2020 年 10 月 29 日，党的十九届五中全会审议通过《中共中央关于制定国民经济和社会发展第十四个五年规划和二〇三五年远景目标的建议》。

建议制定之初，习近平总书记就鲜明指出，“十四五”时期是我国全面建成小康社会之后，乘势而上为实现第二个百年奋斗目标而奋斗的第一个五年，是我国抓住难得机遇、顶住各种挑战、拓展发展新空间的关键时期。

习近平总书记亲自领导下、汇聚全党全国智慧编制而成的这份建议，根据党的十九大关于实现第二个百年奋斗目标的战略安排，立足新发展阶段、贯彻新发展理念、构建新发展格局，对我国经济社会发展作出全面系统部署。

高瞻远瞩，深谋远虑。

习近平总书记强调："应该把五年规划和2035年的远景展望有机结合起来，使之更有方向感、历史感、战略性。"

从五年规划安排出发，建议提出，用3个五年规划期到2035年基本实现社会主义现代化，再用3个五年规划期建成富强民主文明和谐美丽的社会主义现代化强国。

一步一个脚印、一步一个台阶。宏伟的蓝图催人奋进——

2021年7月1日，庆祝中国共产党成立100周年大会隆重举行。

向着中华民族伟大复兴，习近平总书记发出新的进军号令："现在，中国共产党团结带领中国人民又踏上了实现第二个百年奋斗目标新的赶考之路。"

不忘本来，才能走向未来。

必须坚持中国共产党坚强领导、必须团结带领中国人民不断为美好生活而奋斗、必须继续推进马克思主义中国化、必须坚持和发展中国特色社会主义、必须加快国防和军队现代化、必须不断推动构建人类命运共同体、必须进行具有许多新的历史特点的伟大斗争、必须加强中华儿女大团结、必须不断推进党的建设新的伟大工程——习近平总书记以"九个必须"提出走好新的赶考之路的明确要求。

四个多月后，党的十九届六中全会审议通过《中共中央关于党的百年奋斗重大成就和历史经验的决议》。

"十个明确"概括习近平新时代中国特色社会主义思想的核心内容，"十三个方面成就"反映新时代党和国家事业取得的历史性成就、发生的历史性变革，"十个坚持"揭示党始终掌握历史主动、立于不败之地的宝贵经验……

这是新时代中国共产党人牢记初心使命、坚持和发展中国特色社会主义的政治宣言，是以史为鉴、开创未来、实现中华民族伟大复兴的行动指南。

开创未来的全景图恢宏壮丽——

2022年10月22日，党的二十大胜利闭幕，大会批准了党的二十大报告。

新征程，新思路，新战略，新举措。

习近平总书记全程领导起草完成的这份报告，描绘了全面建设社会主义现代化国家、全面推进中华民族伟大复兴的宏伟蓝图，为新征程上党和国家事业发展、实现第二个百年奋斗目标指明了前进方向。

思想指引更加有力——“中国共产党为什么能，中国特色社会主义为什么好，归根到底是马克思主义行，是中国化时代化的马克思主义行。”

党的二十大报告就开辟马克思主义中国化时代化新境界进行集中阐述，强调坚持和发展马克思主义，必须同中国具体实际相结合、同中华优秀传统文化相结合；强调把握好习近平新时代中国特色社会主义思想的世界观和方法论，坚持好、运用好贯穿其中的立场观点方法。

实践指引更加坚实——“在新中国成立特别是改革开放以来长期探索和实践基础上，经过十八大以来在理论和实践上的创新突破，我们党成功推进和拓展了中国式现代化。”

立足以中国式现代化全面推进中华民族伟大复兴，党的二十大报告深刻阐释了中国式现代化的中国特色、本质要求和前进道路上必须牢牢把握的重大原则，进一步明确了中国式现代化的科学内涵、旨归意义、目标任务、实现途径，揭示了中国式现代化的独特优势和光明前景。

目标指引更加明确——“全面建设社会主义现代化国家，是一项伟大而艰巨的事业，前途光明，任重道远。”

党的二十大规划了到2035年我国发展八个方面的总体目标，明确了经济高质量发展取得新突破、改革开放迈出新步伐、居民收入增长和经济增长基本同步等未来五年的主要目标任务。

大道之行，壮阔无垠。

习近平总书记在参加党的二十大广西代表团讨论时强调：“中国式现代化扎根中国大地，切合中国实际。我们要始终把国家和民族发展放在自己力量的基点上、把中国发展进步的命运牢牢掌握在自己手中，坚定信心、守正创新，奋力谱写全面建设社会主义现代化国家新篇章。”

历史接力一棒接着一棒，党和国家事业一程接着一程，中华民族伟大复兴号巨轮乘风破浪、一往无前。

新开局新气象——“为全面建设社会主义现代化国家开好局起好步”

2023年立春后不久，北京西郊的中央党校校园里，学习贯彻党的二十大精神研讨班开班。

面对新进中央委员会的委员、候补委员和省部级主要领导干部这些“关键少数”，习近平总书记亲授“第一课”，深刻阐述中国式现代化的一系列重大理论和实践问题。

蓝图已经绘就，号角已经吹响。

“学习宣传贯彻党的二十大精神是当前和今后一个时期全党全国的首要政治任务”——

党的二十届一中全会上，习近平总书记强调，全面贯彻党的二十大精神，为实现党的二十大确定的目标任务而团结奋斗，是新一届中央领导集体的重大政治任务。

从中央政治局常委会第一次会议，到中央政治局第一次会议，再到中央政治局第一次集体学习，主题都是学习贯彻党的二十大精神。

“全党要在全面学习、全面把握、全面落实上下功夫，坚定不移把党的二十大提出的目标任务落到实处，奋力夺取全面建设社会主义现代化国家新胜利。”习近平总书记的话语掷地有声。

从扎实有效的学习培训到广泛深入的集中宣讲，从有声有色的宣传报道到切实有效的研究阐释，各行各业干部群众掀起学习贯彻党的二十大精神热潮，自觉把思想和行动统一到党的二十大精神上来，把智慧和力量凝聚到党的二十大提出的目标任务上来。

“贯彻落实党的二十大精神要有计划、有部署，在把握总目标、总方向、总要求的前提下，对各项目标和任务进行细化，有针对性地拿出落实的具体方案，制定明确的时间表、施工图，扎扎实实向前推进”——

2022 年 12 月 15 日至 16 日，北京京西宾馆，党的二十大后首次中央经济工作会议在这里举行。

坚持以党的二十大确定的目标为战略指引，习近平总书记对 2023 年经济工作提出总体要求、作出全面部署，强调“推动经济运行整体好转”，“为全面建设社会主义现代化国家开好局起好步”。

更好统筹疫情防控和经济社会发展、更好统筹经济质的有效提升和量的合理增长、更好统筹供给侧结构性改革和扩大内需、更好统筹经济政策和其他政策、更好统筹国内循环和国际循环、更好统筹当前和长远——习近平总书记强调把握好“六个统筹”，为新的一年攻坚克难办好自己的事提供了重要思想指引。

强国必先强农，农强方能国强。随后召开的中央农村工作会议上，习近平总书记系统阐释了全面推进乡村振兴、加快建设农业强国、加快推进农业农村现代化的一系列重大理论和实践问题，明确了“三农”工作的目标任务、战略重点和主攻方向。

坚持全面依法治国，推进法治中国建设。今年1月，中央政法工作会议召开。习近平总书记对政法工作作出重要指示强调，奋力推进政法工作现代化，全力履行维护国家政治安全、确保社会大局稳定、促进社会公平正义、保障人民安居乐业的职责使命，为全面建设社会主义现代化国家、全面推进中华民族伟大复兴贡献力量。

一刻不停推进全面从严治党，永远吹冲锋号。二十届中央纪委二次全会上，习近平总书记从党和国家事业发展全局的高度，深刻分析大党独有难题的形成原因、主要表现和破解之道，深刻阐述健全全面从严治党体系的目标任务、实践要求，对坚定不移深入推进全面从严治党作出战略部署，为新时代新征程纪检监察工作高质量发展提供了根本指引。

推进中国式现代化，必须坚持独立自主、自立自强。兔年春节后，中央政治局第二次和第三次集体学习分别以加快构建新发展格局、加强基础研究为主题，习近平总书记在主持学习时对工作作出新的重要部署。

今年2月26日至28日，党的二十届二中全会在北京举行，号召全党全国各族人民更加紧密地团结在以习近平同志为核心的党中央周围，高举中国特色社会主义伟大旗帜，弘扬伟大建党精神，牢记“三个务必”，自信自强、守正创新，锐意进取、顽强拼搏，扎实推进中国式现代化建设，为实现党的二十大确定的目标任务而共同奋斗。

动如脱兔，奋跃而上。

《扩大内需战略规划纲要（2022—2035年）》《关于加强新时代水土保持工作的意见》《质量强国建设纲要》《中共中央 国务院关于做好2023年全面推进乡村振兴重点工作的意见》……贯彻落实党的二十大精神，一系列事关长远发展的重磅文件陆续出台发布。

党的二十届二中全会审议通过了《党和国家机构改革方案》，新版鼓励外商投资产业目录发布，全面实行股票发行注册制正式实施，金融支持珠海横琴、深圳前海改革开放的意见出台……迎来改革开放第四十五个年头，中国持续全面深化改革，开放的大门越开越大。

从“二十条”到“新十条”再到“乙类乙管”，不断优化调整防控措施，较短时间实现了疫情防控平稳转段……我国取得疫情防控重大决定性胜利，创造了人类文明史上人口大国成功走出疫情大流行的奇迹。

多国政要接连访华，第五届中国国际进口博览会如期举行，习近平主席出席首届中国—阿拉伯国家峰会、首届中国—海湾阿拉伯国家合作委员会峰会并对沙特进行国事访问……新征程上的中国同各方深化交往、携手并进。

“推进中国式现代化必须抓好开局之年的工作”——

更好统筹国内国际两个大局，更好统筹疫情防控和经济社会发展，更好统筹发展和安全——党的二十届二中全会强调，全党同志必须坚定信心，保持战略清醒，发扬斗争精神，做到“三个更好统筹”，努力实现今年各项目标任务。

高铁飞驰穿梭，景区游人如织，市场热闹非凡……今年春节黄金周，我国国内旅游出游 3.08 亿人次，同比增长 23.1%；消费相关行业销售收入与上年同期相比增长 12.2%。春运 40 天，全社会人员流动量约 47.33 亿人次，铁路发送旅客 3.48 亿人次，比去年同期增长 37.5%。

开局关乎全局，起步决定后程。

今年 1 月份，制造业采购经理指数重返扩张区间，中小企业发展指数止跌回升；全国实际使用外资金额同比增长 14.5%；新增信贷 4.9 万亿元，创下单月历史新高。截至今年 1 月末，我国经营主体持续增加，登记在册个体工商户达 1.14 亿户；外汇储备规模达 31845 亿美元，较 2022 年末上升 1.82%……开年一系列指标释放经济运行积极信号。

冬去春来，全国两会时间即将开启。

今年全国两会将全面贯彻落实党的二十大精神和党中央一系列重大决策部署，选举产生新一届国家机构和全国政协领导人员，审议讨论政府工作报告和“两高”报告、审查计划报告和预算报告等。

代表委员在民主殿堂上坦诚建言、共商国是，实现党的主张、国家意志、人民心声的高度统一，全国两会将展现新征程上以中国式现代化全面推进中华民族伟大复兴的奋斗图景。

新奋斗新胜利——
“党用伟大奋斗创造了百年伟业，也一定能用新的伟大奋斗创造新的伟业”

初春时节，河北雄安新区大规模开发按下快进键。经过五年多规划建设，这里的城市框架全面拉开，立足千年大计的未来之城雏形在新征程上全面显现。

“我们对时间的理解，是以百年、千年为计”“中国共产党立志于中华民族千秋伟业”，这是习近平总书记对于时间的信念。

新征程，打开新的伟大历史时间。

中华民族伟大复兴不是轻轻松松、敲锣打鼓就能实现的，必须准备付出更为艰巨、更为艰苦的努力。

“唯有矢志不渝、笃行不怠，方能不负时代、不负人民”“团结奋斗是中国人民创造历史伟业的必由之路”……

党的二十大报告中，一句句精辟论述激励全党全国各族人民不懈奋斗，全力战胜前进道路上各种风险挑战，依靠顽强斗争打开事业发展新天地。

新征程上，信心就是力量。

习近平总书记曾语重心长地说，“一定要定下心来，一心一意走自己的路，而且要建立这样的一种自信，就是我们一定会把自己的事业办好，屹立于世界民族之林”。

“什么时候没有困难？一个一个过，年年过、年年好，中华民族5000多年来都是这样。爬坡过坎，关键是提振信心。”2022年中央经济工作会议上，习近平总书记的一番话引发广泛共鸣。

一路披荆斩棘，一路凯歌行进。习近平总书记一再强调，坚持把国家和民族发展放在自己力量的基点上，坚持把中国发展进步的命运牢牢掌握在自己手中。

新征程上，奋斗才能胜利。

习近平总书记在党的二十大报告中指出："新时代的伟大成就是党和人民一道拼出来、干出来、奋斗出来的！"

八百里太行万仞壁立、千峰如削，一条全长1500公里的"人工天河"蜿蜒其间。

党的二十大后，习近平总书记来到红旗渠考察时勉励大家，"实现第二个百年奋斗目标也就是一两代人的事，我们正逢其时、不可辜负，要作出我们这一代的贡献"。

力量源于团结，奋斗创造奇迹。

今年春节前夕，习近平总书记通过视频连线看望慰问基层干部群众时为每个人鼓劲："希望大家坚定信心、抖擞精神，齐心协力加油干，在新的一年里有更大作为、更大收获！"

续写千秋伟业，道阻且长，行则必至。14亿多中国人民心往一处想、劲往一处使，同舟共济、众志成城，就没有干不成的事、迈不过的坎。

"党用伟大奋斗创造了百年伟业，也一定能用新的伟大奋斗创造新的伟业。"

创造新的伟业，中国共产党的坚强领导是根本保证——

新时代十年的伟大变革，以无比强大的真理力量雄辩证明：习近平总书记是当之无愧的党的核心，是赢得全党全国人民衷心拥护爱戴的人民领袖，是实现中华民族伟大复兴的领路人；习近平新时代中国特色社会主义思想科学回答了中国之问、世界之问、人民之问、时代之问，实现了马克思主义中国化时代化新的飞跃。

党确立习近平同志党中央的核心、全党的核心地位，确立习近平新时代中国特色社会主义思想的指导地位，反映了全党全军全国各族人民共同心愿，对新时代党和国家事业发展、对推进中华民族伟大复兴历史进程具有决定性意义。

新征程上，全党全社会进一步把"两个确立"的政治共识转化为"两个维护"的行动自觉，步调一致向前进，我们必将创造新的更大辉煌。

创造新的伟业，习近平新时代中国特色社会主义思想为中国式现代化提供科学指引——

党的十八大以来，以习近平同志为主要代表的中国共产党人，坚持把马克思主义基本原理同中国具体实际相结合、同中华优秀传统文化相结合，科学回答了新时代坚持和发展什么样的中国特色社会主义、怎样坚持和发展中国特色社会主义等重大时代课题，创立了习近平新时代中国特色社会主义思想。

新征程上，坚持用习近平新时代中国特色社会主义思想武装头脑、指导实践、推动工作，以思想的力量激扬奋进的力量，以理论的主动把握历史的主动，我们就一定能够夺取新的更大胜利。

创造新的伟业，人民永远是最坚实的依托、最强大的底气——

在二十届中共中央政治局常委同中外记者见面时，习近平总书记郑重表示："一路走来，我们紧紧依靠人民交出了一份又一份载入史册的答卷。面向未来，我们仍然要依靠人民创造新的历史伟业。"

江山就是人民，人民就是江山。

党的十八大以来，我们党坚持以人民为中心的发展思想，以"我将无我"的崇高境界、"不负人民"的永恒初心，始终同人民站在一起、想在一起、干在一起，全党全国各族人民在党的旗帜下团结成"一块坚硬的钢铁"，风雨无阻向前进。

新征程上，与人民心心相印，不断把人民对美好生活的向往变为现实，中国共产党必将带领中国人民写就新的奇迹。

回首过去，展望未来，习近平总书记的铿锵话语传递出亿万中华儿女的共同心声："有中国共产党的坚强领导，有全国各族人民的紧密团结，全面建成社会主义现代化强国的目标一定能够实现，中华民族伟大复兴的中国梦一定能够实现！"

（2023 年 3 月 4 日《人民日报》第 1 版）

良法善治开新篇

——以习近平同志为核心的党中央引领建设中国特色社会主义法治体系纪实

2023 年 3 月 13 日，北京，人民大会堂。十四届全国人大一次会议，高票表决通过关于修改《中华人民共和国立法法》的决定。

这是全面依法治国进程中又一个标志性成果。立法法，被称为“管法的法”。这部在法律规范体系中起支架性作用的重要法律，被赋予新的时代内涵，必将更好地发挥立法引领保障作用，深入推进科学立法、民主立法、依法立法，使法律规范体系更加科学完备。

秉纲而目自张，执本而末自从。

2014 年 10 月，习近平总书记在党的十八届四中全会上明确提出：“全面推进依法治国涉及很多方面，在实际工作中必须有一个总揽全局、牵引各方的总抓手，这个总抓手就是建设中国特色社会主义法治体系。”

2020 年 11 月，中央全面依法治国工作会议确立了习近平法治思想在全面依法治国工作中的指导地位，明确指出“坚持建设中国特色社会主义法治体系”。

2021 年 12 月，习近平总书记主持十九届中共中央政治局第三十五次集体学习时强调：“建设中国特色社会主义法治体系，要顺应事业发展需要，坚持系统观念，全面加以推进。”

…………

加快形成完备的法律规范体系、高效的法治实施体系、严密的法治监督体系、有力的法治保障体系，形成完善的党内法规体系……党的十八大以来，紧紧围绕总抓手，全面依法治国的各项工作高效组织、有序开展。

在以习近平同志为核心的党中央坚强领导下，在习近平法治思想科学指引下，全面依法治国总体格局基本形成，中国特色社会主义法治体系加快建设，谱写了新时代良法善治新篇章。

覆盖广、形式多、质量高，法律规范体系日臻完备

2018 年 3 月 11 日，出席十三届全国人大一次会议的 2900 余名全国人大代表，肩负亿万人民的重托，在庄严的人民大会堂作出郑重的表决——通过《中华人民共和国宪法修正案》。

确立习近平新时代中国特色社会主义思想的指导地位，充实坚持和加强中国共产党全面领导的内容，完善宪法确立的国家根本任务、奋斗目标和国家领导体制，确立国家监察制度……宪法，国家的根本法，又迎来了一次完善和升华。

法律是治国之重器，良法是善治之前提。建设中国特色社会主义法治体系，首要的是完善以宪法为核心的中国特色社会主义法律体系。

2021 年 10 月，习近平总书记在中央人大工作会议上指出："改革开放以来，在党的领导下，经过各方面努力，我国用 30 多年时间形成了中国特色社会主义法律体系，这是人类法治史上一项了不起的成就。同时，也要看到，时代在进步，实践在发展，不断对法律体系建设提出新需求，法律体系必须与时俱进加以完善。"

时移世易，法随时变。

2022 年 12 月，十三届全国人大常委会第三十八次会议审议通过关于修改《中华人民共和国对外贸易法》的决定，正式取消对外贸易经营者备案登记。

此前，2019 年 10 月，按照"改革于法有据"原则，全国人大常委会通过了关于授权国务院在自由贸易试验区暂时调整适用有关法律规定的决定。

3 年试行期间，对外贸易经营者相关手续办理流程得以精简，便利度显著提升，受到经营主体广泛认可。修法顺势而为。

在法治下推进改革，在改革中完善法治，两者齐头并进、相得益彰。

新时代 10 年，党和国家的工作重点在哪里，经济社会发展步伐行进到哪里，人民群众的期盼和需求在哪里，立法工作就跟进到哪里：

制定反外国制裁法、陆地国界法等，用法治力量保障国家主权、安全和发展利益；

制定乡村振兴促进法，修改农产品质量安全法，为乡村振兴保驾护航；

修改反垄断法、个税法，支持和引导社会主义市场经济健康发展；

通过刑法修正案（十一），对社会关注的冒名顶替上学就业、高空抛物等问题作出回应；

制定长江保护法、黄河保护法，依法守护绿水青山；

…………

统计数据显示，党的十八大以来，我国制定修改法律行政法规 730 余件次。现行有效法律 294 件，行政法规 598 件，地方性法规 1.3 万余件。

翻阅一部部法律，丰富的立法形式令人眼前一亮。立法机关统筹运用立改废释纂等形式，进一步增强了立法的及时性、针对性、可操作性。

《中华人民共和国民法典》是新中国成立以来第一部以“法典”命名的法律。2016 年 6 月、2018 年 8 月、2019 年 12 月，习近平总书记三次主持中央政治局常委会会议，听取并原则同意全国人大常委会党组就民法典编纂工作所作的请示汇报，对民法典编纂工作作出重要指示，为民法典编纂工作提供重要指导和基本遵循。

为完成好这一重任，立法机关积极探索、大胆创新，全面总结我国民事立法的经验，针对现行民事制度、民法规范的不同情况，结合法治实践需要，灵活运用法典编纂方法，确保民法典编纂质量。

2020 年 5 月 28 日，十三届全国人大三次会议高票表决通过民法典。7 编、1260 条、10 万余字，这部具有中国特色、体现时代精神、反映人民意愿、保障民事权利、维护社会公平正义的法典就此诞生。

既有“大块头”，也有“小快灵”。

2021 年 4 月 29 日，备受关注的反食品浪费法表决通过，急用先行的“小快灵”“小切口”立法创新，形成一道独特的法治风景线。

从反食品浪费法、黑土地保护法等国家立法探索，到《陕西省延安革命旧址保护条例》《歙县徽州古城保护条例》等地方立法实践，“小快灵”立法开辟出一条完善法律规范体系的新路径。

习近平总书记指出："人民群众对立法的期盼，已经不是有没有，而是好不好、管用不管用、能不能解决实际问题；不是什么法都能治国，不是什么法都能治好国；越是强调法治，越是要提高立法质量。"

推进科学立法、民主立法，是提高立法质量的根本途径。

2019 年 11 月 2 日临近傍晚，上海市长宁区虹桥街道古北市民中心格外热闹，气氛热烈。习近平总书记来到这里考察调研。

"你们这里是全国人大常委会建立的基层立法联系点，你们立足社区实际，认真扎实开展工作，做了很多接地气、聚民智的有益探索。"习近平总书记的一席话鼓舞人心。

党的十八届四中全会决定提出，建立基层立法联系点制度。立法成了群众"身边事"。

如今，全国人大常委会法工委已设立 32 个基层立法联系点，实现 31 个省（区、市）全覆盖，已就 152 部法律草案等征求意见，收到"原汁原味"的意见建议 1.5 万多条。

与时代同步，与人民同心，立法工作向高质量发展不断迈进，法律规范体系日臻完备。

严格执法、公正司法，法治实施体系高效运行

天下之事，不难于立法，而难于法之必行。

习近平总书记主持十八届中共中央政治局第四次集体学习时，引用商鞅变法时徙木立信的典故，深刻指出"法律的生命力在于实施"。

2018 年 3 月 17 日，北京人民大会堂。新当选的国家主席、中央军委主席习近平左手抚按宪法，右手举拳，面向近 3000 名全国人大代表宣读誓词。

法立于上，教弘于下。如今，国家工作人员就职时进行宪法宣誓成为常态。

党的十八大以来，以习近平同志为核心的党中央坚定维护宪法尊严和权威，把宪法实施提高到一个新的水平。

2015 年 8 月，依据宪法规定，全国人大常委会通过关于特赦部分服刑罪犯的决定，国家主席习近平发布特赦令，这是我国改革开放以来第一次实行特赦；

2019年9月，习近平总书记为国家勋章和国家荣誉称号获得者一一颁授勋章奖章，这是现行宪法实施以来首次集中颁授国家勋章；

十三届全国人大常委会每年都会听取法工委关于备案审查工作的报告，加强对备案审查工作中涉及的合宪性问题研究，维护国家法治统一；

…………

“维护宪法权威，就是维护党和人民共同意志的权威。捍卫宪法尊严，就是捍卫党和人民共同意志的尊严。保证宪法实施，就是保证人民根本利益的实现”“坚持依法治国首先要坚持依宪治国，坚持依法执政首先要坚持依宪执政”。习近平总书记的话语振奋人心。

新时代10年，各地各部门深入开展宪法宣传教育，广大党员干部群众自觉成为宪法的忠实崇尚者、自觉遵守者、坚定捍卫者。

法令行则国治，法令弛则国乱。法治实施体系是全面依法治国的重要依托。保证宪法法律全面有效实施，要求执法、司法等各个方面始终在法治轨道上运行。

行政机关是实施法律法规的重要主体。

党的十八大以来，中共中央、国务院印发《法治政府建设实施纲要（2021—2025年）》，中央依法治国办一手抓法治政府建设示范创建、一手抓法治政府建设督察，法治政府建设全面提速：

制定《重大行政决策程序暂行条例》，行政决策科学化、民主化、法治化水平不断提高；

全面实行政府权责清单制度，落实和完善行政许可事项清单，做到“法定职责必须为，法无授权不可为”；

推行行政执法公示制度、执法全过程记录制度、重大执法决定法制审核制度，执法规范化建设不断取得新成效；

建立健全法治政府建设考核评价制度，法治观念强不强、法治素养好不好，成为考核评价干部的重要标准……

用法治给行政权力定规矩、划界限，把权力关进制度的笼子里。一个职能科学、权责法定、执法严明、公开公正、智能高效、廉洁诚信、人民满意的法治政府正在大踏步向我们走来。

公正是法治的生命线。

“100−1=0”——“一个错案的负面影响足以摧毁九十九个公正裁判积累起来的良好形象。执法司法中万分之一的失误，对当事人就是百分之百的伤害。”2014 年 1 月，中央政法工作会议上，习近平总书记的话语振聋发聩。

新时代 10 年，司法机关牢牢把握社会公平正义的价值追求，重点解决影响司法公正和制约司法能力的深层次问题：

推进以审判为中心的刑事诉讼制度改革，明确刑事案件在侦查、起诉、审判环节的基本证据标准，让案件的事实证据经得起法律检验；

开展民事诉讼繁简分流改革，整体办案质量和效率显著提升；

针对一些社会公共利益受到侵害的情况，推出公益诉讼制度；

改立案审查制为立案登记制，“立案难”问题成为历史；

不断完善“一处失信、处处受限”联合信用惩戒机制，破解生效判决“执行难”问题……

公正高效权威的社会主义司法制度加快建设，司法机关坚持服务大局、司法为民、公正司法，不断提升司法公信力，努力让人民群众在每一个司法案件中感受到公平正义。

法治具有固根本、稳预期、利长远的保障作用。法治化水平越高，经济社会发展就越有序，民生福祉就越有保障。

习近平总书记明确指出，“法治是最好的营商环境”“法治化环境最能聚人聚财、最有利于发展”。

今年 1 月 16 日，最高检发布第四批涉案企业合规典型案例，包括汽车销售服务企业保险专项合规、劳动密集型企业安全生产及财税管理专项合规……近年来，最高检部署开展涉案企业合规改革试点工作，推动企业刑事犯罪诉源治理，做实对各类经营主体产权和合法权益的平等保护。

放眼全国，“放管服”改革持续推进，取消和下放一大批行政审批事项，全面推行证明事项和涉企经营许可事项告知承诺制，而随着《优化营商环境条例》正式施行，公平竞争审查制度不断完善，人民群众的法治获得感越来越强。

贯通协同、常态长效，法治监督体系不断织密

公权力姓公，也必须为公。

“不关进笼子，公权力就会被滥用。”习近平总书记强调，只要公权力存在，就必须有制约和监督。

《法治中国建设规划（2020—2025年）》明确要求，建设法治中国，必须抓紧完善权力运行制约和监督机制，规范立法、执法、司法机关权力行使，构建党统一领导、全面覆盖、权威高效的法治监督体系。

——加强立法监督，实行有件必备、有备必审、有错必纠。

民法典出台后第二天，十九届中共中央政治局就“切实实施民法典”举行集体学习，习近平总书记在主持学习时明确提出：“对同民法典规定和原则不一致的国家有关规定，要抓紧清理，该修改的修改，该废止的废止。”

全国人大常委会法工委组织开展民法典涉及领域规范性文件集中清理工作和专项审查工作，并持续加强对民法典涉及领域法规审查纠正力度，一些不符合民法典的地方性法规规定被一一审查出来。

党的十八大以来，备案审查工作逐步实现显性化、制度化、常态化，备案审查制度机制在保证党中央令行禁止、维护国家法治统一、保护公民法人合法权利等方面的作用日益彰显。

——加强对执法工作的监督，做到有权必有责、用权受监督、违法必追究。

习近平总书记强调：“要抓住关键环节，完善执法权力运行机制和管理监督制约体系，努力让人民群众在每一起案件办理、每一件事情处理中都能感受到公平正义。”

近年来，各地各部门强化执法监督，采取一系列举措，推动严格规范公正文明执法。

开展专项督察。河北省司法厅出台行政执法禁止性清单，开展“任性执法、选择性执法、一刀切式执法、运动式执法”专项督察。

加大日常监督。辽宁省规范涉企行政执法活动，防止乱执法、随意检查，积极探索包容审慎监管模式，最大限度减少对市场活动的影响。

实行留痕管理。青海省格尔木市通过城市智慧管理平台，加强行政执法协调监督，实现全程留痕和可回溯管理。

接受群众监督。浙江省杭州市萧山区建立职责透视平台，从执法效率、执法规范、执法公正、执法温度等 4 个维度，接受企业和个体工商户等 4 类群体的评价。

…………

——加强对司法活动的监督，最大限度减少权力出轨、个人寻租的机会。

习近平总书记强调："司法不能受权力干扰，不能受金钱、人情、关系干扰，防范这些干扰要有制度保障。"

党的十八大以来，深化司法体制综合配套改革，"让审理者裁判、由裁判者负责"，保证法官、检察官"以至公无私之心，行正大光明之事"；建立巡回检察制度、拓展公益诉讼案件范围，检察机关在依法能动履职中加强法律监督；智慧法院、数字检察，信息化和数字化为公正司法插上了"科技翅膀"……

对领导干部和司法机关内部人员过问案件的，一律记录、全程留痕、定期通报、严肃追责。2015 年 3 月，中办、国办印发《领导干部干预司法活动、插手具体案件处理的记录、通报和责任追究规定》；2015 年 3 月，中央政法委印发《司法机关内部人员过问案件的记录和责任追究规定》；2015 年 9 月，最高法、最高检、公安部、国家安全部、司法部联合出台《关于进一步规范司法人员与当事人、律师、特殊关系人、中介组织接触交往行为的若干规定》。防止干预司法"三个规定"成为司法环境的"净化器"、公平正义的"安全阀"、拒腐防变的"护身符"。

…………

在法治监督体系中，监督主体涉及方方面面，监督方式也不断丰富，各类监督贯通协同，形成监督合力。其中，通过监察体制改革，党内监督和国家监察的专责机关——纪检监察机关实现对所有行使公权力的公职人员的监督全覆盖。

阳光是最好的防腐剂。

文书总量已超过 1.3 亿份，访问总量突破千亿次……作为全球最大的裁判文书公开网站，中国裁判文书网实时更新。如今，人民法院已建成审判流程、庭审活动、裁判文书、执行信息四大公开平台，法官越来越习惯在聚光灯下工作。

建立健全全国人大常委会法工委发言人制度，发布立法修法情况；政府部门深化政务公开，全过程推进决策、执行、管理、服务和结果公开；检察机关全面开展听证工作，坚持开门办案……立法公开、执法公开、司法公开全面推进，让人民监督权力，让权力在阳光下运行。

人才支撑、科技嵌入，法治保障体系更加有力

法治保障体系是中国特色社会主义法治沿着正确道路前进的重要保障。能否形成有力的法治保障体系，关系法治的高效运行，关系全面推进依法治国的总目标的实现。

推进全面依法治国，离不开一支德才兼备的高素质法治队伍。

2020 年 1 月，习近平总书记对政法工作作出重要指示，要求“深入开展政法队伍教育整顿，努力建设一支党和人民信得过、靠得住、能放心的政法队伍”。

全国政法队伍教育整顿全面铺开，清除害群之马、整治顽瘴痼疾、推进建章立制，政法队伍整体面貌焕然一新。

凝心铸魂，淬火砺剑。

“要坚持政治建警、全面从严治警，着力锻造一支有铁一般的理想信念、铁一般的责任担当、铁一般的过硬本领、铁一般的纪律作风的公安铁军。”2019 年 5 月，在全国公安工作会议上，习近平总书记对公安队伍明纪律、严要求。

近年来，全国公安机关忠实践行对党忠诚、服务人民、执法公正、纪律严明的总要求，组织政治轮训，开展比武演练，努力锻造公安铁军，全力护航平安中国。

习近平总书记明确指出：“建立符合职业特点的司法人员管理制度，在深化司法体制改革中居于基础性地位，是必须牵住的‘牛鼻子’。”

“忠于中华人民共和国宪法，维护宪法权威……”2017 年 7 月 3 日，最高人民法院，367 名最高法机关首批员额法官响亮宣誓，标志着员额制改革在全国法院全面落实，更多优秀人才下沉到一线办案。

在锻造高素质法治工作队伍的同时，法律服务队伍建设不断取得新进展。

我国法律援助范围不断扩大，援助质量不断提高，目前全国共建成公共法律服务中心（工作站、点）57 万个，律师法律服务实现县域层面全覆盖。

2017 年 5 月 3 日，习近平总书记在中国政法大学考察时强调，全面推进依法治国是一项长期而重大的历史任务，要坚持中国特色社会主义法治道路，坚持以马克思主义法学思想和中国特色社会主义法治理论为指导，立德树人，德法兼修，培养大批高素质法治人才。

为贯彻落实习近平总书记重要指示精神，我国法治理论、法学学科建设不断加强，培养出一大批信念坚定、德法兼修、明法笃行的高素质法治后备力量。

近日，中办、国办印发《关于加强新时代法学教育和法学理论研究的意见》，提出建成一批中国特色、世界一流法学院校，造就一批具有国际影响力的法学专家学者，持续培养大批德才兼备的高素质法治人才。

推进全面依法治国，科技和信息化的推动、保障作用越来越凸显。

习近平总书记多次强调，“要加快推进立体化、信息化社会治安防控体系建设”“推动大数据、人工智能等科技创新成果同司法工作深度融合”。

如今，各级司法机关着力加强数字化建设，以移动化、信息化赋能，为风险精准“画像”，基层治理信息网络延伸到社会每一个角落；“线上”立案、“云端”办案、“智慧”公诉，群众享受到更多“指尖上的便利”，司法公正更加可触可感。

推进全面依法治国，全民普法是一项长期基础性工作。

党的十八大以来，各地各部门送法律进机关、进乡村、进社区、进学校、进企业、进单位，法治宣传教育主题活动广泛开展。

普法守法，紧抓领导干部这个“关键少数”。2015 年 2 月，在省部级主要领导干部学习贯彻党的十八届四中全会精神全面推进依法治国专题研讨班上，习近平总书记上了一堂生动的“法治课”，明确指出：“只有内心尊崇法治，才能行为遵守法律。只有铭刻在人们心中的法治，才是真正牢不可破的法治。”

法安天下，德润人心。各级领导干部带头尊崇法治、敬畏法律，运用法治思维和法治方式的能力不断提高。全社会办事依法、遇事找法、解决问题用法、化解矛盾靠法的氛围日渐浓厚。

铁规发力、禁令生威，党内法规体系加快完善

2021年7月1日，在庆祝中国共产党成立100周年大会上，习近平总书记明确提出，我们党已经“形成比较完善的党内法规体系”。

治国必先治党，治党务必从严，从严必依法度。这个“法度”主要就是党内法规制度。党的十八大以来，以习近平同志为核心的党中央坚持依法治国与依规治党有机统一，努力形成国家法律和党内法规相辅相成、相互促进、相互保障的格局。

习近平总书记多次强调，“加强党内法规制度建设是全面从严治党的长远之策、根本之策”“准确把握加强党内法规制度建设的重大原则，要坚持正确政治方向，做到‘两个确保’：确保全党坚定维护党中央权威和集中统一领导，确保党的领导更加坚强、党的执政地位更加巩固”。

2021年12月，在第二次全国党内法规工作会议上，习近平总书记关于依规治党的重要论述，被集中概括为“十个坚持”，这为推进党内法规制度建设提供了根本遵循。

坚持制度治党、依规治党，必须首先把纪律规矩立起来。

《中共中央关于加强党内法规制度建设的意见》，确立了党内法规制度体系“1+4”基本框架；中央党内法规制定工作五年规划，明确了任务书、路线图、时间表。

2012年12月，十八届中共中央政治局会议审议通过中央八项规定，这是党的十八大以后制定的第一部重要党内法规；2016年7月，中共中央印发《中国共产党问责条例》，使党的问责工作有了第一部基础性法规……新时代10年，管党治党全面实现有规可依、有章可循。

法与时转则治，治与世宜则有功。立规矩，关键在于与时俱进、务实管用。

“通过！”2022年10月22日，北京人民大会堂，习近平总书记庄严宣布大会表决通过关于《中国共产党章程（修正案）》的决议。

党章是党的根本大法，党的二十大对党章作出50处修改，把党的理论创新、实践创新、制度创新成果写在了党的旗帜上。

10年来，在习近平总书记引领下，党内法规制度建设紧跟时代步伐，契合现实需要，空白缺位的抓紧建立，不全面的尽快完善，成熟经验及时推广——

制定出台《中共中央政治局关于加强和维护党中央集中统一领导的若干规定》《中国共产党重大事项请示报告条例》等，着力强化“两个维护”制度保障；

制定出台《党中央领导经济工作规定》《中国共产党宣传工作条例》等，运用制度把党总揽全局、协调各方的领导核心作用贯彻落实到中国特色社会主义事业发展的全过程各方面；

制定修订《关于新形势下党内政治生活的若干准则》《中国共产党党内监督条例》《中国共产党纪律处分条例》等，把制度建设贯穿于党的建设的方方面面，促进全面从严治党不断向纵深发展；

…………

一组组数字，展示出党内法规制度“供给侧结构性改革”的卓著成效：10年来，共制定修订中央党内法规156部，占现行有效中央党内法规的70.5%。截至2022年6月，全党现行有效党内法规共3718部。

制度一经形成，就要严格遵守，使之成为广大党员、干部的硬约束。

习近平总书记强调：“对违规违纪、破坏法规制度踩‘红线’、越‘底线’、闯‘雷区’的，要坚决严肃查处，不以权势大而破规，不以问题小而姑息，不以违者众而放任，不留‘暗门’、不开‘天窗’，坚决防止‘破窗效应’。”

10年来，提高党内法规执行力被摆在更加突出的位置，党中央出台《中国共产党党内法规执行责任制规定（试行）》。各级党委（党组）将党内法规执行情况作为督促检查、巡视巡察的重要内容。全国纪检监察机关强化监督执纪问责，坚持纪严于法、纪在法前，坚决查处违反和破坏党内法规制度的行为。

坚持党性党风党纪一起抓，也是行之有效的重要部署。“两学一做”学习教育把学习党章作为重要内容，“不忘初心、牢记使命”主题教育把学习对照重要党内法规作为重点内容，有力引导广大党员、干部明底线、守规矩、知敬畏。

铁规发力，禁令生威。

10年来，党的制度全面深刻发力于管党治党、治国理政，维护党的团结统一，全党步调一致向前进；推动党的自我革命不断深化，保持党的肌体健康……党内法规，成为“中国之治”的一个独特治理密码，成为彰显中国特色社会主义制度优势的一张金色名片。

一个现代国家，必须是一个法治国家；国家要走向现代化，必须走向法治化。

习近平总书记在党的二十大报告中强调：“必须更好发挥法治固根本、稳预期、利长远的保障作用，在法治轨道上全面建设社会主义现代化国家。”

踏上新征程，我们要更加紧密地团结在以习近平同志为核心的党中央周围，深入学习贯彻习近平法治思想，踔厉奋发、笃行不怠，坚持建设中国特色社会主义法治体系，不断开创全面依法治国新局面，为推进中国式现代化贡献强大法治力量。

（2023 年 3 月 15 日《人民日报》第 1 版）

担当时代重任　创造新的伟业

——新一届国家机构和全国政协领导人员产生纪实

这一刻，党的主张、国家的意志、人民的心声，在这里紧紧交汇在一起——

2023 年 3 月 10 日上午，北京，人民大会堂。

全票当选！11 时许，出席十四届全国人大一次会议第三次全体会议的 2900 多名全国人大代表以无记名投票方式，选举习近平总书记继续担任中华人民共和国主席、中华人民共和国中央军事委员会主席。

全体代表起立，雷鸣般的掌声响彻万人大礼堂。

这是党心所向、民心所盼、众望所归！

这是亿万人民对新时代领路人的坚定拥护和衷心爱戴！

这是赢得新的胜利与荣光的共同意志和热切期盼！

出席全国两会的代表、委员一致表示，有习近平总书记继续担任中华人民共和国主席、中华人民共和国中央军事委员会主席，在风云变幻中举旗定向，在大战大考中运筹帷幄，我们一定能昂首阔步、意气风发向着实现第二个百年奋斗目标进军，不断夺取全面建设社会主义现代化国家新胜利，谱写新时代中国特色社会主义更加绚丽的华章。

从 3 月 10 日到 12 日，经过会议选举和决定任命，新一届国家机构和全国政协领导人员相继产生，顺利实现了党中央确定的人事安排大格局。

领航新时代新征程——

党的二十大擘画了全面建设社会主义现代化国家、全面推进中华民族伟大复兴的宏伟蓝图。实现这一宏伟蓝图，必须坚定拥护“两个确立”，坚决做到“两个维护”，选出坚强团结有力的领导集体

星汉灿烂，北斗指航；沧海横流，砥柱巍然。

新时代中国壮阔前行的每一步，都离不开指引方向的“领路人”，离不开力挽狂澜的“掌舵者”。

党的十八大以来，中国特色社会主义进入新时代。在以习近平同志为核心的党中央坚强领导下，党和国家事业取得历史性成就、发生历史性变革，推动我国迈上全面建设社会主义现代化国家新征程。新时代十年的伟大变革，在党史、新中国史、改革开放史、社会主义发展史、中华民族发展史上具有里程碑意义。

笃行十年、辉煌十年，“中华民族伟大复兴号”巨轮劈波斩浪、一往无前。

实践充分证明，新时代十年的伟大变革，最根本的原因在于有习近平总书记作为党中央的核心、全党的核心掌舵领航，在于有习近平新时代中国特色社会主义思想科学指引。

党确立习近平同志党中央的核心、全党的核心地位，确立习近平新时代中国特色社会主义思想的指导地位，反映了全党全军全国各族人民共同心愿，对新时代党和国家事业发展、对推进中华民族伟大复兴历史进程具有决定性意义。

时间铭记、山河见证。“两个确立”是新时代最大的政治成果、最重要的历史经验、最宝贵的实践结论，是我们战胜前进道路上一切艰难险阻、应对各种不确定性的最大确定性、最大底气、最大保证。

2022 年 10 月，党的二十届一中全会选举习近平同志继续担任中共中央总书记、中共中央军事委员会主席。

2023 年 3 月，十四届全国人大一次会议选举习近平同志继续担任中华人民共和国主席、中华人民共和国中央军事委员会主席。

忠诚核心、拥戴核心、维护核心、捍卫核心。代表、委员们说，习近平总书记是经过历史检验、实践考验、斗争历练的党的核心、人民领袖、军队统帅，由习近平总书记继续掌舵领航，是党之大幸、国之大幸、军队之大幸、人民之大幸。

江河奔流，升腾万千气象。

党的二十大胜利召开，开启全面建设社会主义现代化国家、全面推进中华民族伟大复兴新征程。我国经济社会发展取得新成就，国内生产总值迈上120万亿元新台阶，粮食喜获丰收，就业、物价保持基本稳定。高效统筹疫情防控和经济社会发展，动态优化调整防控措施，疫情防控转段取得重大决定性胜利，创造了人类文明史上人口大国成功走出疫情大流行的奇迹……从北国雪乡到岭南大地、从西部高原到东海之滨，各行各业处处焕发蓬勃生机和活力。

扬帆远航，更须激流勇进。

世界百年未有之大变局加速演进，世界进入新的动荡变革期，我国发展进入战略机遇和风险挑战并存、不确定难预料因素增多的时期。中华民族伟大复兴正在育新机、开新局，昂首阔步踏上第二个百年奋斗目标新征程，我们比历史上任何时期都更接近、更有信心和能力实现中华民族伟大复兴的目标，同时必须准备付出更为艰巨、更为艰苦的努力。

征程越是壮阔，目标越是远大，越需要坚强有力的领导集体——

自信自强谱写时代华章，需要政治坚定，带头拥护“两个确立”，坚决做到“两个维护”，全面贯彻习近平新时代中国特色社会主义思想，为全面完成党的二十大提出的各项目标任务而奋斗的领导集体。

凝心聚力共创历史伟业，需要汇集各方面、各领域优秀人才，敢于担当、善于斗争，踔厉奋发、勇毅前行，凝聚动员全国各族人民以中国式现代化全面推进中华民族伟大复兴的领导集体。

着眼全局荟萃英才——

胸怀民族复兴伟大梦想，锚定全面建成社会主义现代化强国目标任务，党中央高瞻远瞩、深谋远虑，对新一届国家机构和全国政协领导人员人选产生工作作出周密部署

“一个政党、一个国家能不能不断培养出优秀领导人才，在很大程度上决定着这个政党、这个国家的兴衰存亡。”习近平总书记强调，选举和决定任命新一届国家机构和全国政协领导人员，是这次全国两会的主要任务之一，也是关系全局的一件大事。

党中央高度重视全国人大、全国政协换届人事安排工作。中央政治局常委会会议、中央政治局会议多次研究审议，确定了产生新一届领导人员的根本指导思想和总体工作要求。

党的二十大闭幕后，党中央对新一届国家机构和全国政协领导人员产生问题进行专门研究，在一定范围内进行酝酿，听取意见。在此基础上，党中央明确，新一届国家机构和全国政协领导人员人选的产生，要全面贯彻习近平新时代中国特色社会主义思想，深刻领悟"两个确立"的决定性意义，增强"四个意识"、坚定"四个自信"、做到"两个维护"；

要坚定不移走中国特色社会主义政治发展道路，坚持党的领导、人民当家作主、依法治国有机统一，加强全国人大、全国政协的工作，团结凝聚各方面力量；

要坚持党管干部原则，坚持德才兼备、以德为先、五湖四海、任人唯贤，落实新时代好干部标准和忠诚干净担当要求，严把人选政治关、廉洁关、形象关；

要积极稳妥推进领导班子建设，新提名人选一般应为 1955 年 1 月 1 日以后出生，自治区个别少数民族干部、个别民主党派领导人、无党派人士或民族宗教界代表人物、香港和澳门特别行政区人士等的提名年龄可适当放宽；

新提拔的党员领导干部要担任正省部长级领导职务 5 年以上，适当考虑能够干满两届的同志；

新提名人选，应主要考虑本人的素质和条件，既看人选的德才素质、能力和一贯表现，也看人选的资历、经历和代表性，同时还要考虑工作需要和结构要求，人选中应有各方面的领导骨干，也应有特定方面的代表性人物，还应有女同志和少数民族同志。

与此同时，党中央对全国人大常委会委员、全国政协常务委员等有关人选，也提出了明确的提名原则。

——全国人大常委会委员人选的提名，坚持突出政治标准，适应新时代坚持全面依法治国、加强宪法和法律实施与监督等需要，进一步完善整体结构，既体现广泛代表性，又有利于工作的连续性。

——全国政协常务委员人选的提名，坚持突出政治标准，适应新时代全国政协工作需要，着眼于有效履行政治协商、民主监督、参政议政三大职能，进一步完善整体结构，既体现广泛代表性，又有利于保持工作的连续性。

选好人、用对人，事关党和国家事业后继有人、兴旺发达。

党中央高度重视人选把关问题。习近平总书记多次强调，要认真学习贯彻党的二十大精神，坚持和加强党的全面领导；借鉴和运用二十届“两委”人选考察的成功做法，严格标准条件，坚持把政治标准放在首位，做深做实政治素质考察，严把人选的政治关、廉洁关、形象关；注重加强统筹，进一步优化人大、政协组成人员结构；始终把纪律和规矩挺在前面，严明政治纪律和政治规矩，严明组织纪律和换届纪律，确保风清气正。

这些原则和要求，充分体现了以习近平同志为核心的党中央的宏阔视野和深邃思考，为这项工作顺利开展指明了正确方向、提供了根本遵循。新一届国家机构和全国政协领导人员人选的产生过程，始终坚持党的全面领导特别是党中央集中统一领导，始终把政治标准放在首位，始终严明纪律要求，始终坚持事业为上、以事择人。

听取意见时，一些同志反映，这次人事安排工作坚决贯彻落实习近平总书记重要指示精神和党中央部署要求，工作原则明确，用人导向鲜明，标准条件和结构要求科学合理、符合实际。

一些同志谈到，人事安排工作切实发挥党组织领导和把关作用，严密产生程序，严格人选把关，为选出政治坚定、能力突出、作风过硬、形象良好，堪当民族复兴重任的领导集体打下坚实基础。

科学民主凝聚共识——

坚持加强党的领导与发扬民主相统一，通盘考虑党的二十大和全国两会人事安排，深入谈话调研，充分酝酿协商，广泛征求意见，人选方案具有坚实的民意基础

系统谋划、整体考虑，是新一届国家机构和全国政协领导人员人选产生的一个突出特点，是习近平新时代中国特色社会主义思想世界观方法论的具体体现。

早在研究党的二十大人事安排时，党中央就对做好今年全国两会换届人事安排工作作了通盘考虑。

根据中央政治局常委会安排，在对二十届中央领导机构人选进行个别谈话调研的同时，就新一届国家机构和全国政协领导人员有关人选，当面听取了党和国家领导同志、正省部级、军队战区级正职以上党员主要负责同志和其他十九届中央委员的推荐意见和有关建议。

“党中央总揽全局，对中央领导机构人选、国家机构和全国政协领导人员人选一体研究，统筹考虑。”一些参加谈话的同志说，这充分体现了习近平总书记和党中央的深谋远虑和高超的政治智慧，是我们党系统观念、系统思维在人事安排工作中的生动实践。

一些同志谈到，谈话调研时，不仅推荐二十届中央政治局委员、书记处书记人选，还一并推荐新一届国务院有关领导人选和全国人大、全国政协党内副职人选，最高人民法院院长、最高人民检察院检察长人选；既推荐继续提名、转任人选，还推荐新提拔人选。

习近平总书记亲自进行个别谈话调研。2022 年 4 月至 6 月，习近平总书记和中央有关领导同志听取了 300 多人的意见建议。

谈话调研期间，每一名参加谈话的同志都以高度的政治责任感、使命感，坚持公道正派、实事求是，敞开心扉、畅所欲言，认真负责提出推荐意见，为党中央选人用人提供了参考。整个人选酝酿过程纪律要求严、保密要求高，自始至终没有出现说情打招呼、跑风漏气的现象，彰显了新时代全面从严治党的显著成效，展现出清明清朗的政治生态。

2022 年 9 月，十九届中央政治局在提出二十届中央领导机构的组成方案时，对国家主席、副主席，全国人大常委会委员长，国务院总理、副总理、国务委员，中央军委主席、副主席、委员，全国政协主席等人选，一并进行了研究，统筹提出了安排建议。

党的二十大闭幕后，根据工作和班子结构需要以及个别谈话调研听取意见、组织掌握的情况，经过充分酝酿、反复比选，研究提出新一届国家机构和全国政协领导人员人选建议名单，并分别向二十届中央政治局常委等领导同志汇报听取了意见，分别与二十届中央政治局委员、书记处书记进行沟通听取了意见。

对非中共人选，分别听取了中央统战部和各民主党派中央、全国工商联负责人的意见。

拟新提名的人选，对党内人选进行了考察，对非中共人选在民主党派中央、全国工商联换届考察基础上又专门进行了考察，有的通过适当方式在一定范围听取了意见，同时就党风廉政情况听取了中央纪委国家监委意见。

一些同志说，党中央就有关人选广泛听取意见、充分酝酿协商，体现了坚持走群众路线、发扬民主的优良传统和作风，是新时代发展全过程人民民主的生动实践。人选方案考虑周全、兼顾方方面面，民意基础好、认可度高。

2023 年 2 月，经中央政治局常委会会议、中央政治局会议审议讨论，形成了新一届国家机构和全国政协领导人员人选建议方案。

中央政治局认为，这个建议方案充分发扬了民主，体现了民主集中制原则，人选素质条件、一贯表现和党内外形象比较好，整体结构比较合理，能够适应新一届国家机构和全国政协的工作需要，是一个积极而稳妥的方案。

2 月 28 日上午，习近平总书记主持召开民主协商会，就中共中央拟向十四届全国人大一次会议推荐的国家机构领导人员人选建议名单和拟向全国政协十四届一次会议推荐的全国政协领导人员人选建议名单，向各民主党派中央、全国工商联负责人和无党派人士代表通报情况，听取意见。

与会人员一致表示拥护和赞成，认为新一届国家机构和全国政协领导人员人选建议名单，是在广泛征求意见、深入酝酿协商的基础上形成的，充分体现了中共二十大精神，体现了中国特色社会主义政治制度的独特优势，体现了中共中央对各民主党派、工商联和无党派人士的关心和信任。

2 月 28 日下午，党的二十届二中全会通过了这份人选建议名单，决定以中共中央名义分别向十四届全国人大一次会议主席团和全国政协十四届一次会议主席团推荐。

团结奋斗创造新的伟业——

新一届国家机构和全国政协领导人员素质高、能力强、形象好，符合党中央要求和人民群众期盼，能够担负起神圣而光荣的历史使命，必将在新时代新征程上书写新的华章

选举新一届国家机构和全国政协领导人员，是全国人大代表、全国政协委员的神圣权利。

2023 年 3 月 8 日，全国政协十四届一次会议主席团举行第二次会议，通过了新一届全国政协领导人员建议人选名单，提交全体委员酝酿协商。

3 月 9 日、10 日、11 日，十四届全国人大一次会议主席团分别举行第三次、第五次、第七次会议，决定将新一届国家机构领导人员人选名单提请各代表团酝酿。

一份份人选名单、名册、简历，送到了代表、委员手中。

对党和国家事业高度负责，对人民群众利益高度负责。各代表团、各界别小组分别召开会议，代表、委员们认真审议讨论、充分酝酿协商……

坚持发扬民主，依法按章办事。2900 多名全国人大代表、2100 多名全国政协委员，肩负崇高使命，行使神圣权利，选举和决定任命新一届国家机构和全国政协领导人员。

大会期间，严格依照规定程序，各项选举和决定任命事项顺利进行——

3 月 10 日，十四届全国人大一次会议第三次全体会议全票选举习近平同志为中华人民共和国主席、中华人民共和国中央军事委员会主席，选举赵乐际同志为全国人大常委会委员长，选举韩正同志为中华人民共和国副主席，同时选出了全国人大常委会副委员长、秘书长。

3 月 10 日，全国政协十四届一次会议第三次全体会议选举王沪宁同志为全国政协主席，同时选出了全国政协副主席、秘书长、常务委员。

3 月 11 日，十四届全国人大一次会议第四次全体会议决定李强同志为国务院总理，同时决定了中华人民共和国中央军事委员会副主席、委员，选举产生了国家监察委员会主任、最高人民法院院长、最高人民检察院检察长和全国人大常委会委员。

3 月 12 日，十四届全国人大一次会议第五次全体会议决定丁薛祥等 4 名同志为国务院副总理，同时决定了新一届国务院其他组成人员，通过了十四届全国人大专门委员会组成人员名单。

一次次庄严投票，一次次热烈掌声，历史的重托、人民的期盼，汇聚成希望与力量。

这是坚定拥护“两个确立”、坚决做到“两个维护”，全面贯彻习近平新时代中国特色社会主义思想和党的二十大精神，在工作岗位上作出突出成绩的领导集体；是素质优良、开拓进取、作风良好，在干部群众中有较高威信，具有广泛和坚实民意基础的领导集体；是整体结构合理、人员分布广泛，能够适应新时代新征程需要，有效履行职责的领导集体。

新一届国家机构和全国政协领导人员经过了改革开放和社会主义现代化建设新时期的历练，经历了新时代十年伟大变革的洗礼，经受了全面从严治党的考验。

他们中的许多人曾长期担任中央和国家机关、省区市领导职务，有的在多个地方、多个领域、多个岗位工作过，有的经过重大斗争、艰苦环境的锻炼，具有丰富的实际工作和领导经验。

新一届国家机构和全国政协领导人员中，女同志6名，少数民族同志7名，党外人士 18 名，汇聚了党内党外、各个领域、各个方面的领导骨干和代表性人物，既有党政领导干部，也有各民主党派、工商联负责人，还有爱国爱港爱澳的港澳人士和维护民族团结的代表人物。

新一届全国人大常委会、国务院、全国政协领导人员平均年龄分别为 65.4 岁、61.7 岁、65.3 岁。他们中，30 人为新提名，20 人为继续提名或转任。既增添了一批综合素质和作风形象好的干部，又保留了一些领导经验丰富的同志。

为了党和国家事业继往开来、薪火相传，在人事酝酿和征求意见时，一些党和国家领导同志，以党和人民利益为重，以对国家发展和民族复兴高度负责的精神，主动表示从领导岗位上退下来，让相对年轻的同志上来，表现出了宽阔胸怀和高风亮节。

代表、委员们一致认为，新一届国家机构和全国政协领导人员进退比例适当、结构科学合理，素质高、能力强、形象好。

新的历史节点，标注新的伟大瞬间——

3 月 10 日上午，人民大会堂大礼堂，国徽高悬、庄严神圣。

嘹亮的号角声中，当选中华人民共和国主席、中华人民共和国中央军事委员会主席的习近平迈着自信而坚毅的步伐走向宣誓台，面向全体代表，左手抚按宪法，右手举拳，庄严宣誓：

“我宣誓：忠于中华人民共和国宪法，维护宪法权威，履行法定职责，忠于祖国、忠于人民，恪尽职守、廉洁奉公，接受人民监督，为建设富强民主文明和谐美丽的社会主义现代化强国努力奋斗！”

在当选和决定任命后，其他领导同志相继进行宪法宣誓。

东风浩荡疾驰远，大潮奔涌奋楫先。

在以习近平同志为核心的党中央坚强领导下，在习近平新时代中国特色社会主义思想科学指引下，全党全军全国各族人民全面贯彻党的二十大精神和全国两会精神，自信自强、守正创新，锐意进取、顽强拼搏，同心建功新时代、昂首奋进新征程，必将用新的伟大奋斗创造新的伟业！

（2023 年 3 月 14 日《人民日报》第 3 版）

特别报道

一、习近平总书记全票当选国家主席中央军委主席

十四届全国人大一次会议选举产生新一届国家领导人
习近平全票当选国家主席中央军委主席

十四届全国人大一次会议3月10日上午选举习近平为中华人民共和国主席、中华人民共和国中央军事委员会主席。

当这一选举结果宣布时，全场爆发出长时间热烈的掌声。

会议同时选举赵乐际为第十四届全国人民代表大会常务委员会委员长，选举韩正为中华人民共和国副主席。

上午9时，十四届全国人大一次会议第三次全体会议在人民大会堂举行。

习近平、李强、赵乐际、王沪宁、韩正、蔡奇、丁薛祥、李希等出席会议。

会议应出席代表2977人，出席2952人，缺席25人，出席人数符合法定人数。

会议由大会执行主席、主席团常务主席李干杰主持。大会执行主席王君正、王蒙徽、许勤、沈晓明、周祖翼、郑建闽、梁言顺、喻云林、蓝佛安在主席台执行主席席就座。

会议首先表决通过了十四届全国人大一次会议关于国务院机构改革方案的决定，批准了这个方案。大会要求，国务院要坚持党中央集中统一领导，周密部署，精心组织，确保完成国务院机构改革任务。

会议表决通过了十四届全国人大一次会议选举和决定任命的办法。

与会代表经过表决，通过了由35名代表组成的总监票人、监票人名单。施小琳、林鸿为总监票人。

9时27分，选举正式开始。监票人首先对设置在会场的28个电子票箱、电子选举系统进行了检查。接着，工作人员开始分发选票。4张不同颜色的选举票分发到每一位代表手中。选举票用国家通用文字和7种少数民族文字印制。

随后，代表们开始写票。会场后区设有秘密写票处。

根据选举和决定任命的办法，中华人民共和国主席，中华人民共和国中央军事委员会主席，第十四届全国人民代表大会常务委员会委员长、副委员长、秘书长，中华人民共和国副主席进行等额选举。

9时51分，总监票人、监票人首先投票。之后，代表们开始投票。投票结束后，总监票人报告了发出和收回选票的情况，选举有效。

工作人员宣读计票结果。

计票结果显示，在国家主席、中央军委主席选举中，习近平均获得全部2952张赞成票。全场起立，报以热烈掌声。

主持人宣布：

习近平同志当选为中华人民共和国主席。

习近平向代表们鞠躬致意，全体代表用长时间热烈的掌声向习近平表达敬意。站在身旁的栗战书、李强分别同习近平握手，向他表示祝贺。

当主持人宣布习近平同志当选为中华人民共和国中央军事委员会主席时，会场上再次响起热烈的掌声，习近平又一次向代表们鞠躬致意。

随后，主持人依次宣布：

赵乐际同志当选为第十四届全国人民代表大会常务委员会委员长。

韩正同志当选为中华人民共和国副主席。

李鸿忠、王东明、肖捷、郑建邦、丁仲礼、郝明金、蔡达峰、何维、武维华、铁凝、彭清华、张庆伟、洛桑江村、雪克来提·扎克尔同志当选为第十四届全国人民代表大会常务委员会副委员长。

刘奇同志当选为第十四届全国人民代表大会常务委员会秘书长。

每一项选举结果宣布时，现场都响起热烈掌声。

在掌声中，新当选的全国人大常委会委员长赵乐际起身，向代表们鞠躬致意。随后，他走向习近平，两人亲切握手，习近平向他表示祝贺。赵乐际又同十三届全国人大常委会委员长栗战书握手，相互致意。

在掌声中，新当选的国家副主席韩正起身，向代表们鞠躬致意。随后，他走向习近平，两人亲切握手，习近平向他表示祝贺。韩正又同王岐山同志握手，相互致意。

根据十四届全国人大一次会议主席团关于宪法宣誓的组织办法，全体会议各项议程进行完毕后，举行中华人民共和国第十四届全国人民代表大会第一次会议宪法宣誓仪式。

11 时 7 分，中国人民解放军军乐团号手现场奏响宣誓号角。

12 名中国人民解放军仪仗队礼兵，分两列从会场后方正步行进至主席台前伫立。

全体起立。主席台上，3 名礼兵迈着正步护送《中华人民共和国宪法》入场，并将宪法放置于宣誓台上。

在军乐团伴奏下，全场高唱中华人民共和国国歌。

随后，工作人员宣布：现在请中华人民共和国主席、中华人民共和国中央军事委员会主席习近平宣誓。

伴随着主席出场号角，新当选的国家主席、中央军委主席习近平从主席台座席起身，健步走到宣誓台前站立。

主席台后幕正中，国徽高悬，熠熠生辉。现场近 3000 名全国人大代表共同见证这一神圣时刻。

习近平左手抚按宪法，右手举拳，庄严宣誓。

“我宣誓：忠于中华人民共和国宪法，维护宪法权威，履行法定职责，忠于祖国、忠于人民，恪尽职守、廉洁奉公，接受人民监督，为建设富强民主文明和谐美丽的社会主义现代化强国努力奋斗！”

铿锵有力的宣誓声响彻人民大会堂。

宣誓结束后，习近平向全场鞠躬致意。现场爆发出长时间的热烈掌声。

随后，新当选的全国人大常委会委员长赵乐际、新当选的国家副主席韩正分别进行宪法宣誓，新当选的全国人大常委会副委员长、秘书长进行了集体宣誓。

（2023 年 3 月 11 日《人民日报》第 1 版）

人民的选择

——写在习近平同志全票当选国家主席、中央军委主席之际

一切选择都来自于人民，一切荣耀都归属于人民。

2023 年 3 月 10 日上午，习近平同志全票当选中华人民共和国主席、中华人民共和国中央军事委员会主席。如潮的掌声在人民大会堂响起，习近平同志从主席台座席上起身，向全体代表鞠躬致意。

这是 2952 位全国人大代表，肩负着亿万人民的重托，在民族复兴行进到关键一程，向第二个百年奋斗目标进军之际，作出的郑重选择。

民主亦是民心，民心蕴藏伟力。民心所向，大道无垠。

新时代，实现中华民族伟大复兴进入不可逆转的历史进程。在前无古人的中国式现代化道路上，中国共产党带领人民团结奋斗、踔厉奋发，风雨无阻向前进。

“我宣誓：忠于中华人民共和国宪法，维护宪法权威，履行法定职责，忠于祖国、忠于人民，恪尽职守、廉洁奉公，接受人民监督，为建设富强民主文明和谐美丽的社会主义现代化强国努力奋斗！”

国徽高悬、誓言铿锵，映照着中国共产党人心系人民、面向未来的深情承诺和深沉担当。

根植人民的沃土

“与天下同利者，天下持之”。

习近平总书记多次引用的这句古语，饱含着长期和人民在一起总结出的朴素哲理：谁把老百姓放在心上，老百姓就把谁装在心里。

走进坡急沟深的巍巍太行，深一脚浅一脚。当时村里坑坑洼洼的小路上，

村民搀扶着送习近平总书记走出门外，“我叫他慢着点，他也叫我慢着点，说路不好走”。老百姓发自内心地把总书记当自家人。

回到沟壑纵横的黄土地，老乡们拉着习近平总书记的手，十分亲热，总书记仍能一口喊出他们的小名。青年时代的往事历历在目：离开梁家河的那天早上，院子里早早挤满了送行的乡亲。推开门的那一刻，泪水夺眶而出。

踏访辽阔壮美的河西走廊，敦煌、嘉峪关、高台、山丹、古浪、兰州……新闻媒体记录下这一幕幕场景：

“道路两侧，闻讯赶来的群众挤得里三层外三层。总书记让车停在路边。车门一开，他下车走向人群。数千群众顿时欢呼起来。”

“不封路、不扰民，这是习近平总书记在党的十八大后给考察出行定的一条规矩。纪念馆内，有群众同他一道参观；黄河岸边，在他调研时休闲的市民往来如织。网上因此有了总书记各个视角的照片。几乎所有照片，总书记都在微笑着，那是人民领袖面对人民的表情。”

乐民之乐者，民亦乐其乐；忧民之忧者，民亦忧其忧。

在2014年全国两会上，习近平总书记的一席话，令人动容：“我现在看到贫困地区的老百姓，确实发自内心地牵挂他们。作为共产党人一定要把他们放在心上，真正为他们办实事，否则我们的良知在哪里啊？”

岁月流转，丹心如一，洗练着“我是谁？从哪里来？要到哪里去？”这一深沉邃远的恒久叩问。

答案，在成长历程的耳濡目染中。

在陕西考察时，中共绥德地委旧址有行字十分醒目：“把屁股端端地坐在老百姓的这一面”。看到这句父亲习仲勋说过的家乡话，总书记不由地轻声念了出来。

家风如破冰的春潮，如沁人心扉的春风。

在梁家河的窑洞里，《为人民服务》短短数百字，他不知看了多少遍。

“时时放心不下”，有位老前辈说过这样一句话，深深刻在了总书记心上，成为他从政经历的真实写照。

1966年，初中一年级的时候，第一次听到焦裕禄的事迹，“受到深深震撼”。多年后，一首词《念奴娇·追思焦裕禄》抒发胸臆：“百姓谁不爱好官？

把泪焦桐成雨”“为官一任，造福一方，遂了平生意”……

在总书记办公室的书架上，那张他青年时期的军装照，早已为人们所熟悉。大学毕业后，他到了部队。习近平总书记曾经讲述心声：“我和军队有着不解之缘，对军队怀有深厚感情。”党的十八大后，到基层调研时，常会去当地的部队看一看。踏边关、走戈壁、入班排、看哨所……基层官兵的冷暖始终是总书记深情的牵挂。

答案，在始终与人民站在一起、想在一起、干在一起的磨砺锻造中。

“本”者，草木之根也，根深才能叶茂。

青年习近平在黄土地上的摸爬滚打中，在挥汗耕作、挑灯夜读的艰辛日子里，了解了现实，亲近了人民，坚定了理想。

“陕北高原是我的根”，在一篇回忆文章中，他动情地写道：“因为这里培养出了我不变的信念：要为人民做实事！”

至今，总书记还常想起当年，天一擦黑，乡亲们就纷纷赶来了，把他的土窑洞挤得满满当当。“我就给大伙儿讲古今，讲外面的世界。”

那时在陕北，他是乡亲们眼中“吃苦耐劳的好后生”；离开正定多年后，正定人依然亲切称呼他“咱们的老书记”；在福建工作时，当地人常喊他“百姓省长”；到浙江工作后，村民称他是“党派来的好干部”。

称呼里有“水载舟”的大学问，有“金杯银杯不如口碑”的朴素道理。

答案，在对马克思主义科学真理坚定执着的追求中。

2017 年 10 月 31 日，党的十九大胜利闭幕一周之际，习近平总书记带领中共中央政治局常委，赶赴上海和浙江嘉兴，去瞻仰“我们党梦想起航的地方”。

走进石库门，1920 年 9 月印刷出版的《共产党宣言》中文译本陈列于展厅，总书记久久凝视。他曾说过：“如果心里觉得不踏实，就去钻研经典著作，《共产党宣言》多看几遍。”

从“绝大多数人的，为绝大多数人谋利益的独立的运动”到“人民是历史的创造者，人民是真正的英雄”，在“通向真理的道路”上，人民性是马克思主义的本质属性，习近平新时代中国特色社会主义思想，是来自人民、为了人民、造福人民的理论。

答案，在五千年中华文明的熏陶滋养中。

“一个热爱中华大地的人，他一定会爱她的每一条溪流，每一寸土地，每一页光辉的历史。”

这是习近平同志在河北正定工作时的一段心声。

扎根广袤厚实的中国大地汲取养分，深入光辉璀璨的中华文化宝库博采智慧，是习近平新时代中国特色社会主义思想的显著特点。

范仲淹的名句“先天下之忧而忧，后天下之乐而乐”，郑板桥的惦念“些小吾曹州县吏，一枝一叶总关情”，于谦的明志“但愿苍生俱饱暖，不辞辛苦出山林”……悠悠典籍中的一字一句，沿着时间的长河，流淌千百年，积淀成为深沉、醇厚的人民情怀。

来自人民，代表人民，与人民心心相印，与人民血肉相连，习近平总书记的品格和思想充盈着深厚的人民情、浓郁的中国味、浩然的民族魂。

至真、至纯、至厚，生生不息，书写在新时代新征程上，书写在每个人的心底。

这是历史的答案，是实践的答案，也是未来的答案。

凝聚人民的力量

此刻，庄严的人民大会堂。习近平总书记左手抚按宪法，右手举拳。宣誓声深沉有力，声透云霄。

台下，来自河南的李连成代表，心潮澎湃地倾听着。

这位常年在农田里耕作的农民，几年前在全国两会上，用了足足 6 分钟，向总书记讲述农民的八个梦想。如今，他想告诉总书记：“村里现在有了幼儿园、小学，还在建一所医院，梦想成真了！”

航天科技集团五院的孙泽洲代表，凝望着、思索着，往事涌上心头。

四年前，他作为嫦娥四号任务参研参试人员代表，在人民大会堂受到总书记的接见。孙泽洲很想再向总书记汇报一次中国航天的新成绩，“探索太空的脚步会迈得更大、更远、更稳！”

江苏省的工人代表单增海，想起总书记参加江苏代表团审议时，代表们讲述的两个月前投票的感人场景。

今年1月，江苏省十四届人大一次会议在南京召开，在江苏参选的中央提名的代表候选人习近平同志，以全票当选第十四届全国人大代表。“大家一次又一次自发鼓掌，掌声雷动，经久不息。”

爱民如亲，万众归心。

誓言是什么？是对人民的郑重承诺。一句承诺，一片丹心。中国共产党人最是重信守诺。

“人民对美好生活的向往，就是我们的奋斗目标。”2012年11月15日，人民大会堂，面向中外记者，习近平总书记发出新时代中国共产党人铿锵的誓言。

今年全国两会，参加江苏代表团审议时，习近平总书记说道：“必须以满足人民日益增长的美好生活需要为出发点和落脚点，把发展成果不断转化为生活品质，不断增强人民群众的获得感、幸福感、安全感”。

重若千钧的“以人民为中心的发展思想”之下，是无数动人的细节。

在这里，习近平总书记多次以崇高礼遇褒奖人民推选出的各界优秀代表。总书记曾经弯下腰来，把全国脱贫攻坚楷模的证书授予轮椅上的夏森；绕过座椅，握住白发苍苍的黄旭华和黄大发两位道德模范代表的手，邀请他们坐到自己身边……

也是在这里，习近平总书记深刻阐释了具有鲜明中国特色的“全过程人民民主”。

把历史的卷轴向前铺展，1954年9月，中南海怀仁堂，新中国第一届全国人民代表大会第一次会议，通过的《中华人民共和国宪法》明确规定：“中华人民共和国的一切权力属于人民。”

一切权力属于人民。一个历经五千年兴衰更替的文明古国，天翻地覆慨而慷！正如一位历史学家感叹：“来了新的一切，一切都是属于人民的。”这是中国人民多少岁月以来梦寐以求的理想。

选择什么样的政治发展道路？国家政权应该怎样组织？国家应该怎样治理？大浪淘沙，皆在民心。一代代中国共产党人团结带领中国人民风雨兼程，志不移、道不改。

全过程人民民主，根在“人民”。

横向看，来自各地区、各民族、各方面，即使人口再少的民族也至少有一名全国人大代表。纵向看，全国、省、市、县、乡五级都有人民代表大会。亿万选民一人一票，以直接选举方式产生了县、乡两级人大代表。

2021 年 11 月 5 日，北京市区和乡镇两级人大代表换届选举投票日。习近平总书记大步走进西城区中南海选区怀仁堂投票站，郑重投下了自己的一票。

全国 2800 多个县（市、区）、4 万多个乡镇，亿万人民也投下了庄严的选票。对于这一世界上规模最大的基层民主选举，有观察者将其称为，仿佛用筛子筛了一遍沙漠，难度之大可想而知，却在中国有条不紊。

名非天造，必从其实。亿万人民的所思所盼融入国家发展的顶层设计，亿万人民的所向所往汇聚成奋进新时代的磅礴力量。

一位村党支部书记的经历，感动了很多人。7 年，8 公里。重庆巫山县下庄村党支部书记毛相林带领村民在绝壁上凿出一条“天路”，寄托着从来没有走出村的乡亲们的希望。“山凿一尺宽一尺，路修一丈长一丈，就算我们这代人穷十年苦十年，也一定要让下辈人过上好日子。”一滴水见太阳。党团结带领人民，为有牺牲多壮志，敢教日月换新天！

一位社区志愿者的感叹，激励着很多人。宁夏吴忠市金花园社区的王兰花，一位和共和国同龄的老模范。见到总书记，她激动地说：“2016 年您来宁夏，说的一句话让我忘不了，‘社会主义是干出来的’。当时我听了，眼泪唰地就流了下来。国家发展到今天不容易，是一步一步干出来的。”

大笔点染，写下气象磅礴的人民力量。

“在我们这么一个有着 14 亿人口的国家，每个人出一份力就能汇聚成排山倒海的磅礴力量，每个人做成一件事、干好一件工作，党和国家事业就能向前推进一步。”

时代出卷，人民阅卷。“窑洞之问”的两个答案跨越时间的河流巍然屹立，道出党与人民群众风雨同舟、血脉相通、生死与共的政治密码。

那是长征路上的“半条被子”，是淮海战役中的“小推车”，是小岗村按下的“红手印”，也是新时代大战大考中的星火成炬。

2007 年，习近平同志在上海工作时，围绕“什么是老百姓最关心的民生问题”开展深入调研。

调研中，他跟干部聊到：“老百姓最关心的是能不能每年有增收，是不是在社保方面有改善，跟他们息息相关的利益问题是否得到解决。”

到中央工作后，总书记有次到上海考察，叮嘱社区工作人员：“要及时感知社区居民的操心事、烦心事、揪心事，一件一件加以解决”。

“老百姓心里有杆秤。我们把老百姓放在心中，老百姓才会把我们放在心中。”朴实而生动的政绩观一以贯之。

一份情，系在心间。

2019 年到甘肃考察，习近平总书记挂念着从山区移民搬迁下来的乡亲们。村民李应川一家一样样地给总书记数，医保、社保、蔬菜大棚的政策补贴，数着数着眼泪要落下来。

第二天的省委和省政府工作汇报会上，总书记提起朴实的乡亲们：“水能载舟亦能覆舟。我们这个船啊，有人民的海洋牢牢托着。永远不要失去民心，永远要想着给老百姓办事”。

2021 年，在全党开展的“我为群众办实事”实践活动，成为党史学习教育的重要内容。

一串问，暖到心坎。

2016 年在青海代表团，总书记同青海省贵德县河阴镇大史家村党委书记毕生忠代表交流时，一连串问了 6 个问题。

毕生忠发现，总书记问起的并不是那些“大政策”，而是种什么庄稼、拿多少补贴等“细微事”。

讲述着这几年村子的变化，那句萦绕在毕生忠心头很久的话，终于脱口而出：

“我们那里的老百姓把您……怎么说呢？喜欢得不得了！”

不负人民的期待

“总书记，您好！你是腐败分子的克星，全国人民的福星！”

2014 年 12 月，习近平总书记在江苏省镇江市世业镇永茂圩自然村考察时，74 岁的老人崔荣海紧紧握住总书记的手。

总书记微笑着回答：“不辜负全国人民的期望。”

不负人民，一诺千钧。沉淀在新时代的日日夜夜，映射在治党治国治军、内政外交国防、改革发展稳定的大事小情。

“受命以来，夙夜忧叹，恐托付不效。”习近平总书记曾引用诸葛亮的《出师表》表达自己的心情。

“党和人民需要我们献身的时候，我们都要毫不犹豫挺身而出，把个人生死置之度外。我们都做不到，让谁去做？”习近平总书记的这番肺腑之言，写满赤诚。

时光无言，壮美山河见证中国这艘远航的巨轮，掌舵之艰、领航之难。过暗礁、涉险滩、搏惊涛，十年非凡历程，十年浓墨重彩，凝结成新时代的历史性成就、历史性变革。

船到中流浪更急。创造了人类文明新形态的中国式现代化，何其艰难又何其伟大。中华民族伟大复兴，何其慷慨又何其壮阔！

“我是崇尚行动的。”

领航新征程，人民的期望化作行动，如朝日，如北斗，如长风鼓起风帆，如灯塔引领征程，踏开了一条新时代党和人民奋进的必由之路！

完成非凡之事，必有非凡之精神，非凡之行动。

唯有坚毅，方能迎风战雪。

绝对贫困问题，困扰了中华民族几千年。这些年，翻山岭，冒风雪，顶烈日。中国地图上的一串串足迹，丈量着从贫困到小康的进程。总书记承诺“全面小康路上一个也不能少”。

2019 年到重庆，这时候脱贫攻坚战剩下的都是些贫中之贫、困中之困、坚中之坚，总书记一路奔波，希望实地看看大山深处“两不愁三保障”是不是真落地。他说，扶贫这件事“我要以钉钉子精神反反复复地去抓”。2020 年 3 月，突如其来的新冠疫情仍黑云压城，一场决战决胜脱贫攻坚座谈会在此时召开，昭示着再大的困难也阻挡不了的坚定：“按日子算就是 300 天，如期实现脱贫攻坚目标任务本来就有许多硬骨头要啃，疫情又增加了难度，必须尽早再动员、再部署”。

唯有胆识，方能披荆斩棘。

在世纪疫情汹汹，武汉告急、湖北严峻之际，关键时刻，关键抉择！习近平总书记果断作出关闭离汉离鄂通道重要决策，号令举全国之力实施规模空前的生命大救援，打赢了武汉保卫战、湖北保卫战。

抗击新冠疫情三年，每一个重大决策、每一个关键节点，以习近平同志为核心的党中央运筹帷幄。中国交出了率先控制住疫情、率先复工复产、率先实现经济正增长的答卷，更交出了一份“人民至上、生命至上”的大考答卷。

回望不平凡的三年时间，我们取得疫情防控重大决定性胜利，创造了人类文明史上人口大国成功走出疫情大流行的奇迹。

唯有担当，方能一往无前。

2012 年底，履新不足 20 天的十八届中共中央政治局召开会议，审议通过八项规定，拉开了风起云涌的全面从严治党的序幕。

一个个沉疴祛除，一个个难题突破。“八项规定”“打虎”“拍蝇”“猎狐”……每一个词语后面，是打破“刑不上大夫”的勇气，是“反腐没有休止符”的铁腕，是“得罪千百人、不负十四亿”的担当。

党的二十大期间到广西团，习近平总书记想起了党的十八大召开大约两年后，有一位熟读历史的作家，感言“二十四史也找不到我们这个力度的反腐败啊！”回望之际，总书记动情地说：“接受疾风暴雨、惊涛骇浪的考验，我说，‘虽千万人，吾往矣’！”

唯有远见，方能劈波斩浪。

在取得举世瞩目发展成就的同时，我们党对发展不平衡不充分的问题有着清醒的认识。面对一系列深层次的矛盾，迎难而上、攻坚克难。

“着眼点着力点不能放在 GDP 增速上”“非不能也，而不为也”，调转巨轮的航道，开辟发展的新路，不仅涉及发展方式的变革，更是对利益藩篱的突破，对发展逻辑的重塑。

到了 2018 年、2019 年，面对日趋错综复杂的国际形势，习近平总书记未雨绸缪地叮嘱“中国粮食，中国饭碗”，“最重要的是做好我们自己的事”。

2020 年，习近平总书记浙江考察时看到，疫情之下，昔日熙熙攘攘的码头冷清了。那次回来，总书记深思熟虑提出构建新发展格局，充满预见性的布局为中国赢得了战略主动。

于高山之巅，方见大河奔涌；于群峰之上，更觉长风浩荡。

“新形势下发展不能穿新鞋走老路，不能再走大呼隆、粗放型发展的路子，必须完整、准确、全面贯彻新发展理念，构建新发展格局，推动高质量发展。”在欣欣向荣的今天再回望，回望我们一路的风雨，世界一再赞叹中国的抉择远见。

百年潮，十年路。穿越时光的深邃洞见，正是一位领航者的日常。

举什么旗？走什么路？习近平新时代中国特色社会主义思想，被誉为“引领新时代中国发展的‘思想密码’”。在《习近平谈治国理政》四卷中，人们能清晰感知由那份坚毅、那份胆识、那份担当、那份远见，所澎湃出的源源不竭的智慧与力量。

比如强军思想。“建设一支听党指挥、能打胜仗、作风优良的人民军队，是党在新形势下的强军目标。”一声号角启新航。

强国必须强军，军强才能国安。信仰决定根本，旗帜凝聚力量。思想之旗，引领人民军队实现整体性革命性重塑、重整行装再出发，在中国特色强军之路上迈出坚实步伐。

比如外交思想。

世界怎么了、人类怎么办？联合国日内瓦总部，习近平总书记那场主题为“共同构建人类命运共同体”的演讲，西方媒体称之为“具有分水岭意义的时刻”。仅仅20多天后，构建人类命运共同体理念就被写入联合国决议。

共建“一带一路”，全球发展倡议、全球安全倡议，建立以合作共赢为核心的新型国际关系，践行共商共建共享的全球治理观，打造更加完善的全球伙伴关系网络……每一次的中国声音，都在世界久久激荡。

核心引领、思想引领，正是最有力的引领。习近平经济思想、法治思想、生态文明思想、强军思想、外交思想……习近平新时代中国特色社会主义思想之光照亮前行之路。

山雄有脊，房固因梁。党的十九届六中全会，通过百年党史上第三个历史决议。这份我们党百年奋斗的皇皇巨著，明确了一个众望所归的表述：

“党确立习近平同志党中央的核心、全党的核心地位，确立习近平新时代中国特色社会主义思想的指导地位，反映了全党全军全国各族人民共同心愿，对新时代党和国家事业发展、对推进中华民族伟大复兴历史进程具有决定性意义。”

民心是最大的政治。

“脚下沾有多少泥土，心中就沉淀多少真情。”青海省西宁市兴海路街道党工委书记刘小蓉代表说，今天投下的这一票是街道群众的共同选择，因为老百姓相信习近平总书记，相信我们党！

“目光之所及是星辰大海，但每一步都是脚踏实地。”中国天眼总工程师姜鹏代表豪情满怀：“科技勇攀高峰，创新永无止境，因为我们面向世界科技前沿、面向经济主战场、面向国家重大需求、面向人民生命健康。”

四川省布拖县阿布洛哈村党支部书记吉列子日代表，带来了家乡的照片：从住石木屋、土坯房，到如今的轻钢小楼。“阿布洛哈的变化翻天覆地，我代表全村所有乡亲向总书记说一声‘卡沙沙（谢谢）’。”

“这十年在习近平强军思想的指引下，我们亲历了中国航母跨越发展、挺进深蓝的非凡历程，也见证了人民军队奋斗强军、迈向一流的铿锵步伐。”海军辽宁舰某中队政治教导员朱悦萌代表自信从容：“舰艏行处是长城，国家利益所至，海军航迹必达。我们一定践行首舰标准，锚定建军一百年奋斗目标，挺膺担当，勇毅前行，坚决完成党和人民赋予的使命任务。”

“乡亲们都说，绿水青山是总书记带来的幸福山水！”浙江省安吉县余村村党支部书记汪玉成代表憧憬着更大变迁：“我们对家乡、对中国充满信心！”

一切为民者，则民向往之。

历史的道路不是涅瓦大街上的人行道，它完全是在田野中前进的，有时穿过尘埃，有时穿过泥泞，有时横渡沼泽，有时行经丛林。

今天，一条前所未有的路就在脚下。党的二十大擘画了以中国式现代化全面推进中华民族伟大复兴的宏伟蓝图。时代壮歌，人民史诗。惟其艰巨，所以伟大；惟其艰巨，更显荣光。

面对一个个“娄山关”“腊子口”，中国共产党清醒认识到“康庄大道并不等于一马平川”“中华民族伟大复兴绝不是轻轻松松、敲锣打鼓就能实现的”。再难再险，始终一往无前，“不是没有掂量过。但我们认准了党的宗旨使命，认准了人民的期待。”

在党的二十届一中全会上当选中共中央总书记后，习近平同志郑重表示："我们一定牢记党的性质和宗旨，牢记自己的使命和责任，恪尽职守、勤勉工作，决不辜负党和人民重托。"

新征程上，我们有党的核心、人民领袖、军队统帅的掌舵领航，有世界上最好的人民万众一心、众志成城，走自己的路，我们信心十足、力量十足！

（2023 年 3 月 11 日《人民日报》第 6 版）

向着新目标，奋楫再出发

宏伟蓝图，展现光明前景；伟大征程，召唤新的进发。

在亿万人民意气风发迈上全面建设社会主义现代化国家新征程、向第二个百年奋斗目标进军之际，十四届全国人大一次会议举行全体会议，选举产生新一届国家机构领导人员，中共中央总书记、中央军委主席习近平全票当选中华人民共和国主席、中华人民共和国中央军事委员会主席。这充分反映了全党全军全国各族人民共同心愿，充分体现了党的意志、人民意志、国家意志的高度统一，极大鼓舞和激励亿万人民更加紧密地团结在以习近平同志为核心的党中央周围，踔厉奋发、勇毅前行，为实现党的二十大确定的目标任务而共同奋斗。

历史见证壮阔的征程，时间镌刻奋斗的足迹。党的十八大以来，以习近平同志为核心的党中央统筹中华民族伟大复兴战略全局和世界百年未有之大变局，以伟大的历史主动精神、巨大的政治勇气、强烈的责任担当，团结带领全党全军全国各族人民撸起袖子加油干、风雨无阻向前行，义无反顾进行具有许多新的历史特点的伟大斗争，经受住了来自政治、经济、意识形态、自然界等方面的风险挑战考验，如期打赢脱贫攻坚战，全面建成小康社会，实现第一个百年奋斗目标，取得疫情防控重大决定性胜利，创造了新时代中国特色社会主义的伟大成就，推动我国迈上全面建设社会主义现代化国家新征程。十年砥砺奋进，党和国家事业取得历史性成就、发生历史性变革，党心军心民心空前凝聚振奋，中华民族迎来了从站起来、富起来到强起来的伟大飞跃，中国式现代化得到成功推进和拓展，创造了人类文明新形态，为人类实现现代化提供了新的选择。新时代十年的伟大变革，在党史、新中国史、改革开放史、社会主义发展史、中华民族发展史上具有里程碑意义。中国共产党在革命性锻造中更加坚强有力，中国人民焕发出更为强烈的历史自觉和主动精神，实现中华民族伟大复兴进入了不可逆转的历史进程，科学社会主义在二十一世纪的中国焕发出新的蓬勃生机。

新时代以来这十年，在党和国家发展进程中极不寻常、极不平凡，我们面临的形势之复杂、斗争之严峻、改革发展稳定任务之艰巨世所罕见、史所罕见。正是因为确立了习近平同志党中央的核心、全党的核心地位，确立了习近平新时代中国特色社会主义思想的指导地位，党才有力解决了影响党长期执政、国家长治久安、人民幸福安康的突出矛盾和问题，消除了党、国家、军队内部存在的严重隐患，从根本上确保实现中华民族伟大复兴进入了不可逆转的历史进程。实践充分证明，“两个确立”是战胜一切艰难险阻、应对一切不确定性的最大确定性、最大底气、最大保证，是推动党和国家事业取得历史性成就、发生历史性变革的决定性因素，对新时代党和国家事业发展、对推进中华民族伟大复兴历史进程具有决定性意义。

万山磅礴，必有主峰；船重千钧，掌舵一人。在风云变幻中举旗定向、掌舵领航，在大战大考中指挥若定、运筹帷幄，在惊涛骇浪中力挽狂澜、砥柱中流，习近平总书记谋划国内外大局，统领改革发展稳定、内政外交国防、治党治国治军，充分展现了马克思主义政治家、思想家、战略家的恢弘气魄、远见卓识、雄韬伟略；始终坚持人民至上的执政理念，始终秉持为民造福的价值追求，想人民之所想，行人民之所嘱，充分彰显了大党大国领袖深厚真挚的人民情怀，不愧为党的核心、人民领袖、军队统帅，不愧为党领导人民成就伟业的主心骨，不愧为中华民族伟大复兴号巨轮的掌舵者、领航人。习近平总书记当选国家主席、中央军委主席，是党心所向、民心所盼、众望所归，体现了中国共产党、中华人民共和国、中国人民解放军领导人“三位一体”领导体制的制度安排，体现了中国共产党领导的政治优势和中国特色社会主义的制度优势，有利于坚持和加强党的全面领导，有利于坚持和完善党和国家领导体制，有利于维护以习近平同志为核心的党中央权威和集中统一领导，为全面建设社会主义现代化国家、全面推进中华民族伟大复兴筑牢坚实的政治根基、组织根基。

党的二十大擘画了全面建设社会主义现代化国家、以中国式现代化全面推进中华民族伟大复兴的宏伟蓝图，明确了新时代新征程党和国家事业发展的目标任务。新征程是充满光荣和梦想的远征。今天，我们比历史上任何时期都更接近、更有信心和能力实现中华民族伟大复兴的目标，同时必须准备付出更为艰巨、更为艰苦的努力，准备经受风高浪急甚至惊涛骇浪的重大考验。向着新目标，奋楫再出发，更加自觉地维护习近平总书记党中央的核心、全党的核心地位，更加自觉地维护以习近平同志为核心的党中央权威和集中统一领导，坚定不移在思想上政治上行动上同以习近平同志为核心的党中央保持高度一致，坚持用习近平新时代中国特色社会主义思想统一思想、统一意志、统一行动，心往一处想，劲往一处使，就一定能够战胜一切艰难险阻，在中国式现代化的康庄大道上奋勇前进，始终把我国发展进步的命运牢牢掌握在自己手中。

当代中国，江山壮丽，人民豪迈，前程远大。心中装着百姓，手中握有真理，脚踏人间正道，我们信心十足、力量十足。让我们更加紧密地团结在以习近平同志为核心的党中央周围，全面贯彻习近平新时代中国特色社会主义思想，深刻领悟“两个确立”的决定性意义，增强“四个意识”、坚定“四个自信”、做到“两个维护”，自信自强、守正创新，锐意进取、顽强拼搏，在全面建设社会主义现代化国家新征程上创造新的时代辉煌、铸就新的历史伟业。

（2023 年 3 月 11 日《人民日报》第 5 版）

誓言铮铮　不负人民

全票当选！众望所归！

见证历史的人民大会堂，又一次铭记庄严时刻。

2023 年 3 月 10 日上午，面向近 3000 名十四届全国人大代表，刚刚当选国家主席、中央军委主席的习近平进行宪法宣誓。

誓言铮铮，不负人民。

“我宣誓：忠于中华人民共和国宪法，维护宪法权威，履行法定职责，忠于祖国、忠于人民，恪尽职守、廉洁奉公，接受人民监督，为建设富强民主文明和谐美丽的社会主义现代化强国努力奋斗！”

掌声热烈，凝心聚力。

让我们在以习近平同志为核心的党中央坚强领导下，坚持以习近平新时代中国特色社会主义思想为指导，踔厉奋发、勇毅前行，在新时代新征程上赢得更加伟大的胜利和荣光！

永远保持对人民的赤子之心，把真挚誓言刻进许党许国的使命担当

神圣誓言回应着代表们以 14 亿多人民的名义作出的庄严选择，印刻着一个大党大国领袖始终不渝的赤子情怀。

国徽高悬，熠熠生辉；温暖记忆，翻涌而来。

2014 年 2 月 7 日，担任国家主席近一年的习近平，这样向外国媒体袒露自己的心迹：“作为国家领导人，人民把我放在这样的工作岗位上，我就要始终把人民放在心中最高的位置，牢记责任重于泰山，时刻把人民群众的安危冷暖放在心上，兢兢业业，夙夜在公，始终与人民心心相印、与人民同甘共苦、与人民团结奋斗。”

一字一句，发自肺腑；初心如磐，信仰如炬。

习近平总书记曾多次回忆在梁家河的岁月，“我很期盼的一件事，就是让乡亲们饱餐一顿肉，并且经常吃上肉。”

从大队党支部书记到党和国家最高领导人，他体会过百姓的疾苦，更深知人民的期盼。在自述文章《我是黄土地的儿子》中，他写道：“像爱自己的父母那样爱老百姓，为老百姓谋利益，带着老百姓奔好日子”。

岁月奔涌，江山印证；风雨兼程，使命必达。

“这么大一个国家，责任非常重、工作非常艰巨。我将无我，不负人民。我愿意做到一个‘无我’的状态，为中国的发展奉献自己。”

走过一条条崎岖不平的路，握住一双双满是老茧的手……习近平总书记用踏遍 14 个集中连片特困地区的辛劳，推动实现“一个也不能少”的全面小康，奔向共同富裕。

今年全国两会，三位来自湖南的全国人大代表从湘西边城机场项目工地、十八洞村的苗绣车间、吕洞山下的苗族金寨、万亩连片的黄金茶园带来的一线调研报告，仿佛还散发着新春沃野的泥土芬芳。

“今年是习近平总书记在湘西州提出‘精准扶贫’重要理念十周年，没有党和国家的好政策，哪有翻天覆地的新面貌！”

9899 万，平均每年减贫 1000 多万人。十年来，在以习近平同志为核心的党中央坚强领导下，我们历史性地解决了绝对贫困问题，如期全面建成小康社会，为开启全面建设社会主义现代化国家新征程奠定坚实基础。

泱泱大国，领航掌舵；“人民”二字，重若千钧。

“人民对美好生活的向往，就是我们的奋斗目标。”

“我是人民的勤务员。”

“时代是出卷人，我们是答卷人，人民是阅卷人。”

…………

2021 年 4 月，广西桂林毛竹山村，习近平总书记来到村民王德利家做客。

“总书记，您平时这么忙，还来看我们，真的感谢您。”

“我忙就是忙这些事，‘国之大者’就是人民的幸福生活。”

一段段家常，记录下他同群众“身挨身坐、心贴心聊”的亲厚；一项项部署，贯穿着“人民有所呼、改革有所应”的要求；一次次飞跃，见证了“让发展成果更多更公平惠及全体人民”的理念。

人民群众的事，再小也是大事。习近平总书记始终把人民放在心中最高位置，坚持问需于民、问计于民。

过去十年，习近平总书记同全国人大代表、全国政协委员共商国是，50多次参加全国两会团组审议讨论，听取约400名代表委员发言。

从社区议事厅到人民大会堂，全过程人民民主成为最广泛、最真实、最管用的民主。

代表委员对意见建议办理落实结果的满意率达100%。代表委员的一个个意见建议不断转化为看得见、摸得着的民生福祉。

更好的教育、更稳定的工作、更满意的收入、更可靠的社会保障、更高水平的医疗卫生服务、更舒适的居住条件、更优美的环境……近年来，中国人民对政府的满意度每年都保持在90%以上。

“人民就是江山，共产党打江山、守江山，守的是人民的心，为的是让人民过上好日子。”心之所想，就是行之所向。

心怀“国之大者”，把铿锵誓言融入新时代治国理政的伟大实践

时隔五年，历史的镜头再次定格，共和国领导人的宪法宣誓。

习近平从主席台座席上起身，向全体代表鞠躬致意。

如潮的掌声，献给引领中国特色社会主义迈入新时代的共产党人。

神圣的选票，属于推动党和国家事业取得历史性成就、发生历史性变革的领路人。

为人民谋幸福，为民族谋复兴——统筹中华民族伟大复兴战略全局和世界百年未有之大变局，习近平总书记把一代代共产党人心中的铿锵誓言，化作新时代治国理政的伟大实践。

在决战决胜脱贫攻坚的“战场”上，他顶风冒雪、翻山越岭，亲自指挥这场人类历史上规模最大的反贫困斗争取得最终胜利；

在抗击新冠疫情的“大考”中，他运筹帷幄、坚决果敢，创造了人类文明史上人口大国成功走出疫情大流行的奇迹；

他亲自领导强军顶层设计，推动人民军队实现整体性革命性重塑；他提出总体国家安全观，统筹发展和安全；他推动构建人类命运共同体，在动荡变革的世界为人类文明进步作出重大贡献……

改革发展稳定、内政外交国防、治党治国治军。在习近平新时代中国特色社会主义思想引领下，实现中华民族伟大复兴进入了不可逆转的历史进程。

亲自谋划、亲自部署，“国之大者”、志在千秋。

“决不能再回到简单以国内生产总值增长率论英雄的老路上去”。誓言铿锵，为了中国经济巨轮行稳致远——

山西太钢，全球最大不锈钢企业，一度巨额亏损。2017 年、2020 年，习近平总书记曾两次前往考察调研。

历经三年，涅槃重生，全球最薄“手撕钢”供不应求。总书记称赞“百炼钢做成了绕指柔”。

十年来，高质量发展成色更足，人民的幸福底色更亮。新发展阶段、新发展理念、新发展格局，在新征程上愈见清晰。

“像保护眼睛一样保护生态环境，像对待生命一样对待生态环境”。誓言铿锵，为了中华民族永续传承——

今年 3 月 5 日，参加江苏代表团审议，听取代表发言时，习近平总书记专门询问了太湖的水质如何，还有没有蓝藻。在随后的发言中，他又提及这个问题。

“任何时候我们都不能走急就章、竭泽而渔、唯 GDP 的道路。这就是为什么要树立新发展理念。树立正确的政绩观也就在这里，功成不必在我，功成必定有我。”

将生态文明建设纳入中国特色社会主义事业“五位一体”总体布局，把“绿水青山就是金山银山”写入党的十九大报告和党章……十年来，美丽中国可感可知，“为子孙后代计，为长远发展谋”的战略定力举世称道。

“一个民族的复兴需要强大的物质力量，也需要强大的精神力量。”誓言铿锵，为了华夏儿女同心圆梦——

2022 年 9 月 30 日上午，天安门广场庄严肃穆，人民英雄纪念碑巍然矗立。

肃立默哀、敬献花篮、整理缎带、缓步瞻仰……自设立烈士纪念日以来，每年这一天，习近平总书记都会以无声的缅怀传递无穷的力量。

为功勋模范颁发奖章，为老道德模范让座，叮嘱青少年“扣好人生第一粒扣子”……十年来，习近平总书记亲力亲为，带领全党全国人民厚植新时代中国文明沃土。

从越走越宽广的“中国之路”中，我们的道路自信愈发坚定；从具有强大真理和道义力量的“中国之理”中，我们的理论自信日益夯实；从历经风雨更显优越的“中国之治”中，我们的制度自信持续铸牢；从深植于悠远历史和深厚文脉的“中国之魂”中，我们的文化自信不断增强。

今天，中国人民志气、骨气、底气极大增强，焕发出更为主动的精神力量。

领航新的远征，用豪迈誓言凝聚团结奋进的磅礴力量

“高质量发展是全面建设社会主义现代化国家的首要任务。”3 月 5 日，十四届全国人大一次会议开幕当天，习近平总书记首先来到他所在的江苏代表团，为全面贯彻落实党的二十大精神指航定向。

几个月前，党的二十大擘画了以中国式现代化全面推进中华民族伟大复兴的宏伟蓝图，一系列战略部署将在全国两会上经由法定程序转化为国家意志，再通过全党全军全国各族人民的共同努力，铺展在中华大地，书写成时代华章。

几天前，单增海代表向习近平总书记汇报了来自制造业的好消息，此刻他又坐在人民大会堂万人大礼堂，亲耳聆听总书记的宪法宣誓。

“为建设富强民主文明和谐美丽的社会主义现代化强国努力奋斗！”

誓言豪迈，前进的方向无比清晰——

“必须有世界领先的制造业。”单增海牢记习近平总书记的嘱托，一个 14 亿多人口的大国，靠国际市场不行，单靠“一招鲜吃遍天”也不行，必须依靠自己解决自己的问题。

从“加快实现高水平科技自立自强，是推动高质量发展的必由之路”，到“加快构建新发展格局，是推动高质量发展的战略基点”，再到“人民幸福安康是推动高质量发展的最终目的”……习近平总书记为以高质量发展扎实推进中国式现代化指明方向。

誓言豪迈，攻坚的信心无比坚定——

“面对国际国内环境发生的深刻复杂变化，必须做到沉着冷静、保持定力，稳中求进、积极作为，团结一致、敢于斗争。”3月6日，在看望参加政协会议的民建工商联界委员并参加联组会时，习近平总书记的话语掷地有声。

遵循“更好统筹疫情防控和经济社会发展”的要求，各地纷纷派出代表团组团包机、拼抢订单；牢记“突破‘卡脖子’关键核心技术刻不容缓”的嘱托，国家实验室充分发挥国家战略科技力量骨干引领作用，埋头苦干、日夜攻关……

“新一轮科技和产业革命正为我国带来‘换道超车’的有利契机。”全国政协委员、中国工程院院士张来斌指出，党的二十大报告将教育、科技、人才列为专章进行部署，我们要继续以国家战略需求为导向，积聚力量进行原创性引领性科技攻关，为强国建设打好坚实的物质技术基础。

誓言豪迈，奋进的力量无比强大——

在习近平总书记多次视察的酒泉卫星发射中心，一次又一次震撼天地的起飞，让探索太空的脚步更稳更远；在习近平总书记酝酿新发展格局的宁波舟山港，日夜穿梭的集装箱卡车，让中外贸易的桥梁愈加通畅……

在习近平总书记运筹的区域协调发展大棋局上，两条母亲河、三大城市群、四大经济区相连成势；在习近平总书记勾勒的改革开放新航程上，深圳中国特色社会主义先行示范区、浦东社会主义现代化建设引领区、浙江高质量发展建设共同富裕示范区、海南中国特色自由贸易港在更高起点上为全面建设社会主义现代化国家探路……

东方大国，与日俱新。

中华民族从站起来、富起来到强起来的伟大飞跃，铭记着中国共产党人“永远在路上”的长征，鼓舞着中华民族迈向复兴的脚步。

千秋伟业，接续奋斗。

“新征程是充满光荣和梦想的远征。”有一以贯之的炽热情怀，更有一往无前的众志成城。

在以习近平同志为核心的党中央坚强领导下，汇聚起14亿多中国人民的磅礴力量，中华民族必将创造更加灿烂的未来！

（2023年3月11日《人民日报》第8版）

历史的选择 人民的期盼 时代的重托

——习近平全票当选国家主席中央军委主席极大鼓舞和激励全党全军全国各族人民踔厉奋发新征程

望神州，春潮澎湃、长风浩荡；

这一刻，举国振奋、全球瞩目——

2023年3月10日上午，在十四届全国人大一次会议第三次全体会议上，习近平同志全票当选为中华人民共和国主席、中华人民共和国中央军事委员会主席。

大江南北、长城内外，党心民心凝聚，信心力量激荡。

这一选举结果充分反映了全党全军全国各族人民的共同心愿，充分体现了党的意志、人民意志、国家意志的高度统一。广大干部群众表示，要更加紧密团结在以习近平同志为核心的党中央周围，坚定信心、同心同德，向着全面建成社会主义现代化强国、全面推进中华民族伟大复兴的宏伟目标奋勇前进！

见证新的历史时刻

人民大会堂大礼堂，热烈掌声一次次响起。会场内外万众一心，共同见证历史性时刻。

“这是14亿多人民作出的郑重选择，表达了人民群众对习近平总书记发自内心的拥戴。”郑重投下神圣一票，全国人大代表倪迪心潮澎湃，“作为中国远洋海运集团职工，工作20多年来，我亲历了中国航运事业蓬勃发展。中国号巨轮行稳致远，离不开习近平总书记掌舵领航。我们要团结奋斗，担当作为，在新征程上劈波斩浪、勇往直前！”

习近平同志全票当选的喜讯通过电波、网络传遍大江南北，亿万人民欢欣鼓舞、振奋不已。

四川绵阳北川羌族自治县石椅村，党员干部和村民们聚集在电视机前观看直播。随着习近平同志全票当选国家主席、中央军委主席的结果一公布，大家兴奋地站起来热烈鼓掌。

“这些年，从脱贫攻坚到乡村振兴，乡亲们日子越过越红火。习近平同志全票当选国家主席、中央军委主席，更坚定了我们推动乡村振兴、奔向共同富裕的决心！”石椅村党支部书记陈爱军格外激动，“今年春节前总书记通过视频连线为我们送来鼓励和祝福，我们充满干劲，要百尺竿头更进一步，在乡村振兴中取得新的更大成绩！”

走过新时代十年非凡历程，我国发展站上新的更高起点，全面建设社会主义现代化国家进入新的关键一程。

越是壮阔的征程，越需要领航的力量。

“我们坚决拥护习近平同志当选国家主席、中央军委主席！”全国人大代表、“强军先锋飞行大队”大队长高中强说，“十年来，在强军目标引领下，强军事业取得历史性成就、发生历史性变革。聚焦实现建军一百年奋斗目标，沿着习主席指引的方向前进，我们必将战胜一切困难挑战！”

中组部、中宣部、全国人大常委会机关、全国政协机关干部职工一致认为，习近平同志当选国家主席、中央军委主席，是全党全军全国各族人民的共同心愿，体现了全党全军全国各族人民对习近平总书记的衷心拥护。新时代新征程上把中国特色社会主义事业推向前进，要更加深刻领悟“两个确立”的决定性意义，增强“四个意识”、坚定“四个自信”、做到“两个维护”，更加自觉地在思想上政治上行动上同以习近平同志为核心的党中央保持高度一致。

在湖南睿图智能科技有限公司内，总经理周博文正和同事们讨论打造系列创新实验室，推动科技成果就地转化。手机提示音不断响起，“习近平全票当选为国家主席、中央军委主席”的消息迅速刷屏，大家纷纷转发点赞，表达激动之情。

2020 年 9 月，习近平总书记在湖南长沙主持召开基层代表座谈会，周博文在会上对“十四五”规划编制提出建议。“总书记高瞻远瞩、运筹帷幄，是中国式现代化事业的领路人。我们一定牢记嘱托，加强关键核心技术攻关，努力破解‘卡脖子’难题，为推进中国式现代化贡献力量。”

民盟中央、致公党中央、无党派人士表示，习近平同志全票当选国家主席、中央军委主席，是历史的选择、人民的选择、时代的选择。以习近平同志为核心的中共中央的坚强领导，是全面建设社会主义现代化国家、全面推进中华民族伟大复兴的根本政治保证。要更加紧密地团结在以习近平同志为核心的中共中央周围，切实担负起好参谋、好帮手、好同事的责任，促进中国新型政党制度效能不断提升，为以中国式现代化全面推进中华民族伟大复兴作出新的更大贡献。

凝聚亿万人民的共同意愿

“我宣誓：忠于中华人民共和国宪法，维护宪法权威，履行法定职责，忠于祖国、忠于人民，恪尽职守、廉洁奉公，接受人民监督，为建设富强民主文明和谐美丽的社会主义现代化强国努力奋斗！”

铮铮誓言，拳拳初心。人民领袖，不负人民。

广大代表委员一致表示，习近平总书记再次全票当选国家主席、中央军委主席，是人民之福、民族之幸，是建设中国特色社会主义现代化强国、实现中华民族伟大复兴的希望所在、力量所在、胜利所在。习近平总书记是当之无愧的党的核心、人民领袖、军队统帅。

中央政法委、最高人民法院、最高人民检察院、公安部干部职工认为，在新时代伟大实践中，习近平总书记展现出非凡的政治智慧、顽强的意志品质、深厚的人民情怀、强烈的责任担当，是全党的核心、全国人民的主心骨。我们要同习近平总书记和党中央的要求对标对表，坚持以人民为中心，全心全意为人民服务。

春雷一响万物生，振奋人心的消息传遍吕梁山区。

“牢牢依靠主心骨，紧紧跟随领路人！我们有劲头、有盼头、有奔头！”山西霍州师庄乡冯南垣村，村民师红兵家崭新的堂屋窗明几净、暖意融融。“总书记最关心咱们老百姓过得好不好，总是把解决好群众的急难愁盼放在心里。如今政府帮我们建了新房子，我们要把日子越过越好，请总书记放心！”师红兵说，他今年早早精挑细选了玉米种子，期待今年有更好的收成。

广袤大地、城乡巨变，人民幸福生活绘就新时代中国最温暖的底色。

“习近平总书记心里装着老百姓，他当选国家主席、中央军委主席，是我们的共同心愿。”全国人大代表、辽宁沈阳皇姑区三台子街道牡丹社区党委书记王晖说，“习近平总书记强调，‘国之大者’就是人民的幸福生活。我们要牢记总书记殷切嘱托，建强党服务百姓的基层堡垒，做到民有所呼、我必有应，不断提升基层治理水平。”

江山就是人民，人民就是江山。依靠人民创造历史伟业，中华大地凝聚起矢志复兴的磅礴力量。

“习近平同志全票当选，体现了各族群众的忠诚拥护、衷心爱戴！”亲历这一重要历史时刻，来自新疆塔什库尔干塔吉克自治县的全国人大代表、护边员多来提曼·开米克热泪盈眶，“家在边境，更感到祖国的温暖、领袖的伟大。我们永远感念总书记和党的恩情，要像石榴籽一样紧紧抱在一起，守好祖国的神圣领土！”

大国领袖夙夜在公、躬身为民，亿万人民心有所依、行有所向。

“这是历史的选择，是全国人民的共同期盼！”全国政协委员、北京城市学院校长刘林说，“我们要按照习近平总书记要求，全面贯彻党的教育方针，落实立德树人根本任务，扎根中国大地办中国特色社会主义大学，为实现中华民族伟大复兴培育更多优秀人才。”

吹响昂扬奋进的时代号角

旭日东升，大潮奔涌，光荣与梦想的远征已经开启。

“习近平同志全票当选国家主席、中央军委主席，为推进中国式现代化建设进一步强信心、注动力，我们沿着高质量发展之路阔步前行的决心更加坚定。”展望未来，全国人大代表、江苏省南通市通富微电子股份有限公司总经理石磊信心满怀，“我们要不断开拓进取，强化企业科技创新主体地位，增强国际竞争力，共赴中国式现代化新征程。”

书写时代答卷，牢记初心使命。

中央纪委国家监委机关、国家安全部干部职工表示，习近平同志全票当选国家主席、中央军委主席，是举国意志的体现，是党心民心的凝聚，有利于党和国家事业的兴旺发达、长治久安。我们要更加紧密团结在以习近平同志为核心的党中央周围，坚持以习近平新时代中国特色社会主义思想武装头脑，始终以严的基调强化正风肃纪，凝聚起求真务实、担当作为、干事创业的强大正能量。

春回大地，内蒙古苏尼特草原万物萌发。通过网络得知习近平同志全票当选的消息，刚刚结束下乡演出的乌兰牧骑队员们欢欣鼓舞。内蒙古苏尼特右旗乌兰牧骑副队长胡斯楞激动地说："习近平总书记勉励我们，人民需要艺术，艺术也需要人民。我们一定继续扎根生活沃土，永远做草原上的'红色文艺轻骑兵'，将党的方针政策融入文艺创作，让党的好声音传遍大草原。"

"习近平同志当选国家主席、中央军委主席，充分反映了全国各族人民的衷心拥护、对不断开创新时代中国特色社会主义事业新局面的热切期盼。"全国人大代表、云南大理白族自治州州长陈真永用热烈的掌声表达心声，"在习近平生态文明思想指引下，洱海保护实现了从'一湖之治'向'流域之治''生态之治'转变。绿水青山就是金山银山，我们要以洱海高水平保护助力高质量发展，让'苍山不墨千秋画，洱海无弦万古琴'的自然美景永驻人间。"

向着新目标，奋楫再出发！号角嘹亮，步履铿锵。

国家发展改革委、财政部、全国总工会干部职工表示，习近平同志全票当选国家主席、中央军委主席是党心所向，民心所盼，众望所归。我们要以永不懈怠的精神状态和一往无前的奋斗姿态，投身新时代中国特色社会主义伟大事业，自信自强、守正创新，踔厉奋发、勇毅前行，为全面建设社会主义现代化国家、全面推进中华民族伟大复兴而团结奋斗，努力创造无愧于党、无愧于人民、无愧于时代的新业绩。

"维护核心、听从指挥，必须落实在投身新时代强国强军事业的具体行动上。"全国人大代表、火箭军某部政治委员张韶颖说，要把对习主席的信赖拥戴转化为聚焦备战打仗、推动国防和军队现代化建设的思路举措，转化为奋力实现建军一百年奋斗目标的生动实践，跑出新时代奋斗强军的加速度，用实际行动向党和人民交出新的合格答卷。

明天的中国，希望寄予青年。

观看习近平主席宣誓的现场直播，华南理工大学微电子学院大三学生吴家安和同学们倍感振奋："习近平总书记为粤港澳大湾区发展擘画蓝图，为我们搭建了广阔的舞台。作为新时代的青年，我们无比幸运，要勇立时代潮头，为大湾区发展建设贡献青春力量！"

众望所归的领袖，引领伟大时代；坚强有力的核心，凝聚奋进力量。从春天再出发，巍巍东方巨轮驶向更加光明的未来。

（2023 年 3 月 11 日《人民日报》第 5 版）

众望所归聚民心　掌舵领航向复兴

——习近平全票当选国家主席中央军委主席极大鼓舞和激励全党全军全国各族人民踔厉奋发新征程

日暖神州，江山壮丽；征程万里，初心如一。

2023 年 3 月 10 日上午，十四届全国人大一次会议第三次全体会议上，习近平同志全票当选为中华人民共和国主席、中华人民共和国中央军事委员会主席。

从城市到农村，从沿海到边疆，广大干部群众一致认为，这是党心所向、民心所向、众望所归。大家表示，征程越是壮阔，目标越是远大，越需要核心的掌舵定向、真理的指引领航。我们要更加紧密地团结在以习近平同志为核心的党中央周围，坚持以习近平新时代中国特色社会主义思想为指导，顽强拼搏、团结奋斗，沿着中国式现代化这条康庄大道阔步前进。

衷心拥戴坚强核心

人民大会堂里，如潮的掌声，代表 14 亿多人民的心声，标注历史性的一刻。

“习近平总书记是国家的掌舵人，有他在，我们心里头就稳当了！”现场见证习近平同志全票当选国家主席、中央军委主席，甘肃省定西市渭源县田家河乡元古堆村党总支书记董建新代表说，“新时代的伟大成就是习近平总书记带领全国人民一道拼出来、干出来、奋斗出来的！如今，我们村路通了、水有了、村子漂亮了，大家伙儿都忙着搞产业致富。咱国家有这样一位全心全意为人民服务的领袖，老百姓的日子有奔头！”

“这是国之大幸、军之大幸、民之大幸！”来自海军的舰载战斗机飞行员罗胜科代表激情满怀，“党的十八大以来，在习主席的坚强领导下，人民军队有效履行新时代使命任务，强军事业取得历史性成就、发生历史性变革。我们要把‘两个维护’融入血脉、付诸行动，忠诚维护核心、矢志奋斗强军，把人民军队全面建成世界一流军队！”

代表委员们一致表示，习近平总书记以卓越的领导才能、崇高的人格风范、非凡的政治智慧、宏阔的战略视野、强烈的使命担当和深厚的人民情怀，带领全党全军全国各族人民开创了中国特色社会主义新时代。习近平同志全票当选国家主席、中央军委主席，是历史的选择、人民的选择、时代的选择。

会场内外群情振奋，举国上下欢欣鼓舞。

西藏林芝嘎拉村旁，上百亩桃花渐次开放。2021 年 7 月，习近平总书记来到这里看望乡亲们。在总书记的关心下，嘎拉村的乡村振兴路越走越坚实，2022 年人均年收入超过 3.5 万元。

“从电视上看到那激动人心的一刻，我们很多人都激动得流了泪，大家对总书记全心信任、衷心拥戴。”嘎拉村党支部书记边巴和村里的老老少少全程收看了直播，“我们坚信，在总书记的关怀下，各族群众的生活会更加殷实美满，雪域高原的未来会越来越美好。”

家国梦想激荡交融，党心民心同频共振。

中联部、中央统战部、中央和国家机关工委、共青团中央干部职工认为，过去五年和新时代十年雄辩地证明了党和国家事业之所以能取得历史性成就、发生历史性变革，根本在于习近平总书记掌舵领航，在于习近平新时代中国特色社会主义思想科学指引。习近平总书记是经过历史检验、实践考验、斗争历练的当之无愧的党的核心、人民领袖、军队统帅。

教育部、科技部、民政部、司法部、交通运输部干部职工表示，有习近平总书记领航定向，党和人民就有了团结奋斗的“主心骨”、无惧风浪的“定盘星”。我们要深刻领悟“两个确立”的决定性意义，进一步增强“四个意识”、坚定“四个自信”、做到“两个维护”，扎实推进中国式现代化建设。

自信自强紧跟领路人

左手抚按宪法、右手举拳，人民大会堂大礼堂内，习近平主席在近3000名全国人大代表见证下，庄严宣誓。

铿锵誓言彰显赤诚初心，激扬亿万人民创造新伟业的信心与豪情。

“十年来，习近平总书记率先垂范、身体力行，引领全党发扬红色传统、传承红色基因，赓续共产党人精神血脉。”江西省南昌市东湖区纪委副书记、区监委副主任金栋说，身为红色圣地的一名纪检监察干部，要紧跟总书记的步伐，从革命传统中汲取前进力量，为新时代党的建设新的伟大工程作出自己的贡献。

习近平同志全票当选的消息传到陕西省安康市平利县老县镇蒋家坪村，这个“因茶兴业、因茶致富”的小山村一片欢腾。

“我们忘不了，总书记来村里考察，从茶叶收成、价格问到村民土地流转、分红情况，问得很仔细。总书记带我们走上了幸福路，今后的日子一定会越过越红火！”蒋家坪村老党员罗显平信心满怀。

为民情怀暖人心，科学思想引征程。

“党的十八大以来，习近平总书记以巨大的理论勇气和深厚的文化情怀，把马克思主义思想精髓同中华优秀传统文化精华贯通起来、同人民群众日用而不觉的共同价值观念融通起来。习近平新时代中国特色社会主义思想是中华文化和中国精神的时代精华，为人民所喜爱、所认同、所拥护。”曾在武夷山朱熹园为习近平总书记作讲解的福建省文史研究馆馆员张建光深有感触。

放眼新时代，中国人民正以前所未有的历史主动精神、历史创造精神，自信自强奋力书写民族复兴的绚丽篇章。

喜讯传来，刚刚执行完海上警巡任务的南部战区空军航空兵某旅官兵群情激昂、倍感振奋。

“无数事实告诉我们，唯有以狭路相逢勇者胜的气概，敢于斗争、善于斗争，我们才能赢得尊严、赢得主动，切实维护国家主权、安全、发展利益。”飞行员曹丁平说，在习主席的坚强领导下，我们在追赶超越中长志气，在顽强斗争中强骨气，在发展壮大中蓄底气。新的征程上，只要紧密团结在以习近平同志为核心的党中央周围，团结一心、矢志奋斗，就一定能够战胜前进道路上的各种困难挑战，夺取更大胜利。

在安徽合肥，中国科学技术大学的师生们通过网络收看了直播。掌声和欢呼声回荡在活力蓬勃的校园。

“习近平总书记把科技创新摆在国家发展全局的核心位置。在总书记亲力推动下，我国科技实力跃上新的大台阶，重大创新成果竞相涌现。”中国科学技术大学工程科学学院执行院长吴恒安说，实现高水平科技自立自强，归根结底要靠高水平创新人才。我们要牢记为党育人、为国育才的初心使命，全方位推进科教融合和产教融合，全面提高创新能力，为中国式现代化建设培养更多德才兼备的高素质人才。

振奋人心的消息传遍天山南北。新疆生产建设兵团第十二师的民族团结文化广场上，各族职工群众踏着欢快的音乐翩翩起舞。

“习近平同志全票当选是各族人民的共同心愿。总书记对少数民族地区群众关怀备至、念兹在兹，反复强调要促进各民族像石榴籽一样紧紧抱在一起。”新疆生产建设兵团第十二师党委书记、政委李斌表示，作为民族地区党员干部，要始终牢记习近平总书记重要指示，以铸牢中华民族共同体意识为主题主线，不断促进各民族交往交流交融，汇聚勠力同心、开拓进取的强大正能量。

团结一心奋进新征程

伟大复兴，不可逆转；使命如山，信念如磐。

民建中央、全国工商联表示，习近平同志全票当选国家主席、中央军委主席，凝聚着共同意志，激励着亿万人民。从中共二十大到全国两会，宏伟蓝图鼓舞人心，时代号角催人奋进。新征程上，我们将聚焦构建新发展格局、落实“两个毫不动摇”等重大问题深入调查研究，积极建言献策，为全面建设社会主义现代化国家、全面推进中华民族伟大复兴作出新的贡献。

自然资源部、生态环境部、水利部、农业农村部干部职工表示，习近平同志全票当选国家主席、中央军委主席，充分反映了全党全军全国各族人民共同心愿，我们要在思想上政治上行动上同以习近平同志为核心的党中央保持高度一致，牢记“国之大者”，积极担当作为，以永不懈怠的精神状态和一往无前的奋斗姿态，奋力推进新时代中国特色社会主义事业。

宏伟蓝图，展现光明前景；伟大征程，召唤新的进发。

“习近平同志全票当选是我们民族复兴的希望所在、力量所在！”国家电网湖北省电力有限公司董事长李生权代表说，“习近平总书记擘画高质量发展蓝图，高瞻远瞩提出要保持加强生态文明建设的战略定力。我们要沿着总书记指引的方向，深入推进能源革命，推动从高碳向低碳、从以化石能源为主向以清洁能源为主转变，引导绿色低碳生产生活方式。”

“党的十八大以来，以习近平同志为核心的党中央高度重视农业高质量发展，农业生产有了‘航向标’‘动力源’。”见证历史时刻，河南小麦育种专家茹振钢代表十分激动。他表示，农业科技工作者要牢记总书记嘱托，加强科技攻关，促进种业振兴，保障粮食和重要农产品稳定安全供给，确保中国人始终把饭碗牢牢端在自己手里。

吉林长春，中国一汽红旗工厂总装车间内，机器轰鸣，一派繁忙景象。看到习近平同志全票当选的消息，一汽集团研发总院副院长兼智能网联开发院院长周时莹回想起两年多前总书记来一汽考察时的嘱托与勉励。“我们要努力把关键核心技术掌握在自己手里，擎起‘红旗’这面中国汽车民族品牌的旗帜，在探索高质量发展和创建世界一流企业道路上走在前列。”周时莹说。

“这是全国人民的共同期盼！总书记亲自谋划、亲自部署、亲自推动京津冀协同发展。9年来，这一国家战略不断向纵深推进，优势互补、高质量发展的区域经济布局正在形成。”恒银金融科技股份有限公司董事长江浩然委员对京津冀三地的创新协作感触颇深，“在全面建设社会主义现代化国家新征程上，我们将以产业报国、实业强国为己任，与京津冀地区的企业、院校等并肩合作，不断强化科技创新，为推动经济高质量发展作出更大贡献。”

高屋建瓴的战略举措，推动历史车轮向着光明目标前进。

“习近平同志全票当选国家主席、中央军委主席，向世界传递了中国坚定扩大开放、携手共建人类命运共同体的时代强音。”广西民族大学“一带一路”研究院秘书长胡超说，习近平总书记着眼中国和世界发展大势提出“一带一路”倡议，十年来蓝图渐成实景，共建“一带一路”让世界分享中国式现代化带来的发展机遇，为更多发展中国家独立自主探索适合自己的现代化道路增添了信心。中国式现代化道路越走越宽广，中国发展惠及世界。

广大党员干部群众坚信，在以习近平同志为核心的党中央坚强领导下，在习近平新时代中国特色社会主义思想的科学指引下，团结一心砥砺奋进，乘风破浪勇往直前，一定能战胜前进道路上的一切艰难险阻，推动中华民族伟大复兴号巨轮胜利抵达光辉彼岸！

（2023 年 3 月 12 日《人民日报》第 3 版）

汇聚磅礴力量　书写新的华章

——习近平全票当选国家主席中央军委主席极大鼓舞和激励全党全军全国各族人民踔厉奋发新征程

连日来，习近平同志全票当选国家主席、中央军委主席的喜讯在全党全军全国各族人民中持续引发热烈的反响。大家表示，在开启新征程的重要时刻，习近平总书记以全票当选国家主席、中央军委主席，充分体现了人民对习近平总书记的衷心拥护和爱戴，充分展现了我们党和国家强大的凝聚力、向心力，充分激发了万众一心、团结奋斗的豪情壮志。人们坚信，在以习近平同志为核心的党中央坚强领导下，在习近平新时代中国特色社会主义思想科学指引下，一定能谱写全面建设社会主义现代化国家崭新篇章，在民族复兴征程上再创新的辉煌！

民心所向，亿万中华儿女衷心拥戴

如潮的掌声，见证着历史。

“能够亲历这一历史时刻，投下庄严一票，我感到光荣和自豪。”重庆市出租汽车有限责任公司第二分公司驾驶员殷其龙代表这几天一直沉浸在喜悦中。他说：“这一选举结果充分反映了人民对习近平总书记的衷心拥护，也是对新时代十年我们共同创造的辉煌成就的充分肯定。”

众望所归，民心所向。2900多名代表的郑重投票，代表着全党全军全国各族人民的共同心声。

中共中央党校（国家行政学院）、外交部、工信部、国家民委和人社部干部职工表示，党的十八大以来，以习近平同志为核心的党中央团结带领全国各族人民，推动党和国家事业取得非凡成就彪炳史册。实践充分证明，“两个确立”是战胜一切艰难险阻、应对一切不确定性的最大确定性、最大底气、最大保证，是我们的信心之源、胜利之本。

3 月天气回暖，东北的黑土地正萌发春的生机。习近平同志全票当选国家主席、中央军委主席的消息，让黑龙江宝清县一乡大豆种植农民专业合作社理事长林海飞倍感振奋。“习近平总书记是人民群众的贴心人、国家发展的领路人，这是我们广大农民的共同心声。”林海飞说，正是在习近平总书记的殷切嘱托和亲切关怀下，黑土地的保护越来越好，有了好耕地不愁产不出优质粮，我们一定能把饭碗牢牢端在自己的手上。

在习近平总书记考察过的胜利油田，胜利石油管理局有限公司执行董事、党委书记牛栓文第一时间从手机上看到了习近平同志全票当选的消息。“这是亿万人民的郑重选择，体现了人民群众对习近平总书记发自内心的拥戴。”牛栓文说，这个振奋人心的消息让我们更有干劲，有习近平总书记作为领路人和主心骨，石油人对发展实体经济、保障能源安全更有信心、更有力量、更有底气。

在辽西某演练场，武警第一机动总队某支队官兵通过野战卫星电视收看了直播。习近平同志全票当选的结果公布时，队伍中爆发出热烈的掌声。

“强军事业取得的一切成绩，最根本在于习主席的坚强领导，在于习近平强军思想的科学指引。”官兵们表示，习主席是众望所归的掌舵者、领航人，我们坚决拥护、真诚拥戴、矢志追随。

民革中央、台盟中央表示，习近平同志全票当选国家主席、中央军委主席充分反映了包括各民主党派在内的全国各族人民对习近平总书记治国理政卓越能力的高度认可，对谱写新时代中国特色社会主义事业发展新篇章的坚定信心。

初心如磐，铮铮誓言彰显领袖风范

国徽高悬，万众瞩目——

习近平主席进行宪法宣誓的场景庄严神圣、激荡人心。

“习近平主席依法进行宪法宣誓，为维护宪法权威、捍卫宪法尊严、保证宪法实施作出了表率，必将进一步增强广大国家工作人员依法履行职责的使命感和责任感，极大鼓舞全社会进一步坚定宪法自信、弘扬宪法精神、培育宪法信仰。”在现场见证的河北齐心律师事务所主任齐秀敏代表深感重任在肩，“作为一名法律工作者，我们要深入学习贯彻习近平法治思想，为法治中国建设贡献一份力量。”

三峡大坝旁，湖北宜昌市夷陵区太平溪镇许家冲村的村民们通过村委会广场上的大型电子显示屏收看了习近平同志全票当选国家主席、中央军委主席并进行宪法宣誓的实况，激动地鼓起掌来。

“总书记在宣誓时说‘忠于人民’，总书记是这么说的也是这么做的。”回想起习近平总书记 2018 年 4 月到村里考察时的情景，村民刘正清说，“在乡村振兴的路上跟着习近平总书记走，撸起袖子加油干，我们的日子一定越过越红火。”

铮铮誓言，诠释职责担当。

“脱贫摘帽、攻坚克难，总书记夙兴夜寐、躬身为民，带领人民群众拼搏奋进，兑现了一个又一个承诺！”贵州六盘水市钟山区大湾镇党委书记杨松委员说，“作为一名基层干部，我将继续恪尽职守，聚焦民之关切，把人民群众的急难愁盼事作为自己的工作重点，矢志不渝为民造福。”

铮铮誓言，指引前行方向。

“总书记在宣誓时说，为建设富强民主文明和谐美丽的社会主义现代化强国努力奋斗。”宁夏回族自治区石嘴山市平罗县电商协会党支部书记马化龙说，“我们要紧跟总书记，做好本职工作，不仅要带领乡亲们吃好生态饭、旅游饭，还要让特色农产品‘出村进城’‘进城出海’，为推进中国式现代化作出自己的贡献。”

沧海横流显砥柱，万山磅礴看主峰。

全国妇联、文化和旅游部、国家卫生健康委员会、退役军人事务部、应急管理部干部职工表示，党的十八大以来，习近平总书记引领新时代，擘画强国建设，一路走来初心如磐、矢志不渝，始终坚守对人民的承诺，展现了总书记以身许党许国的崇高品质，为全党和全国人民树立起光辉典范。

住建部、商务部、中国人民银行、审计署干部职工表示，习近平总书记以非凡的政治智慧、顽强的意志品质、强烈的责任担当，赢得全党全军全国各族人民高度评价和衷心爱戴。我们将更加紧密团结在以习近平同志为核心的党中央周围，深入学习贯彻习近平新时代中国特色社会主义思想，做到学思用贯通、知信行统一，为全面建设社会主义现代化国家、全面推进中华民族伟大复兴贡献力量。

信心百倍，团结奋斗谱写新征程新华章

习近平同志全票当选的喜讯传来，青海省海南藏族自治州贵德县欢欣鼓舞。在县城小广场上，各族群众围在一起，共舞“锅庄”。

“习近平总书记强调‘团结就是力量，团结越紧力量越大’。”贵德县委副书记、县长萨尔娜表示，作为民族地区基层干部，我们要认真贯彻全国两会精神，以铸牢中华民族共同体意识为“纲”，把做好民族团结进步工作作为应尽职责，绵绵用力、久久为功，在新征程上共谱“民族团结曲”、唱响“和谐幸福歌”。

民进中央、农工党中央、九三学社中央表示，将坚定团结在以习近平同志为核心的中共中央周围，坚决维护“共产党领导、多党派合作，共产党执政、多党派参政”的政治格局，在参政议政中聚众智，在民主监督中建净言，在政党协商中献良策，做中国共产党的好参谋、好帮手、好同事。

从手机弹窗中看到习近平同志全票当选的消息，正在田里忙碌的海南省崖州湾种子实验室青年研究员杨帆心潮澎湃。

2022 年 4 月，习近平总书记到海南考察，第一站就来到杨帆所在的种子实验室，叮嘱科研人员“必须把种子牢牢攥在自己手里”。

“种子虽小，却是具有战略意义的‘国之大者’。”杨帆表示，将牢记习近平总书记的嘱托，用心钻研、刻苦攻关，为把“中国粮”装上“中国芯”不懈奋斗。

“习近平总书记是众望所归的人民领袖，必将带领‘中国号’航船劈波斩浪、扬帆远航。”国家开发银行业务发展部业务统筹协调处副处长方正良表示，将以习近平总书记关于金融发展的重要论述作为自己工作的根本遵循，和同事们一道聚焦开发性金融主责主业，为推动我国金融事业高质量发展贡献自己的力量。

在现场见证了习近平同志全票当选、宪法宣誓的庄严时刻，陆军第 71 集团军某合成旅旅长王文华代表走出人民大会堂时，脚步坚定有力。

“作为一线指战员，我们要把对习主席的忠诚拥戴落实到练兵备战上，练强能力、练硬本领、练实作风，不断提升打赢能力，坚决完成党和人民赋予的使命任务，确保召之即来、来之能战、战之必胜。”王文华说。

收看了习近平同志全票当选、宣誓的现场直播，正在云南景东彝族自治县职业高级中学支教的浙江大学研究生支教团团长李津龙说：“生逢新时代，是我们这代青年的幸运。作为一名以共同富裕为研究和实践方向的青年学生，我要把个人理想追求融入党和国家事业发展大局，在做好支教工作的同时，认真学习、深入调研，为新征程上扎实推进共同富裕展现青年担当。”

时代号角，催人奋进；壮阔征程，核心领航。

广大党员干部群众纷纷表示，在以习近平同志为核心的党中央坚强领导下，踔厉奋发、勇毅前行，必将在新时代新征程上赢得更加伟大的胜利和荣光！

（2023 年 3 月 13 日《人民日报》第 1 版）

二、习近平总书记在第十四届全国人民代表大会第一次会议上的重要讲话引起热烈反响

为推进强国建设、民族复兴作出我们这一代人的应有贡献

——国家主席习近平在十四届全国人大一次会议闭幕会上的重要讲话激励全党全军全国各族人民信心满怀奋进新征程

“强国建设、民族复兴的接力棒，历史地落在我们这一代人身上。我们要按照党的二十大的战略部署，坚持统筹推进‘五位一体’总体布局、协调推进‘四个全面’战略布局，加快推进中国式现代化建设，团结奋斗，开拓创新，在新征程上作出无负时代、无负历史、无负人民的业绩，为推进强国建设、民族复兴作出我们这一代人的应有贡献！”

3 月 13 日上午，中共中央总书记、国家主席、中央军委主席习近平在十四届全国人大一次会议闭幕会上发表重要讲话。出席全国两会的代表委员和广大干部群众纷纷表示，这一重要讲话坚定历史自信、饱含人民情怀、彰显使命担当、指引前进方向，必将激励全党全军全国各族人民在新征程上踔厉奋

发、勇毅前行，为全面建设社会主义现代化国家、全面推进中华民族伟大复兴而团结奋斗。

坚强核心，引领壮阔航程

“这是我第三次担任国家主席这一崇高职务。人民的信任，是我前进的最大动力，也是我肩上沉甸甸的责任。我将忠实履行宪法赋予的职责，以国家需要为使命，以人民利益为准绳，恪尽职守，竭诚奉献，绝不辜负各位代表和全国各族人民的重托！”习近平主席坚定有力的话语，通过广播、电视、互联网，传遍大江南北，亿万人民备受鼓舞、倍感振奋。

闭幕会后走出人民大会堂，江苏省淮安市新安小学校长张大冬代表心潮澎湃：“新时代的伟大成就是习近平总书记带领全国人民一道拼出来、干出来、奋斗出来的。今天总书记铿锵豪迈的讲话，一次次经久不息的掌声，让我再次深深感到人民对总书记的衷心拥护和爱戴。有习近平总书记作为领路人和主心骨，我们在前进的道路上更有力量、更有底气。”

春风送暖，地处武陵山脉腹地的湖南省湘西土家族苗族自治州十八洞村樱花灼灼，当地党员干部和村民聚集在村部会议室，认真收看习近平主席重要讲话电视直播。

“这些年，十八洞村集体经济实现零的突破并增加到现在的380万元，过去的‘穷山沟’变成了村寨美、产业旺、旅游火的‘小康村’。”花垣县委派驻十八洞村乡村振兴工作队队长、第一书记田晓说，“乡亲们由衷信赖、衷心拥护习近平总书记，在推进乡村振兴的道路上，日子一定越过越红火！”

祖国西南，位于云南大理白族自治州的洱海碧波荡漾，风光秀丽。

“党的十八大以来，在习近平生态文明思想指引下，一系列抢救性保护措施让洱海这颗‘高原明珠’重放光彩。”从事洱海保护工作30多年的云南省生态环境厅驻大理州生态环境监测站副总工程师杨晓雪说，“好的生态环境是最普惠的民生福祉。我们要牢记习近平总书记关于促进人与自然和谐共生的要求，坚守初心，接续努力，做好洱海水质监测工作，全天候守护好洱海健康。”

“进入新时代，我国文化建设取得了历史性成就，中华优秀传统文化焕发新活力，中国人的历史自觉和文化自信更加坚定。这些成就的取得，根本在于习近平总书记掌舵领航，在于习近平新时代中国特色社会主义思想科学指引。”河南博物院院长马萧林委员表示，作为文博工作者，将继续在挖掘内涵、创新表达上下功夫，努力让尘封在博物馆的文物动起来、活起来、潮起来，更好发挥其内在价值和作用。

走过新时代十年非凡历程，我国发展站在了更高历史起点上。开启充满光荣和梦想的远征，需要坚强有力的核心引领方向。

来自联勤保障部队的唐林辉代表表示，聚焦实现建军一百年奋斗目标，要沿着习主席指引的方向前进，全面推进国防和军队现代化建设，把人民军队建设成为有效维护国家主权、安全、发展利益的钢铁长城。

中央纪委国家监委机关、中组部、中宣部、全国人大常委会机关干部职工一致表示，新征程上把中国特色社会主义事业推向前进，要更加深刻领悟“两个确立”的决定性意义，增强“四个意识”、坚定“四个自信”、做到“两个维护”，更加自觉地在思想上政治上行动上同以习近平同志为核心的党中央保持高度一致。

民盟中央、民进中央、农工党中央、无党派人士表示，有以习近平同志为核心的中共中央坚强领导，有习近平新时代中国特色社会主义思想科学指引，有习近平总书记掌舵领航，中国特色社会主义巍巍巨轮必将乘风破浪、行稳致远。面对新征程上的新任务，要在参政议政中聚众智，在民主监督中建诤言，在政党协商中献良策，为强国建设、民族复兴添砖加瓦。

踔厉奋发，踏上崭新征途

坚定不移推动高质量发展、始终坚持人民至上、更好统筹发展和安全、扎实推进“一国两制”实践和祖国统一大业、努力推动构建人类命运共同体……习近平主席的重要讲话，为奋进强国建设、民族复兴新征程引领航向。

“习近平主席在讲话中再次强调坚定不移推动高质量发展，要求着力提升科技自立自强能力，我们技术工人听了心潮澎湃！”徐工集团单增海代表激动地说，习近平主席的重要讲话，更加坚定了他和同事们做优做强做大高端装备制造业、坚定不移推动高质量发展的信心和决心。“作为研发战线上的一名‘老兵’，我将牢记嘱托，和同事们共同奋斗，让自主创新嵌入徐工的发展基因，全力攀登全球高端装备制造产业‘珠峰’。”

上海市静安区副区长龙婉丽委员对习近平主席强调的“贯彻以人民为中心的发展思想”“强化基本公共服务”“解决好人民群众急难愁盼问题”印象深刻。“我们要想人民之所想，进一步加大教育改革创新力度，积极推进教育优质均衡发展，办好人民满意的教育。”龙婉丽说。

现场聆听习近平主席的重要讲话，广东拓斯达科技股份有限公司董事长吴丰礼代表深感“干劲十足、大有可为”。近年来，他所在的企业注重自主研发和创新，多项核心技术实现了国产替代，独特的技术优势也为企业赢得了广阔市场。

“作为民营企业，我们将把企业发展融入国家需求、人民需要，把握推动高质量发展的大机遇，深耕智能制造领域，积极提升企业创新能力，以实业创新创造长期价值，同时更好承担民营企业的社会责任，为推进全体人民共同富裕贡献企业力量。”吴丰礼说。

当前，世界进入新的动荡变革期，我国发展进入战略机遇和风险挑战并存、不确定难预料因素增多的时期。习近平主席强调，安全是发展的基础，稳定是强盛的前提。

外交部、国家发展改革委、工信部、财政部干部职工表示，新征程上，要深入学习贯彻习近平总书记关于更好统筹发展和安全的重要论述，贯彻总体国家安全观，健全国家安全体系，增强维护国家安全能力，提高公共安全治理水平，完善社会治理体系，以新安全格局保障新发展格局。

新疆国际陆港（集团）有限责任公司党委书记、董事长马春雷学习习近平主席讲话后备受鼓舞。马春雷说：“我们要深刻领会习近平主席关于努力推动构建人类命运共同体的重要论述，加快构建新发展格局，扎实推进高水平对外开放，为推动共建‘一带一路’高质量发展作出新的贡献。”

团结奋斗，创造历史伟业

强国建设、民族复兴的宏伟目标令人鼓舞，催人奋进。

习近平主席发出号召：“我们要只争朝夕，坚定历史自信，增强历史主动，坚持守正创新，保持战略定力，发扬斗争精神，勇于攻坚克难，不断为强国建设、民族复兴伟业添砖加瓦、增光添彩！”

雄关漫道，万水千山。习近平主席的重要讲话令曾参与西藏大古水电站建设的中国水利水电第九工程局高级工程师胡中阔内心久久不能平静。“作为一名水电人，我非常自豪能够参与到造福边疆群众的水电工程建设中来。”胡中阔说，虽然西藏一些地方高寒缺氧、自然气候恶劣，但缺氧不缺精神、艰苦不怕吃苦。我们完全有信心克服各种困难，不断在“世界之巅”刷新“世界之最”。

吉林省梨树县凤凰山农机农民专业合作社理事长韩凤香代表说：“回去以后，我要带领乡亲们更加努力地种好地、多打粮，在推动大家增收致富的同时为国家粮食安全多作贡献。”

习近平主席在讲话中强调，“要不断巩固发展全国各族人民大团结”。现场聆听讲话，内蒙古民族大学经济学院副院长陈爱雪代表说，回去后要深入基层一线，宣传好党的民族政策，让中华民族共同体意识更加深入人心。

台湾省全国人大代表陈贵静说：“习主席指出，实现祖国完全统一是全体中华儿女的共同愿望，是民族复兴的题中之义。我要和台胞乡亲们一道，顺应时代潮流，从基层做起、从身边做起，密切两岸民间往来，促进同胞心灵契合。”

治国必先治党，党兴才能国强。中央政法委、最高法、最高检、全国政协机关、全国总工会干部职工表示，新征程上，要时刻保持解决大党独有难题的清醒和坚定，勇于自我革命，一刻不停全面从严治党，坚定不移反对腐败，始终保持党的团结统一，确保党永远不变质、不变色、不变味，为强国建设、民族复兴提供坚强保证。

（2023年3月14日《人民日报》第3版）

向着强国建设、民族复兴的宏伟目标奋进

——习近平总书记在十四届全国人大一次会议闭幕会上的重要讲话激励全党全军全国各族人民信心满怀奋进新征程

中共中央总书记、国家主席、中央军委主席习近平3月13日在十四届全国人大一次会议闭幕会上的重要讲话，在社会各界引发强烈反响。广大代表委员和干部群众表示，新征程上，要更加紧密地团结在以习近平同志为核心的党中央周围，以坚定的信心奋发进取，以实干的行动干事创业，向着强国建设、民族复兴的宏伟目标奋进。

凝心聚力　接好民族复兴的历史"接力棒"

"从现在起到本世纪中叶，全面建成社会主义现代化强国、全面推进中华民族伟大复兴，是全党全国人民的中心任务。强国建设、民族复兴的接力棒，历史地落在我们这一代人身上。"现场聆听了习近平总书记的重要讲话，大庆油田有限责任公司总经理张赫代表感觉肩上的担子更重了。

"作为我国工业战线的一面旗帜，大庆油田见证了几代中国人对民族复兴的不懈求索。"张赫说，今天我们石油人在习近平总书记指引下，正满怀信心向着建设世界一流现代化百年油田的目标迈进，要在实现中华民族伟大复兴中国梦的历史进程中，作出我们这一代人的应有贡献。

伟大成就坚定必胜信心，伟大梦想凝聚奋进力量。

中央统战部、中联部、中央和国家机关工委、共青团中央干部职工认为，伟大成就来之不易，根本在于习近平总书记掌舵领航，在于习近平新时代中国特色社会主义思想科学指引。要不断巩固发展全国各族人民大团结、海内外中华儿女大团结，充分调动一切积极因素，凝聚起强国建设、民族复兴

的磅礴力量。

学习了习近平总书记的重要讲话，新疆生产建设兵团第十四师二二四团八连职工张银银干劲儿更足了。“这些年，我们依靠电商打开红枣致富的‘幸福门’。”张银银说，我们要牢记总书记嘱托，建设和谐幸福家园，让民族团结的“石榴花”开遍天山南北，为实现中华民族伟大复兴中国梦凝聚奋进力量。

民建中央、致公党中央、九三学社中央表示，要在思想上政治上行动上同以习近平同志为核心的中共中央保持高度一致，积极投身全过程人民民主实践，深入践行中国新型政党制度，坚定不移做中国共产党的好参谋、好帮手、好同事，全力推进中国式现代化建设。

江西瑞金，大型雕塑《胜利之门》高耸挺立。“近年来，红色历史这笔宝贵的精神财富正转化为推动各项事业前进的强大动力。”瑞金市委书记尹忠代表说，我们要深刻领悟“两个确立”的决定性意义，进一步增强“四个意识”、坚定“四个自信”、做到“两个维护”，接好民族复兴的历史“接力棒”，走好新时代的长征路。

华东某野外驻训场，战车轰鸣，炮声隆隆。陆军第 71 集团军“济南第一团”正结合刚换装的某新型步兵战车开展专业训练。

“习近平主席强调，安全是发展的基础，稳定是强盛的前提。”该旅“济南英雄连”连长孙金龙深有感触地说，作为一名基层指挥员，要按照习主席指引的方向，紧密围绕全面推进国防和军队现代化建设，把人民军队建设成为有效维护国家主权、安全、发展利益的钢铁长城这一宏伟目标，加强实案化对抗性训练，加强应急应战专攻精练，确保全时待战、随时能战、战则必胜。

人民至上　牢牢把握高质量发展这个首要任务

习近平总书记强调，在强国建设、民族复兴的新征程，我们要坚定不移推动高质量发展。

中国科学院量子信息重点实验室副主任郭国平代表感慨：“加快实现高水平科技自立自强，是推动高质量发展的必由之路。我们将强化关键核心技术攻关，把科技成果应用在实现中国式现代化的伟大事业中。”

刚刚返回工作岗位的甘肃省农业科学院院长马忠明委员通过电视收看了

习近平总书记的讲话。“14 亿多人口要吃饭，这是中国最大的国情。我们要深刻把握农业现代化这一实现高质量发展的必然要求，做优做强种子‘芯片’，助力加快农业强国建设，端牢中国饭碗。”马忠明说。

“习近平总书记强调推动经济实现质的有效提升和量的合理增长，这需要经济细胞更有活力。”中国建设银行普惠金融事业部副总经理李晓芳说，未来要更加聚焦经营主体所需所盼，不断提升专业性、精准性，以高质量普惠金融服务助力经营主体坚守主业、做强实业。

在宁夏宁东能源化工基地梅花井采煤沉陷区，国能宁夏电力副总工程师任献民听到习近平总书记提及“推动经济社会发展绿色化、低碳化”时非常激动：“我们要全力以赴建设国家‘沙戈荒’风电光伏基地等新能源项目，在保障能源安全的基础上，促进电力行业清洁低碳转型。”

人民幸福安康是推动高质量发展的最终目的。习近平总书记强调，让现代化建设成果更多更公平惠及全体人民。

新征程上，乡村振兴怎么抓？共富之路如何走？学习习近平总书记重要讲话后，浙江诸暨赵家镇党委书记俞燕看着会稽山麓正在抽枝发芽的古香榧树，再次认真思考起这两个问题。“习近平总书记强调，在推进全体人民共同富裕上不断取得更为明显的实质性进展。我们要把眼前的山山水水转化成群众实际收入，把农业文化遗产变成百姓增收的新途径。”俞燕说。

民政部、司法部、人社部、住建部、交通运输部干部职工表示，新征程上，坚决贯彻落实以习近平同志为核心的党中央各项决策部署，切实兜住兜牢基本民生底线，加快增进民生福祉，以永不懈怠的精神状态和一往无前的奋斗姿态，踔厉奋发、勇毅前行。

奋斗实干　打开事业发展新天地

“我们要只争朝夕，坚定历史自信，增强历史主动，坚持守正创新，保持战略定力，发扬斗争精神，勇于攻坚克难，不断为强国建设、民族复兴伟业添砖加瓦、增光添彩！”习近平总书记的话语铿锵有力。

在重庆，成渝中线高铁井口嘉陵江特大桥建设现场一片繁忙。“成渝地区在国家区域协调发展战略中扮演着重要角色。”重庆市发展改革委党组书记左永祥说，新征程上，我们要脚踏实地、不断奋斗，力争在成渝地区双城经济圈建设中推动更多变革性实践、取得更多突破性进展。

“中国的发展惠及世界，中国的发展离不开世界”“我们要扎实推进高水平对外开放，既用好全球市场和资源发展自己，又推动世界共同发展”……习近平总书记的讲话，令广西北部湾国际港务集团有限公司副总经理张树新委员信心满满。

“过去5年，北部湾港集装箱吞吐量年均增长25%。”他表示，北部湾港将抓住西部陆海新通道建设和区域全面经济伙伴关系协定深入实施的机遇，在推动建设开放型世界经济中挖掘潜力。

宏伟目标，令人鼓舞；伟大征程，催人奋进。

自然资源部、生态环境部、水利部、农业农村部干部职工表示，新征程上，要不折不扣贯彻落实党中央决策部署，以更加饱满的精神状态、更加务实的工作举措，为全面建设社会主义现代化国家、全面推进中华民族伟大复兴作出新的更大贡献。

办好中国的事情，关键在党、关键在全面从严治党。

“习近平总书记强调，治国必先治党，党兴才能国强。”山西晋城市委党校常务副校长上官建红表示，要牢记嘱托，更好发挥党校作为不正之风“净化器”、党性锻炼“大熔炉”、全面从严治党“风向标”的作用，为培养造就一支具有铁一般信仰、铁一般信念、铁一般纪律、铁一般担当的干部队伍作出贡献。

“为推进强国建设、民族复兴作出我们这一代人的应有贡献”。习近平总书记的话，让来自江西井冈山神山村的四川大学学生左伟波备受鼓舞。7年前，习近平总书记在神山村考察时，曾给左伟波赠送了新书包并叮嘱他“好好学习”。

“我要踏实学好专业知识，学有所成，让青春绽放在祖国和人民最需要的地方，不断为强国建设、民族复兴伟业添砖加瓦、增光添彩！”左伟波坚定地说。

（2023年3月15日《人民日报》第3版）

为强国建设、民族复兴伟业添砖加瓦增光添彩

——习近平总书记在十四届全国人大一次会议闭幕会上的重要讲话激励全党全军全国各族人民信心满怀奋进新征程

连日来，社会各界深入学习中共中央总书记、国家主席、中央军委主席习近平在十四届全国人大一次会议闭幕会上的重要讲话。广大代表委员和干部群众表示，要更加紧密地团结在以习近平同志为核心的党中央周围，以只争朝夕的昂扬斗志、守正创新的实干精神，不断为强国建设、民族复兴伟业添砖加瓦、增光添彩。

鼓舞人心　宏伟目标催人奋进

“从现在起到本世纪中叶，全面建成社会主义现代化强国、全面推进中华民族伟大复兴，是全党全国人民的中心任务。”习近平总书记的铿锵话语，吹响奋进新征程的号角，激发共创伟业的力量。

现场聆听习近平总书记的重要讲话，中国航天科技集团五院嫦娥四号探测器总设计师孙泽洲代表激动不已：“我坚信在以习近平同志为核心的党中央领航掌舵下，中国人探索太空的脚步会迈得更大、更远。我们将继续向浩瀚宇宙进发，为高水平科技自立自强和航天强国建设贡献更大力量。”

“千年秀林”吐露新芽，主次干路集结成网，高新产业落地生花……中建八局华北公司雄安发展分公司副总经理王建勋亲眼见证雄安新区的非凡变化。他说：“我们将紧跟总书记，一张蓝图绘到底，高标准推进雄安新区项目建设，建设高质量高水平社会主义现代化城市。”

鲁泰纺织股份有限公司董事长刘子斌代表说："听完总书记的重要讲话，创新发展的干劲更足，信心更加坚定。强国建设、民族复兴的新征程上，我们民营企业大有可为，将加快推动产业升级、践行企业社会责任，为高质量发展贡献力量。"

伟大政党铸就伟大精神，伟大精神成就伟大事业。

中国延安干部学院教授薛琳认为："习近平总书记的重要讲话贯通历史、现实与未来，高扬历史主动精神，坚定历史自信，令人备受鼓舞。踏上新征程，我们要以高度的历史自觉、强烈的历史担当和更加饱满自信的精神状态，不断把民族复兴伟业推向前进。"

距离北京4000多公里的帕米尔高原上，新疆军区红其拉甫边防连官兵收看了习近平主席重要讲话的直播。连队指导员冯康佶说："我们必将牢记习主席嘱托，练强备战打仗能力，坚决守好祖国西大门，为全面推进国防和军队现代化建设贡献力量，做有效维护国家主权、安全、发展利益的钢铁长城。"

团结就是力量，奋斗开创伟业。中央党校、国家民委、全国妇联、退役军人事务部干部职工表示，要不断巩固发展全国各族人民大团结、海内外中华儿女大团结，调动一切积极因素，凝聚起磅礴力量，向着民族复兴的光明未来阔步进发。

民革中央、台盟中央、全国工商联表示，新征程上，要始终保持同心同德、团结奋斗的政治本色，以更加奋发有为的精神状态履职尽责，在凝心聚力服务大局上发挥更大作用，为实现强国建设、民族复兴的宏伟目标作出新贡献。

把握主动　坚定不移推动高质量发展

"在强国建设、民族复兴的新征程，我们要坚定不移推动高质量发展。"习近平总书记为奋进新征程指明方向。

着力提升科技自立自强能力，才能牢牢把握发展主动权。

在大连光洋集团，技术工人们正在调试一批五轴数控机床。"这些机床性能对标国际先进水平，已实现关键核心零部件全部国产自主可控。"集团董事长于德海表示，我们将不断夯实人才链、技术链和产业链，以高质量发展增强企业核心竞争力。

推动经济社会发展绿色化、低碳化，是建设生态文明、构建高质量现代化经济体系的必然要求。

学习了习近平总书记的重要讲话，青海省玉树藏族自治州曲麻莱县曲麻河乡昂拉村党支部书记才丁加十分振奋。“感觉更有奔头和盼头！”他说，今年村子将着力打造绿色有机农畜产品输出地，开发玉珠峰登山生态旅游，发展绿色产业、拓展产业链条，让村子大发展、大变样。

实施区域协调发展战略，是贯彻新发展理念、加快构建新发展格局的重要组成部分。

得益于京津冀协同发展战略，云账户（天津）共享经济信息咨询有限公司在渤海湾畔迅速成长，公司董事长杨晖委员说：“习近平总书记的重要讲话为推动京津冀协同发展走深走实注入新动能。如今三地产业链深度融合互补，生产要素加快流动，我们将不断强化科技协同创新，培育新业态、新动能，为区域高质量发展作出新贡献。”

中国电信云计算贵州信息园运营中心总经理吴开明表示，贵州正抢抓国家“东数西算”工程机遇，推进建设数字经济发展创新区。“我们将进一步建设运营好园区，助力贵州打造面向全国的算力保障基地，主动融入新发展格局，抢抓数字经济新机。”

科学技术部、中国人民银行干部职工表示，将积极担当作为，认真贯彻落实国务院机构改革部署，以国家需求为导向，强化战略规划、体制改革、资源统筹等职责，以新气象、新作为推动高质量发展取得新成效。

牢记嘱托　汇聚真抓实干的奋进力量

习近平总书记号召不断为强国建设、民族复兴伟业添砖加瓦、增光添彩，激发各行各业立足岗位真抓实干的奋进力量。

复旦大学附属妇产科医院院长徐丛剑委员对习近平总书记提到的“健全社会保障体系，强化基本公共服务”“让现代化建设成果更多更公平惠及全体人民”印象深刻。他说：“复旦大学附属妇产科医院已经和河南、云南等地卫生机构共建妇产区域医疗中心，着力解决群众异地就医和看病难问题，未来还将进一步推动医疗资源扩容下沉，惠及更多基层群众。”

福建省福州市永泰县嵩口镇大喜村，乡村旅游的招牌逐渐打响，也吸引不少村民返乡创业。村党支部书记黄时杰说：“作为一名基层干部，将牢记总书记嘱托，把乡村振兴与生态文明建设紧密结合，努力带领村民创造村富、景美、人和的幸福生活。”

习近平总书记强调，要扎实推进高水平对外开放，既用好全球市场和资源发展自己，又推动世界共同发展。

2022 年，洋浦保税港区实现进出口值同比增长 13.3%，实际利用外资同比增长 2.5 倍。洋浦保税港区发展局局长张洪光说：“作为海南自贸港建设的先行区，洋浦将做好为海南自贸港封关运作进行压力测试等工作，为推进高水平对外开放、增强国内国际两个市场两种资源联动效应提供有力保障。”

教育部、商务部、文化和旅游部、审计署干部职工表示，将始终坚持以习近平新时代中国特色社会主义思想为指导，牢牢把握历史机遇，有效应对风险挑战，扎实推进各项改革任务落实，以实干、实绩、实效，推动经济实现质的有效提升和量的合理增长，不断壮大我国经济实力、科技实力、综合国力。

安全是发展的基础，稳定是强盛的前提。公安部、国家安全部、国家卫生健康委员会、应急管理部干部职工表示，新征程上，要自觉将工作放到党和国家大局中谋划部署推动，深入贯彻落实总体国家安全观，更好统筹发展和安全，以新安全格局保障新发展格局，以高水平安全保障高质量发展。

“强国建设、民族复兴的接力棒，历史地落在我们这一代人身上。”习近平总书记的话语，让广大青年倍感振奋。

武汉大学马克思主义学院博士研究生陈思雨信心满怀：“作为新时代青年，我们要将所学所思切实转化为报效祖国、服务人民的自觉行动，怀抱梦想、脚踏实地，敢想敢为、善作善成，让青春在全面建设社会主义现代化国家的火热实践中绽放绚丽之花。”

（2023 年 3 月 16 日《人民日报》第 1 版）

团结奋斗推进强国建设　凝心聚力共襄复兴伟业

——习近平主席在十四届全国人大一次会议闭幕会上的重要讲话让海外华侨华人信心倍增

3月13日，第十四届全国人民代表大会第一次会议在北京人民大会堂闭幕。中共中央总书记、国家主席、中央军委主席习近平在闭幕会上发表重要讲话。

坚守人民立场、坚定历史自信、彰显使命担当、指引前进方向，习近平主席重要讲话让身在海外的华侨华人信心倍增。他们纷纷表示，强国建设、民族复兴的宏伟目标催人奋进，海外中华儿女要凝聚智慧和力量，充分发挥身在海外的优势，做好中国与世界各国之间的桥梁纽带，为书写全面建设社会主义现代化国家、全面推进中华民族伟大复兴的绚丽篇章添砖加瓦、增光添彩。

凝聚强国建设、民族复兴的磅礴力量

“即使身处地球另一端，巴西华侨华人也能感受到祖国发展脉动强劲、辐射八方，听得到中国声音传播四海、回响铿锵！”巴西华人协会副会长王璟杨在收看了习近平主席的重要讲话后感慨道，过去十年间，中国各领域发展取得历史性成就，令海外华侨华人信心倍增，“相信踏上新征程的祖国一定能再创新的辉煌”。

在位于肯尼亚首都内罗毕的东部非洲中国总商会暨东部非洲中国和平统一促进会总部，当地华侨华人齐聚一堂收看学习习近平主席的重要讲话。“大家最大的感受就是振奋人心！”该组织副主席陈顺祥表示，海外华侨华人要利用好各自所长，为实现中华民族伟大复兴的光荣梦想添砖加瓦。

“习近平主席的讲话高屋建瓴，体现了一位大国领袖对人民的赤子之心和

致力于民族复兴的使命担当，令海外华侨华人对祖国未来发展更加充满信心。”格鲁吉亚中资企业商会秘书长于桦说，以习近平同志为核心的党中央的坚强领导，是中国人民未来不断由胜利走向胜利的根本保证，“作为身在海外的中国人，我们一定要为强国建设、民族复兴贡献力量”。

西日本新华侨华人联合会会长胡士云表示，在开启新征程的重要时刻，习近平主席掌舵领航，正是中国人民的信心之源、胜利之本。“相信中国人民将按照中共二十大擘画的发展蓝图阔步前行，继续闯过一个个急流险滩，实现中华民族的伟大复兴。”

“习近平主席的讲话让我们对祖国未来发展充满信心和希望。”委内瑞拉全国华侨华人联合总会副主席伍思雄坚信，在以习近平同志为核心的党中央领导下，中国人民一定能实现第二个百年奋斗目标，以中国式现代化推进中华民族伟大复兴。

“习近平主席的重要讲话为中国今后的发展描绘出清晰的蓝图。”美国纽约华人社团联席会执行主席陈梅表示，中国把推动高质量发展作为全面建设社会主义现代化国家的首要任务，提出加快实现高水平科技自立自强，“相信中国将沿着正确发展道路夺取新的更大胜利”。

激励海外中华儿女踔厉奋发、勇毅前行

海外华侨华人表示，习近平主席的讲话为在新征程上谱写中国式现代化新篇章指明方向，激发全体中华儿女的积极性、主动性、创造性。

澳大利亚首都地区中国和平统一促进会会长陈蔚东说：“习近平主席的讲话为我们明确了新的奋斗征程上明确而坚定的目标，我们将为加快推进中国式现代化建设作出我们这一代人的应有贡献！让全世界看到一个更加自信自强、高质量发展的中国。”

韩国大邱庆北华侨华人联合会会长肖娟说：“习近平主席的讲话明确了我们未来的拼搏方向，激励海外华侨华人继续为祖国发展添砖加瓦。”

在巴西从事节能灯贸易的巴西华人协会副会长王璟杨对习近平主席在讲话中指出的“推动经济社会发展绿色化、低碳化”颇有感触。“踏上新征程的中国将会让世界继续刮目相看。”王璟杨说，习近平主席对高质量发展和新发展

理念的论述进一步增强了他在环保能源领域不断开拓的信心，未来将用更多“中国制造”高质量产品助力巴西可持续发展。

“听到习近平主席在讲话中强调，实现祖国完全统一是全体中华儿女的共同愿望，我感到心潮澎湃！”毛里求斯中国和平统一促进会会长林海岩说，祖国完全统一是全体中华儿女的梦想。“我坚信祖国统一大业一定能够实现，我们也将为此继续贡献自己的力量！”

传递惠及世界、合作共赢的正能量

今日之中国，与世界深度融合。习近平主席的讲话再次传递了中国继续携手各国共同发展、创造更加美好未来的诚意和决心。

“中国积极推动构建人类命运共同体，以自身发展惠及世界，祖国的发展变化让身在海外的中华儿女为之骄傲。”俄中文化交流协会圣彼得堡分会会长乔翔鹏说：“侨者桥也，我们将发挥融通中外的优势，为中外沟通搭建桥梁，让更多外国友人了解中华文化、爱上中国。”

“中国扎实推进高水平对外开放，积极参与全球治理体系改革和建设，落实全球发展倡议和全球安全倡议……这些都将为各国发展带来更多新机遇、为世界和平注入更多确定性和稳定性。”菲律宾时事评论员张兴万说，“我将继续发挥职业特长，向菲律宾民众讲好中国发展故事和中菲合作故事，展现中国推动构建人类命运共同体、与世界共促繁荣发展的大国胸襟。”

中国的发展惠及世界，中国的发展离不开世界。

“我们要继续促进中美民间交流，加强文化交流、经济交流。”美国大芝加哥地区中国和平统一促进会会长李红卫说：“海外华侨华人将继续团结一心、不懈努力，做好中外之间沟通交流的桥梁。”

今年，英国华侨华人社团新华联谊会联合英国索尔福德市政府和英国龙舟竞赛协会将共同举办 2023 全英中华端午龙舟会。新华联谊会会长杨汉新希望借助这种形式，传播好中国声音。“我们海外华人要利用自身优势做好两件事。一是以国际视野，促进国际交流合作；二是以对当地社会的深入了解和影响力，促进民间友好。”

“作为身在海外的中华儿女，我们要身体力行成为民间外交的友好使者。”

赞比亚华侨华人总会会长张键说，华侨华人是海外代表中国形象的一个重要群体，应积极参与当地社会和经济建设，努力拓展中外交流合作渠道和平台，以中华文明兼容并蓄的智慧和格局，做好中国与世界沟通的桥梁，为世界和平发展传递正能量，为推动构建人类命运共同体贡献力量。

（2023 年 3 月 15 日《人民日报》第 3 版）

“为人类文明进步作出更大贡献”

——国际社会积极评价习近平主席在十四届全国人大一次会议闭幕会上重要讲话

3月13日上午，中共中央总书记、国家主席、中央军委主席习近平在十四届全国人大一次会议闭幕会上发表重要讲话，讲话坚守人民立场、坚定历史自信、彰显使命担当、指引前进方向，引发国际社会热烈反响。国际人士表示，习近平主席的重要讲话充分彰显中国共产党人的初心使命和天下情怀，一个沿着高质量发展之路阔步前行的中国，将为世界和平发展增添更多稳定性和正能量。

“赢得最广大人民群众的衷心拥护和坚定支持”

习近平主席在讲话中指出，全面建成社会主义现代化强国，人民是决定性力量。

习近平主席的讲话让柬埔寨柬中关系发展学会会长谢莫尼勒印象深刻。他表示，习近平主席心系人民，始终把人民放在心上。“中国共产党来自人民、植根人民、造福人民，依靠人民创造历史伟业，始终代表中国最广大人民的根本利益，赢得最广大人民群众的衷心拥护和坚定支持。”

“中国共产党正团结带领中国人民朝着强国建设、民族复兴的宏伟目标奋勇前进。”西班牙胡安卡洛斯国王大学教授费利佩·德瓦萨表示，习近平主席强调要积极发展全过程人民民主，“中国全国两会是全过程人民民主的生动实践，透过全国两会，我们不仅可以展望中国经济社会发展前景，更能观察到中国政治体制的活力。”

“习近平主席强调让现代化建设成果更多更公平惠及全体人民。”印度尼西亚国际战略研究中心中国研究中心主任维罗妮卡表示，“增进民生福祉是发展的根本目的，让人民生活幸福是‘国之大者’。我相信在中国共产党的领导下，中国人民一定能够开创更加美好的未来。”

“为中国未来经济社会发展明确了方向和路径”

习近平主席指出，在强国建设、民族复兴的新征程，我们要坚定不移推动高质量发展。埃及前总理伊萨姆·沙拉夫表示：“习近平主席为中国未来发展擘画了蓝图。中国的繁荣和开放将为世界发展作出重要贡献。”

“加快构建新发展格局”“着力提升科技自立自强能力”“推动经济社会发展绿色化、低碳化”……“习近平主席的讲话为中国未来经济社会发展明确了方向和路径。”墨西哥国立自治大学国际关系中心研究员伊格纳西奥·马丁内斯相信，通过团结奋斗，中国一定能实现第二个百年奋斗目标。

摩洛哥非洲中国合作与发展协会主席纳赛尔·布希巴表示，人们从习近平主席的讲话中可以感受到中国对深入实施创新驱动发展战略的重视。他关注到，近年来，中国不断提升科技创新能力，全球创新指数排名升至第十一位，科技创新成果丰硕、动能强劲。“中国正从科技大国向科技强国迈进。与此同时，中国努力同国际科技界开展创新合作，为人类文明进步作出更大贡献。”

习近平主席强调，推动经济实现质的有效提升和量的合理增长，不断壮大我国经济实力、科技实力、综合国力。对此，保加利亚—中国工业发展商会主席德西斯拉娃·东切娃表示，中国近年来的快速发展离不开中国共产党的领导，中国把今年国内生产总值增长预期目标设定在5%左右科学合理，将更好统筹经济质和量的关系。

“充分展现中国理性、自信、负责任的大国担当”

“中国的发展惠及世界，中国的发展离不开世界。”习近平主席强调要努力推动构建人类命运共同体。

这几天，在伊朗德黑兰大学助理教授巴阿明的课堂上，“中国全国两会”成为学生们讨论的热词。“这既说明学生们非常关注中国，也从侧面说明中国影响力的不断增强。”巴阿明表示，中国将扎实推进高水平对外开放，既用好全球市场和资源发展自己，又推动世界共同发展，“我期待伊中各领域交流合作不断深化，更多发展中国家可以从中国的现代化建设中获得启迪”。

东切娃表示，今年，中国将主办第三届“一带一路”国际合作高峰论坛，并继续与有关各方一道，推动共建“一带一路”取得更丰硕成果。“共建‘一带一路’不仅推动了沿线国家和地区发展，还带动了沿线国家和地区之间多种形式的人文交流，凝聚起更多合作发展力量。”

在沙拉夫看来，习近平主席的讲话“充分展现中国理性、自信、负责任的大国担当”，“中国的发展不仅关乎自身，也关乎世界，将给包括埃及在内的广大发展中国家带来积极影响”。

（2023 年 3 月 14 日《人民日报》第 6 版）

新征程上的中国携手世界共进步

——多国政界人士高度评价习近平主席在十四届全国人大一次会议闭幕会上的重要讲话

连日来，国际社会持续关注和热议中共中央总书记、国家主席、中央军委主席习近平在第十四届全国人民代表大会第一次会议闭幕会上发表的重要讲话。

多国政界人士认为，习近平主席的讲话展现出中国推进强国建设、踏上民族复兴新征程的信心和决心，相信在中国共产党领导下，中国人民将继续凝心聚力、勇毅前行，书写全面建设社会主义现代化国家、全面推进中华民族伟大复兴的绚丽华章，中国将为世界和平发展作出更大贡献。

团结一心　踏上民族复兴新征程

习近平主席在讲话中强调，从现在起到本世纪中叶，全面建成社会主义现代化强国、全面推进中华民族伟大复兴，是全党全国人民的中心任务。

“习近平主席的讲话体现出中国阔步迈上新征程的决心，也展现了全面建设社会主义现代化国家、全面推进中华民族伟大复兴的信心。”老挝国会副主席宋玛·奔舍那说。

奔舍那家族兄弟姐妹曾于上世纪60年代在北京生活和学习，后来时常到中国，亲身感受到中国的发展变化。宋玛·奔舍那表示，中国共产党团结带领中国人民，必将在强国建设、民族复兴的新征程上展现新风貌、迈出新步伐、开创新前景，中国将为世界带来新机遇。

俄罗斯共产党中央委员会主席根纳季·久加诺夫说，从习近平主席的讲话中，他感受到的是“自信前行的中国”。

墨西哥联邦众议员布拉西尔·阿科斯塔曾多次访华，亲眼见证了中国的发展繁荣。他表示，习近平主席的讲话体现了对人民至上的高度重视，中国式现代化建设将造福中国人民，惠及世界发展。

巴西联邦政府前高级官员路易斯·保利诺评论说："改革开放以来，中国人民克服困难、奋勇前行，实现了一个又一个发展目标。"他相信中国人民在新征程上将战胜各种挑战，实现全面建设社会主义现代化国家、全面推进中华民族伟大复兴的宏伟目标。

共同发展　高水平对外开放惠及全球

"中国的发展惠及世界，中国的发展离不开世界。我们要扎实推进高水平对外开放，既用好全球市场和资源发展自己，又推动世界共同发展。"习近平主席这一论述引发多国政界人士共鸣。

"习近平主席的讲话给全世界带来很多希望与启示。"巴基斯坦总理特别助理鲁米娜·胡尔希德·阿拉姆说，中国不仅在为自身发展而努力，还通过不断推进高水平对外开放等促进世界发展。中国通过"一带一路"倡议与世界分享自身发展机遇，以实际行动推动构建人类命运共同体。

在克罗地亚前总统伊沃·约西波维奇看来，中国的经济发展利好世界。他表示，期待克罗地亚同中国的各领域合作不断深化，尤其是经贸领域合作，"这符合克罗地亚利益和整个欧洲的利益"。

巴勒斯坦民族解放运动中央委员阿巴斯·扎基说，习近平主席的讲话表明中国坚定不移推动与各国一道共同发展进步的决心。他指出，全球发展正处于困难时期，习近平主席提出的全球发展倡议、全球安全倡议为世界和平稳定发展注入动能，发展中国家将从中受益。

"事实证明，中国是全球发展的稳定支柱。"中国不断推进高水平对外开放令塞尔维亚资深外交官日瓦丁·约万诺维奇印象深刻。他说，中国人民凝心聚力、开拓创新，集中力量推动本国发展，并将自身发展置于全球整体发展之中，为世界其他国家发展注入动力，增进世界人民福祉。

携手并进　努力推动构建人类命运共同体

从习近平主席的讲话中，泰国前副总理披尼·扎禄颂巴看到了中国推动构建人类命运共同体、为世界和平发展带来更多稳定性和正能量。“各国和谐共处、消除战争，不干涉他国内政，国际社会共同分享发展机遇，守望相助，这正是当今世界迫切需要的。中国作为世界大国，为维护世界和平作出了重要贡献。”

披尼以沙特阿拉伯与伊朗同意恢复外交关系为例，认为中国在劝和促谈、通过对话协商化解国家间矛盾分歧上发挥重大作用，为解决国际争端提供了范本，堪称“外交史上的典范”。“中国用实际行动告诉世界，和平发展才是世界的主流，而中国有能力、有信心发挥重要推动作用。”

习近平主席在讲话中关于“高举和平、发展、合作、共赢旗帜”“践行真正的多边主义”等论述引发墨西哥联邦众议员布拉西尔·阿科斯塔强烈共鸣。阿科斯塔表示，“这是全人类发展的最佳动力来源”，中国在维护世界和平、促进区域及全球发展方面发挥了积极作用。通过全球交流合作，中国将在推动发展繁荣、促进和平稳定等方面取得更多积极成果。

几内亚比绍前总理阿图尔·萨尼亚高度关注习近平主席讲话中关于“加快推进中国式现代化建设”的论述。萨尼亚认为，中国为人类进步作出巨大贡献，中国式现代化为人类社会发展带来新启迪，非洲国家应根据本国实际，借鉴中国经验，积极探索符合本国国情的现代化发展道路。

“习近平主席擘画的发展愿景不仅是‘中国梦’，也是‘世界和平与发展梦’。”沙特外交官伊马德·穆代法说。他期待沙中两国继续加强互利合作，共同践行全人类共同价值，不断努力，推动建设世界上各种文明竞相绽放的美丽花园。

（2023 年 3 月 16 日《人民日报》第 3 版）

三、习近平总书记参加江苏代表团审议

习近平在参加江苏代表团审议时强调

牢牢把握高质量发展这个首要任务

中共中央总书记、国家主席、中央军委主席习近平3月5日下午在参加他所在的十四届全国人大一次会议江苏代表团审议时强调，高质量发展是全面建设社会主义现代化国家的首要任务。必须完整、准确、全面贯彻新发展理念，始终以创新、协调、绿色、开放、共享的内在统一来把握发展、衡量发展、推动发展；必须更好统筹质的有效提升和量的合理增长，始终坚持质量第一、效益优先，大力增强质量意识，视质量为生命，以高质量为追求；必须坚定不移深化改革开放、深入转变发展方式，以效率变革、动力变革促进质量变革，加快形成可持续的高质量发展体制机制；必须以满足人民日益增长的美好生活需要为出发点和落脚点，把发展成果不断转化为生活品质，不断增强人民群众的获得感、幸福感、安全感。

习近平来到江苏代表团，现场响起热烈掌声。

江苏代表团审议认真，气氛热烈。许昆林、刘庆、单增海、魏巧、张大冬、吴庆文等6位代表分别就服务全国构建新发展格局、大力推进区域协同创新、坚定不移向制造业高峰攀登、当好新时代“新农人”、为党育才、当好中国式现代化建设排头兵等问题发言。习近平不时插话，同大家展开交流。

在认真听取大家发言后，习近平作了发言。他首先表示赞成政府工作报告，充分肯定江苏五年来经济社会发展和党的建设各方面取得的成就，希望江苏继续真抓实干、奋发进取，在高质量发展上继续走在前列，为谱写“强富美高”新江苏现代化建设新篇章实现良好开局，为全国大局作出新的更大贡献。

习近平指出，加快实现高水平科技自立自强，是推动高质量发展的必由之路。在激烈的国际竞争中，我们要开辟发展新领域新赛道、塑造发展新动能新优势，从根本上说，还是要依靠科技创新。我们能不能如期全面建成社会主义现代化强国，关键看科技自立自强。要坚持“四个面向”，加快实施创新驱动发展战略，推动产学研深度合作，着力强化重大科技创新平台建设，支持顶尖科学家领衔进行原创性、引领性科技攻关，努力突破关键核心技术难题，在重点领域、关键环节实现自主可控。要强化企业主体地位，推进创新链产业链资金链人才链深度融合，发挥科技型骨干企业引领支撑作用，促进科技型中小微企业健康成长，不断提高科技成果转化和产业化水平，着力打造具有全球影响力的产业科技创新中心。要深化科技体制改革，大力培育创新文化，健全科技评价体系和激励机制，为创新人才脱颖而出、尽展才华创造良好环境。

习近平指出，加快构建新发展格局，是推动高质量发展的战略基点。要把实施扩大内需战略同深化供给侧结构性改革有机结合起来，加快建设现代化产业体系。要坚持把发展经济的着力点放在实体经济上，深入推进新型工业化，强化产业基础再造和重大技术装备攻关，推动制造业高端化、智能化、绿色化发展，加快建设制造强省，大力发展战略性新兴产业，加快发展数字经济。要按照构建高水平社会主义市场经济体制、推进高水平对外开放的要求，深入推进重点领域改革，统筹推进现代化基础设施体系和高标准市场体系建设，稳步扩大制度型开放。

习近平强调，农业强国是社会主义现代化强国的根基，推进农业现代化是实现高质量发展的必然要求。要严守耕地红线，稳定粮食播种面积，加强高标准农田建设，切实保障粮食和重要农产品稳定安全供给。要把产业振兴作为乡村振兴的重中之重，积极延伸和拓展农业产业链，培育发展农村新产业新业态，不断拓宽农民增收致富渠道。要优化镇村布局规划，统筹乡村基础设施和公共服务体系建设，深入实施农村人居环境整治提升行动，加快建设宜居宜业和美乡村。要强化科技和改革双轮驱动，深化农村土地制度改革，巩固和完善农村基本经营制度，发展新型农村集体经济，发展新型农业经营主体和社会化服务，发展农村适度规模经营，为农业农村发展增动力、添活力。

习近平指出，人民幸福安康是推动高质量发展的最终目的。基层治理和民生保障事关人民群众切身利益，是促进共同富裕、打造高品质生活的基础性工程，各级党委和政府必须牢牢记在心上、时时抓在手上，确保取得扎扎实实的成效。要健全基层党组织领导的基层群众自治机制，加强基层组织建设，完善网格化管理、精细化服务、信息化支撑的基层治理平台，健全城乡社区治理体系，为人民群众提供家门口的优质服务和精细管理。要坚持和发展新时代“枫桥经验”，完善正确处理新形势下人民内部矛盾机制，及时把矛盾纠纷化解在基层、化解在萌芽状态。要紧紧抓住人民群众急难愁盼问题，采取更多惠民生、暖民心举措，健全基本公共服务体系，着力做好重点群体就业帮扶、收入分配调节、健全社会保障体系、强化“一老一幼”服务等工作。要抓实抓细新阶段疫情防控工作，认真落实“乙类乙管”各项措施，持续加强公共卫生、疾病防控、医疗服务体系建设。

习近平最后强调，推动高质量发展，必须坚持和加强党的全面领导、坚定不移全面从严治党。各级党委要牢牢扛起全面从严治党主体责任，切实加强党的二十大精神学习宣传贯彻工作，加强换届后各级领导班子和干部队伍建设，加强各领域党建工作，深入开展学习贯彻新时代中国特色社会主义思想主题教育，为奋进新征程、建功新时代提供坚强有力的政治引领和政治保障。

蔡奇、丁薛祥、何立峰等参加。

（2023 年 3 月 6 日《人民日报》第 1 版）

微镜头·习近平总书记两会“下团组”

“一把钥匙开一把锁”

时间：3 月 5 日下午

日程：习近平总书记参加江苏代表团审议

来自江苏镇江一家农机合作社的魏巧代表，说起来当年回乡务农，还是缘起于 2014 年习近平总书记到镇江农村时的一个考察细节。

学农、务农，新时代的“新农人”，在斑斓田野上大有作为。

听闻魏巧代表“种了 2 万多亩水稻”，总书记笑着问：“在南方，这个规模可不小，体现出高效来了吧？机械有了规模就可以施展，现代农业的举措也可以施展。”

把论文写在大地上，乡村振兴插上了科技翅膀。习近平总书记由此感慨：“我就想啊，今后我们的青年一代，我们的知识分子、专家们，双向发力。一方面城镇化的潜力还很大，对‘新市民’也要完善政策导向；另一方面乡村振兴，需要大量的人才、劳动力。这个领域，面临农业现代化的资源要素如何优化的问题，知识、优质劳动力怎么到农村去，国家和各级政府也要有一些政策和导向支持。”

务农重本，国之大纲。在中国式现代化的新征程上，最艰巨最繁重的任务仍在农村。

“过去讲‘苏湖熟，天下足’。曾几何时南粮北调，现在变成了北粮南调。但是我们南方的省份，自己的责任田还是要保住的。在大格局下，大家都要有自觉性。‘菜篮子’市长负责制、‘米袋子’省长负责制，必须坚持。南方这种责任要担起来，最起码现有的面积、产量不能再减少。”

饭碗里，盛着民意，连着民心。在福州当市领导时，习近平同志就把抓“菜篮子”作为第一要务，每天看菜价。

“当地叫‘三日不见绿，两眼冒金光。’能不能吃上菜就是政治。现在我们有一些在基层的干部，特别是一些年轻干部，忽视了这方面的问题，这是不行的。耕地红线是终身追究的，退休了也得追究。这都是‘国之大者’。”习近平总书记谆谆告诫。

乡村振兴的大棋盘里，产业振兴是重中之重。这些年，农村的新产业新业态层出不穷。谈到这个话题，总书记提起看过的一个关于“培养一批‘一县一业’重点基地”的文件：“我看了以后皱了眉头，这个事情不好下指标。一个县是不是光靠一个产业去发展，要去深入调研，不能大笔一挥，拨一笔钱，这个地方就专门发展养鸡、发展蘑菇，那个地方专门搞纺织，那样的话肯定要砸锅。”

字里行间，蕴含着农业农村现代化如何推进“顶层设计与实践探索”的辩证。习近平总书记讲得朴实而深刻：“一个城市是不是就靠一业来发展，那不一定。靠几业，靠什么业，都要一把钥匙开一把锁，根据具体情况去定，不能下单子。”

（2023 年 3 月 6 日《人民日报》第 2 版）

在高质量发展上继续走在前列

3月5日下午，习近平在参加江苏代表团审议时强调，希望江苏继续真抓实干、奋发进取，在高质量发展上继续走在前列，为谱写“强富美高”新江苏现代化建设新篇章实现良好开局，为全国大局作出新的更大贡献。

习近平总书记的重要讲话振奋人心，会议现场讨论热烈。记者采访了会上发言的6位代表，代表们一致表示，一定牢记总书记嘱托，立足自身岗位不懈奋斗，为奋进新征程、建功新时代作出自己应有的贡献。

推动产学研深度合作
习近平总书记强调——
加快实现高水平科技自立自强，是推动高质量发展的必由之路

“我向总书记汇报了我们在推动产学研深度合作，实现科技同产业无缝对接方面做的努力。”江苏省产业技术研究院院长刘庆代表说，“总书记强调，在激烈的国际竞争中，我们要开辟发展新领域新赛道、塑造发展新动能新优势，从根本上说，还是要依靠科技创新。对此我感受深刻。江苏省产业技术研究院是科技体制机制改革试验田，专业研究所数量从2014年的17家增加到72家，研发人员超1.2万人。我们将按照总书记的重要讲话精神，认真梳理江苏乃至长三角地区在一些战略性产业链上还存在哪些堵点和短板，推进创新链、产业链、资金链、人才链深度融合，努力成为实施创新驱动战略、促进长三角一体化高质量发展的核心引擎。”

深入推进新型工业化

习近平总书记强调——

加快构建新发展格局，是推动高质量发展的战略基点

“习近平总书记在参加江苏代表团审议时强调，高质量发展是全面建设社会主义现代化国家的首要任务。”江苏省省长许昆林代表说，“江苏省将认真贯彻总书记重要讲话精神，完整、准确、全面贯彻新发展理念，始终以创新、协调、绿色、开放、共享的内在统一来把握发展、衡量发展、推动发展，实现经济质的有效提升和量的合理增长。坚持科技自立自强，建设好苏州实验室，聚焦前沿技术和未来产业打好关键核心技术攻坚战；把发展经济的着力点放在实体经济上，推动制造业智能化改造数字化转型，促进战略性新兴产业融合集群发展；持续打好蓝天碧水净土保卫战，坚定不移走生态优先、绿色发展新路子。积极服务全国构建新发展格局，进一步找准切入点、着力点，主动融入和推进长三角一体化发展和长江经济带高质量发展，以‘一带一路’建设统领高水平对外开放，努力把江苏建设成具有世界聚合力的双向开放枢纽、国内大循环和国内国际双循环的战略枢纽，更好促进国内大循环、国内国际双循环。”

徐工集团工程机械股份有限公司技术委员会副主任单增海代表说：“总书记指出，要坚持把发展经济的着力点放在实体经济上，深入推进新型工业化，强化产业基础再造和重大技术装备攻关，推动制造业高端化、智能化、绿色化发展，加快建设制造强省，大力发展战略性新兴产业，加快发展数字经济。我们要牢记总书记嘱托，继续加大科研创新力度，力争到2025年实现主要主机产品完全国产化。”

培育发展农村新产业新业态

习近平总书记强调——

农业强国是社会主义现代化强国的根基，推进农业现代化是实现高质量发展的必然要求

“我向总书记汇报了我们那里的喜人变化：我们种植了2万多亩水稻，亩产1100斤，有效带动了周边农民增收致富。探索大田数字化种植模式，对农场实行数字化管理，提高了管理效率，确保了稳产高产。”江苏省镇江市镇江新区永兴农机机械化专业合作社理事长魏巧代表是一名80后，2017年4月，身为土壤学硕士的她和农学博士的丈夫分别辞去中国科学院和北京大学的工作，从城市回到农村。

“总书记强调，要把产业振兴作为乡村振兴的重中之重，积极延伸和拓展农业产业链，培育发展农村新产业新业态，不断拓宽农民增收致富渠道。这为我们新时代新农人更好地扎根‘三农’、服务‘三农’指明了方向。”魏巧代表表示，“我们要按照总书记的指示，把在科研院所掌握的知识带到田间地头，积极发展种养循环农业，改善农业生态系统，实行数字化管理，通过科技赋能，推动农业品牌建设和一二三产业联动，提高农业的效益和农产品附加值，吸引更多年轻人投身乡村振兴、农业强国建设。”

健全城乡社区治理体系

习近平总书记强调——

基层治理和民生保障事关人民群众切身利益，是促进共同富裕、打造高品质生活的基础性工程，各级党委和政府必须牢牢记在心上、时时抓在手上，确保取得扎扎实实的成效

“习近平总书记指出，人民幸福安康是推动高质量发展的最终目的。我们统筹抓好太湖治理、大运河文化带、长江大保护和长三角生态绿色一体化发展示范区建设，守护好温山软水的生态本底、古镇古村的秀美风貌，打造人人向往的诗意江南、梦里水乡，现在环境更美、韵味更足、更宜居宜业了。”江苏省苏州市市长吴庆文代表说，苏州将继续推进基层治理现代化，完善网格化管理、精细化服务、信息化支撑的基层治理平台，健全城乡社区治理体系，为人民群众提供家门口的优质服务和精细管理。坚持和发展新时代“枫桥经验”，完善正确处理新形势下人民内部矛盾机制，及时把矛盾纠纷化解在基层、化解在萌芽状态。

“总书记指出，要紧紧抓住人民群众急难愁盼问题，采取更多惠民生、暖民心举措。我们要推进义务教育的优质均衡发展和城乡一体化，优化教育资源规划布局，加强教师队伍建设，推动师资合理流动，办好每一所学校、教好每一位学生，让每个人都有人生出彩的机会。”江苏省淮安市新安小学校长张大冬代表说。

（2023年3月6日《人民日报》第2版）

谱写“强富美高”新江苏现代化建设新篇章

——习近平总书记重要讲话在江苏干部群众中引发热烈反响

3月5日下午，习近平总书记参加十四届全国人大一次会议江苏代表团审议时的重要讲话，让江苏广大干部群众倍感振奋，备受鼓舞。

加快实现高水平科技自立自强是推动高质量发展的必由之路

“总书记强调，加快实现高水平科技自立自强，是推动高质量发展的必由之路。江苏正加快推进高水平科技自立自强步伐。”江苏省科技厅厅长徐光辉代表说，“我们一方面夯实制造业这一根基，着力推动高新园区提质增效，大力发展前沿科技和未来产业，努力突破关键核心技术难题，在重点领域、关键环节实现自主可控，打造具有全球影响力的产业科技创新中心；另一方面全力服务保障国家战略科技力量，实施基础研究三年行动，集成实施一批关键技术研发项目和重大科技成果转化项目，推动科技、教育、人才有效联动，加快创新链、产业链、资金链、人才链深度融合，勇当科技和产业创新开路先锋。”

“总书记强调，加快实施创新驱动发展战略，推动产学研深度合作。我们要把总书记的期盼要求转化为推动工作的行动纲领，继续聚焦种子和耕地两个要害，推动底盘技术、核心种源、关键农机装备、智慧农业等领域关键核心技术攻关。”江苏省农业科学院院长易中懿说，“我们要坚定科技自立自强信心和决心，瞄准农业可持续发展，突破生态循环农业等绿色低碳技术，助力农业产业规模化、绿色化、数字化转型；继续围绕加快科技成果集成与转化应用，打造‘链式＋场景’的生产应用场景，埋头苦干、攻坚克难，为农业强国建设贡献江苏经验。”

扬子江药业集团党委书记徐浩宇代表说，“我们要大力发展前沿科技和未来产业，抢占新领域新赛道，培育新动能新优势。要通过内部机构改革，创新体制机制，加强科技队伍建设，推进科技人才评价和激励机制改革，最大程度激发创新创造创业活力，为满足广大人民群众日益增长的健康需求，为加快实现高水平科技自立自强作出更大贡献。”

加快构建新发展格局是推动高质量发展的战略基点

“总书记强调，高质量发展是全面建设社会主义现代化国家的首要任务。我们将沿着总书记指明的方向，加快构建新发展格局，加快建设现代化产业体系，坚持把发展经济的着力点放在实体经济上，推动制造业高端化、智能化、绿色化发展。”江苏省常州市市长盛蕾代表表示，常州要持续做大做强新能源产业这个新的增长引擎，精心绘制“发储送用”产业蓝图，集中优势资源合力推进关键核心技术攻关，争创国家战略性新兴产业融合集群，全力打造引领长三角、辐射全国、全球有影响力的新能源之都。

江苏省镇江市委书记马明龙表示，总书记强调，加快构建新发展格局，是推动高质量发展的战略基点。镇江将锚定高质量发展这一首要任务，在服务全国构建新发展格局中找准定位，一步一个脚印把全面建成社会主义现代化强国的战略安排和目标任务落到实处。

“我们要深入践行‘加快构建新发展格局’重大战略部署，发挥进出口对经济的支撑作用，在稳外贸、扩内需方面发挥国企核心功能，推动进出口贸易稳中提质，经济运行率先整体好转。”江苏省苏豪控股集团党委书记、董事长周勇说，将进一步稳住对发达国家出口、扩大对“一带一路”沿线国家出口，加大先进技术、重要设备、能源资源、高品质消费品等产品的进口力度。

“总书记强调，大力增强质量意识，视质量为生命，以高质量为追求。”南京信息职业技术学院党委书记王丹中说，“加快建设高质量现代职业教育体系，是服务全国构建新发展格局的题中之义。我们将在高质量现代职业教育建设上大胆探索，努力为社会主义现代化强国建设培养更多高素质技术技能人才、能工巧匠、大国工匠。”

人民幸福安康是推动高质量发展的最终目的

“总书记强调，必须以满足人民日益增长的美好生活需要为出发点和落脚点，把发展成果不断转化为生活品质，不断增强人民群众的获得感、幸福感、安全感。”江苏省委省级机关工委副书记朱学山说，“我们要以高质量党建引领江苏经济社会高质量发展，把促进全体人民共同富裕作为为人民谋幸福的着力点，为建设‘强富美高’新江苏作出新贡献。”

江苏省盐城市市长周斌代表说：“总书记强调，农业强国是社会主义现代化强国的根基，推进农业现代化是实现高质量发展的必然要求。我们将始终牢记习近平总书记谆谆嘱托，实施种业振兴行动，加快高标准农田建设，巩固提升粮食综合生产能力，全力打造中国东部沿海大粮仓，坚决扛起粮食安全政治责任。”

“总书记强调，人民幸福安康是推动高质量发展的最终目的。”江苏省连云港市委书记马士光说，要紧紧抓住人民群众急难愁盼问题，采取更多惠民生暖民心举措，不断增强人民群众的获得感、幸福感、安全感，让百姓生活一年更比一年好。

江苏省中医院党委书记方祝元代表说：“在疫情防控中，坚持人民至上、生命至上，充分发挥中医药特色优势。我们将努力做到中医药全生命周期健康养生文化创造性转化、创新性发展，进一步创造出更多高水平、高价值的中医药创新成果。”

“总书记强调，基层治理和民生保障事关人民群众切身利益，是促进共同富裕、打造高品质生活的基础性工程。”江苏省江阴市山泉村党委书记、村委会主任李全兴表示，下一步山泉村将推进打造新农村数字化管理平台，推动山泉村实现自治、法治、德治、智治“四治融合”，让共同富裕更有质感、更有成效。

（2023 年 3 月 6 日《人民日报》第 2 版）

努力交出高质量发展新答卷

——习近平总书记在参加江苏代表团审议时的重要讲话引起代表委员热烈反响

3月5日下午，习近平总书记在参加他所在的十四届全国人大一次会议江苏代表团审议时强调，高质量发展是全面建设社会主义现代化国家的首要任务。“必须完整、准确、全面贯彻新发展理念”“必须更好统筹质的有效提升和量的合理增长”“必须坚定不移深化改革开放、深入转变发展方式”“必须以满足人民日益增长的美好生活需要为出发点和落脚点”。

习近平总书记的重要讲话振奋人心，代表委员反响热烈。大家表示，习近平总书记从党和国家事业发展全局高度，提出“四个必须”明确要求，为以高质量发展扎实推进中国式现代化指明方向，要认真贯彻落实总书记重要讲话精神，牢牢把握高质量发展这个首要任务，真抓实干、奋发进取，在全面建设社会主义现代化国家新征程上创造新的历史伟业。

必须完整、准确、全面贯彻新发展理念

习近平总书记强调，必须完整、准确、全面贯彻新发展理念，始终以创新、协调、绿色、开放、共享的内在统一来把握发展、衡量发展、推动发展。

“习近平总书记的重要讲话为我国推进高质量发展指明了前进方向、提供了根本遵循。”中国社会科学院经济研究所所长黄群慧委员说，“高质量发展，是体现新发展理念的发展，是创新成为第一动力、协调成为内生特点、绿色成为普遍形态、开放成为必由之路、共享成为根本目的的发展。”

“贯彻新发展理念是关系我国发展全局的一场深刻变革。我们要把新发展理念贯彻到经济社会发展全过程和各领域。”浙江省湖州市市长洪湖鹏代表表

示，湖州将创新深化、改革攻坚、开放提升作为关键之举，努力在中国式现代化新征程上展现担当、作出贡献。

“习近平总书记的重要讲话切准了发展的命脉，正是我们的所想所盼。”蒙草生态环境（集团）股份有限公司科研总负责人王召明代表表示，实践证明，提高科研水平，推动产学研深度合作，才能让企业获得新动能。“我们有信心破解草种业和草产业关键技术难题，更好服务草产业、畜牧业。”

新疆维吾尔自治区发展和改革委员会党组书记、副主任王肖然代表说：“我们将聚焦高质量发展这一首要任务，立足油气、煤炭、矿产、粮食、棉花、果蔬等资源禀赋，发挥产业和区位优势，奋力推进新疆高质量发展，为实现中国式现代化贡献力量。”

“绿色是高质量发展的鲜明底色。我们要深入践行习近平生态文明思想，协同推进降碳、减污、扩绿、增长，深入打好污染防治攻坚战，系统开展自然生态保护修复，不断夯实环境基础设施，着力提升生态环境治理现代化水平，为建设美丽中国省域范例提供更多优质增量。”江苏省生态环境厅厅长王天琦代表说。

必须更好统筹质的有效提升和量的合理增长

习近平总书记强调，必须更好统筹质的有效提升和量的合理增长，始终坚持质量第一、效益优先，大力增强质量意识，视质量为生命，以高质量为追求。

“更好统筹质的有效提升和量的合理增长，需要在绿色转型上下功夫。”陕西省榆林市市长张胜利代表说，“今年我们将推动资源开发向保障国家综合能源供给安全转变、产业体系向多元融合多极支撑转变、发展动力向科技引领创新驱动转变，为促进黄河流域生态保护和高质量发展作出应有贡献。”

广东海洋大学副校长、广东沿海经济带发展研究院执行院长宁凌代表认为，推动经济实现质的有效提升和量的合理增长，实现高质量发展，离不开宏观政策的配套与完善。“除了发挥积极的财政政策和稳健的货币政策等作用，还要发挥科技政策作用，发挥好政府在关键核心技术攻关中的组织作用，为高质量发展注入强劲的政策驱动力。”

中信重工党委书记、董事长武汉琦代表说：“我们将牢记总书记嘱托，始终不忘实业报国、制造强国，积极担当发展‘国之重器’的责任，持续深化改革，激发发展活力，加快突破‘卡脖子’技术产品研发及产业化推广，推动装备制造业高端化、智能化、绿色化发展。”

“推进农业现代化是实现高质量发展的必然要求。”民建河北省委专职副主委范社岭委员建议，加快推动农业高质量发展，要把确保粮食和重要农产品稳定安全供给作为首要任务，同时推进绿色农业发展，生产出更多高质量产品。

必须坚定不移深化改革开放、深入转变发展方式

习近平总书记强调，必须坚定不移深化改革开放、深入转变发展方式，以效率变革、动力变革促进质量变革，加快形成可持续的高质量发展体制机制。

江苏省淮安市市长史志军代表说：“我们将坚持以改革促开放，更高标准、更大力度优化营商环境，分类推进各类开发园区、平台载体改革创新，塑造新的比较优势，使淮安成为优质资源要素竞相涌入的发展热土。”

“企业只有不断深化改革才能解决制约发展的难题，只有深入转变发展方式推动高质量发展才能不断提高核心竞争力、增强核心功能。”重庆红宇精密工业集团有限公司研究一所主管设计师邵洪婷代表说，作为一名来自企业的基层科技工作者，将立足岗位实际，施展所学所长所专，探索新技术、运用新技艺，助力企业转变发展方式、提高核心竞争力。

“习近平总书记指出，在激烈的国际竞争中，我们要开辟发展新领域新赛道、塑造发展新动能新优势，从根本上说，还是要依靠科技创新。”海尔集团董事局主席、首席执行官周云杰代表表示，作为科技型企业，我们要不断提高科技成果转化和产业化水平，发挥科创平台作用，实施核心技术攻关工程。

“越开放就越发展，越发展就越开放。桂林是全国首批对外开放的旅游城市，充分享受了改革开放红利。”广西壮族自治区桂林市市长李楚代表说，着眼未来，桂林将不断拓展对外开放的广度和深度，为推动形成更大范围、更宽领域、更深层次的对外开放格局贡献力量。

必须以满足人民日益增长的美好生活需要为出发点和落脚点

习近平总书记强调，必须以满足人民日益增长的美好生活需要为出发点和

落脚点，把发展成果不断转化为生活品质，不断增强人民群众的获得感、幸福感、安全感。

中国移动通信集团辽宁有限公司党委书记、董事长、总经理刘宏志代表说，“我们将牢记总书记嘱托，践行以人民为中心的发展思想，推进全民数字化、家庭数字化、社会数字化，持续丰富供给、升级载体，推动信息惠民、便民、为民，让广大人民群众更好地共享信息通信发展成果和数字生活服务。”

“高质量发展，就是能够很好满足人民日益增长的美好生活需要的发展。”南方科技大学副校长金李委员说，“关注和解决民生问题，需要提升服务精度和科技温度。例如在养老问题上，应推动养老产业发展，发挥科技创新成果作用，为老年人提供优质养老服务。”

“人民幸福安康是推动高质量发展的最终目的。”安徽省芜湖市市长宁波代表说，“为了人民，发展才有意义；依靠人民，发展才有动力。我们将持续打造民心工程，坚定不移增进民生福祉，切实把民生实事办到群众心坎上。”

代表委员一致认为，要紧紧抓住大有可为的战略机遇期，锚定高质量发展首要任务和总抓手，自信自强、守正创新，踔厉奋发、勇毅前行，以中国式现代化全面推进中华民族伟大复兴，努力交出一份不负时代、不负人民的高质量发展新答卷。

（2023 年 3 月 7 日《人民日报》第 5 版）

四、习近平总书记看望参加政协会议的民建工商联界委员

习近平在看望参加政协会议的民建工商联界委员时强调

正确引导民营经济健康发展高质量发展

中共中央总书记、国家主席、中央军委主席习近平 3 月 6 日下午看望了参加全国政协十四届一次会议的民建、工商联界委员，并参加联组会，听取意见和建议。他强调，党中央始终坚持“两个毫不动摇”、“三个没有变”，始终把民营企业和民营企业家当作自己人。要引导民营企业和民营企业家正确理解党中央方针政策，增强信心、轻装上阵、大胆发展，实现民营经济健康发展、高质量发展。

在“三八”国际劳动妇女节即将来临之际，习近平代表中共中央，向参加全国“两会”的女代表、女委员、女工作人员，向全国各族各界妇女，向香港特别行政区、澳门特别行政区和台湾地区的女同胞、海外女侨胞，致以节日的祝贺和美好的祝福！

中共中央政治局常委、全国政协十四届一次会议主席团会议主持人王沪

宁，中共中央政治局常委蔡奇、丁薛祥参加看望和讨论。

联组会上，曾毓群、解冬、刘振东、陈小平、谢茹、孙东生等6位委员，围绕占领全球新能源产业制高点、金融支持科技创新、为中小企业发展创造更好条件、促进平台经济高质量发展、推动乡村产业振兴、进一步发挥民营经济优势和活力等作了发言。

习近平在认真听取大家发言后发表重要讲话。他表示，很高兴来看望全国政协民建、工商联界委员，同大家一起讨论交流。他代表中共中央，向在座的各位委员，并向广大民建、工商联成员和非公有制经济人士，向广大政协委员，致以诚挚的问候。

习近平强调，2022年是党和国家历史上极为重要、极为关键的一年。在国际环境风高浪急和国内面临多重超预期因素冲击的情况下，经过全体人民团结奋斗、顽强拼搏，我们办成了几件事关重大、影响长远的大事，党和国家事业取得了丰硕成果。中国共产党胜利召开第二十次全国代表大会，擘画了全面建设社会主义现代化国家的宏伟蓝图。我们克服新冠疫情等困难挑战，如期安全顺利举办北京冬奥会、冬残奥会。我们动态优化调整防控政策措施，较短时间实现了疫情防控平稳转段，新冠病亡率保持在全球最低水平，取得疫情防控重大决定性胜利。我们完整、准确、全面贯彻新发展理念，着力构建新发展格局、推动高质量发展，在全球通胀达到40多年来新高的情况下，我国物价总水平保持平稳，全年经济增长3%，在世界主要经济体中是很高的。这些成绩的取得，实属不易。

习近平指出，党的十九大以来的5年，是极不寻常、极不平凡的5年。我国发展的外部环境急剧变化，不确定难预料因素显著增多，尤其是以美国为首的西方国家对我实施了全方位的遏制、围堵、打压，给我国发展带来前所未有的严峻挑战。同时国内也面临新冠疫情反复、经济下行压力增大等多重困难。我们坚持稳中求进工作总基调，迎难而上，沉着应对，不信邪、不怕压、不避难，国内生产总值年均增长5.2%，如期打赢脱贫攻坚战，全面建成小康社会，实现第一个百年奋斗目标，推动党和国家事业取得举世瞩目的重大成就，推动我国迈上全面建设社会主义现代化国家新征程。5年来的成就，是全党全国人民团结奋斗的结果，也凝聚着广大政协委员的贡献。

习近平强调，面对国际国内环境发生的深刻复杂变化，必须做到沉着冷静、保持定力，稳中求进、积极作为，团结一致、敢于斗争。沉着冷静、保持定力，就是要冷静观察国际局势的深刻变动，沉着应对各种风险挑战，既准确识变、科学应变、主动求变，及时优化调整战略策略，又保持战略定力，咬定青山不放松，不为各种风险所惧，朝着既定的战略目标，坚定不移向前进。稳中求进、积极作为，就是大方向要稳，方针政策要稳，战略部署要稳，在守住根基、稳住阵脚的基础上积极进取，不停步、能快则快，争取最好结果。团结一致、敢于斗争。力量源于团结。这些年来，我们面临的各种风险挑战接踵而至，大仗一个接一个，每一仗都是靠全体人民团结奋斗、顽强斗争闯过来的。未来一个时期，我们面临的风险挑战只会越来越多、越来越严峻。只有全体人民心往一处想、劲往一处使，同舟共济、众志成城，敢于斗争、善于斗争，才能不断夺取新的更大胜利。

习近平指出，民营经济是我们党长期执政、团结带领全国人民实现“两个一百年”奋斗目标和中华民族伟大复兴中国梦的重要力量。我们始终把民营企业和民营企业家当作自己人，在民营企业遇到困难的时候给予支持，在民营企业遇到困惑的时候给予指导。要优化民营企业发展环境，破除制约民营企业公平参与市场竞争的制度障碍，依法维护民营企业产权和企业家权益，从制度和法律上把对国企民企平等对待的要求落下来，鼓励和支持民营经济和民营企业发展壮大，提振市场预期和信心。要积极发挥民营企业在稳就业、促增收中的重要作用，采取更有效的措施支持中小微企业和个体工商户发展，支持平台企业在创造就业、拓展消费、国际竞争中大显身手。要把构建亲清政商关系落到实处，为民营企业和民营企业家排忧解难，让他们放开手脚，轻装上阵，专心致志搞发展。要加强思想政治引领，引导民营企业和民营企业家正确理解党中央关于“两个毫不动摇”、“两个健康”的方针政策，消除顾虑，放下包袱，大胆发展。

习近平强调，高质量发展对民营经济发展提出了更高要求。民营企业要践行新发展理念，深刻把握民营经济发展存在的不足和面临的挑战，转变发展方式、调整产业结构、转换增长动力，坚守主业、做强实业，自觉走高质量发展路子。有能力、有条件的民营企业要加强自主创新，在推进科技自立自强和科技成果转化中发挥更大作用。要激发民间资本投资活力，鼓励和吸引更多民间资本参与国家重大工程、重点产业链供应链项目建设，为构建新发展格局、推动高质量发展作出更大贡献。要依法规范和引导各类资本健康发展，有效防范化解系统性金融风险，为各类所有制企业创造公平竞争、竞相发展的环境。

习近平指出，中国式现代化是全体人民共同富裕的现代化。无论是国有企业还是民营企业，都是促进共同富裕的重要力量，都必须担负促进共同富裕的社会责任。民营企业家要增强家国情怀，自觉践行以人民为中心的发展思想，增强先富带后富、促进共同富裕的责任感和使命感。民营企业要在企业内部积极构建和谐劳动关系，推动构建全体员工利益共同体，让企业发展成果更公平惠及全体员工。民营企业和民营企业家要筑牢依法合规经营底线，弘扬优秀企业家精神，做爱国敬业、守法经营、创业创新、回报社会的典范。要继承和弘扬中华民族传统美德，积极参与和兴办社会公益慈善事业，做到富而有责、富而有义、富而有爱。

石泰峰、何立峰、郝明金、高云龙等参加联组会。

（2023 年 3 月 7 日《人民日报》第 1 版）

微镜头·习近平总书记两会“下团组”

“放下包袱，大胆发展”

时间：3月6日下午

日程：习近平总书记看望参加政协会议的民建工商联界委员

“同民营企业家，有个怎么交朋友的事。”

习近平总书记这句话，让来自浙江的陈小平委员感触颇深。他如数家珍：“您讲过交朋友‘四心’，政治上关心、思想上交心……”

亲清政商关系里蕴含着方法论，体现着共产党人执政为民的内在逻辑。

千难万险、千辛万苦，习近平总书记深知民营经济发展不易，并一贯予以鼓励和支持。他多次强调：“民营企业和民营企业家是我们自己人”。

“自己人”，这一次联组会上，总书记再次提起，既是坚持不变的政策导向，也是新形势下的战略取向。

如何防止风吹草动下的疑虑，如何破局“卷帘门”“玻璃门”？总书记特别强调：“引导民营企业和民营企业家正确理解党中央关于‘两个毫不动摇’、‘两个健康’的方针政策，消除顾虑，放下包袱，大胆发展。”

信号实，政策更实。两个“给予”，对民营企业来说如春风化雨：“在民营企业遇到困难的时候给予支持，在民营企业遇到困惑的时候给予指导。”

习近平总书记举例放管服改革：“‘放’了以后，‘管’跟上了没有？‘服’到位了没有？这是一体的。一谈‘放’，就要把后面的‘管’和‘服’备好。不立不破。”

统筹破与立，洞察时与势，把握制与治。落点，就在高质量发展。

来自宁德时代的曾毓群委员，讲到战略性矿产资源的对外依存度，建议加强上游矿产资源保障。

习近平总书记深以为然。大发展之下，“稳”是生命线：“你们产业发展要稳慎，我们制定产业政策也要稳慎。你讲到上游矿产，人家对我们‘卡脖子’有些恰恰就是从上游开始的。发展海外矿产资源，也要有准确预期。既要抓住机遇，也要统筹好发展和安全。”

备豫不虞，语重心长。“新兴产业如火如荼。对这个事，亦喜亦忧。”“忧的是，就怕来个大呼隆，先是一哄而起，最后一哄而散。参与国际竞争，还要搞好统筹规划。市场有多大？风险在哪里？要防止一路所向披靡、孤军深入，最后却被人兜了底。要看到国际竞争异常激烈，国际斗争风云变幻。在人家对我们零和博弈情况下，还要给自己留条后路啊！”

顶层设计与实践探索、守正与创新、活力与秩序……既辩证又统一，既着眼长远又脚踏实地。这也是源于治国理政生动实践的总结升华。

这样的思考，贯穿民营经济发展始终。来自江西的谢茹委员讲到“万企兴万村”时，习近平总书记关切之余，叮嘱道：

“这是个壮举。万企帮万村、万企兴万村，从扶贫到振兴，城乡一体化、工农一体化，民营企业在这方面的潜力是巨大的。但说到资本下乡，投资要投到点上。有的投资南辕北辙，那不行。18亿亩红线，要保证农田不能非农化，更不能非粮化，结果有些地方投资全‘非’了，农业大棚搞成了‘小别墅’。把积极性调动起来以后，做什么、怎么做，还要加强顶层设计、分类指导。”

“激发民间资本投资活力”天地广阔，同时也面临补短板之难：“乡村金融，有些钱都没有真正用到农民身上。这一次我们研究机构改革，有的措施就是有针对性的。”

“在守住根基、稳住阵脚的基础上积极进取，不停步、能快则快，争取最好结果。”习近平总书记讲得透彻。

从无到有、从小到大，民营经济一路风雨一路歌，这又何尝不是中国发展的生动缩影？涉滩之险、爬坡之艰、闯关之难，不信邪、不怕压、不避难，风雨无阻向前进。六个词，生动描绘了从昨天到明天的坚韧中国。会场内，习近平总书记声音沉稳有力：

“面对国际国内环境发生的深刻复杂变化，必须做到沉着冷静、保持定力，稳中求进、积极作为，团结一致、敢于斗争。”

（2023 年 3 月 7 日《人民日报》第 1 版）

实现民营经济健康发展高质量发展

中共中央总书记、国家主席、中央军委主席习近平 3 月 6 日下午看望了参加全国政协十四届一次会议的民建、工商联界委员，并参加联组会，听取意见和建议。习近平总书记在认真听取大家发言后发表重要讲话。

总书记的重要讲话激励鼓舞着大家，联组会现场气氛热烈。记者采访了现场发言的 6 位委员，委员们表示，一定牢记总书记嘱托，引导民营企业和民营企业家正确理解党中央方针政策，增强信心、轻装上阵、大胆发展，实现民营经济健康发展、高质量发展。

力量源于团结

习近平总书记强调——

这些年来，我们面临的各种风险挑战接踵而至，大仗一个接一个，每一仗都是靠全体人民团结奋斗、顽强斗争闯过来的

“习近平总书记强调，只有全体人民心往一处想、劲往一处使，同舟共济、众志成城，敢于斗争、善于斗争，才能不断夺取新的更大胜利。”浙江省政协副主席、民建浙江省委主委陈小平委员表示，面临各种接踵而至的风险挑战，我国发展取得来之不易的新成就，实现了经济平稳运行、发展质量稳步提升、社会大局保持稳定。这些成就来之不易，根本在于习近平新时代中国特色社会主义思想的科学指引。陈小平委员表示，要自觉在思想上政治上行动上同以习近平同志为核心的中共中央保持高度一致，团结一致、敢于斗争。

民建中央副主席、民建上海市委主委解冬委员表示，党的十九大以来的五年极不寻常、极不平凡，以习近平同志为核心的中共中央团结带领全国各族人民迎难而上，有力应对各种困难和风险挑战，推动党和国家事业取得举世瞩目的重大成就。“我们要更加紧密地团结在以习近平同志为核心的中共中央周围，完整、准确、全面贯彻新发展理念，不断夺取新的更大胜利。”解冬委员说。

要优化民营企业发展环境

习近平总书记强调——

我们始终把民营企业和民营企业家当作自己人，在民营企业遇到困难的时候给予支持，在民营企业遇到困惑的时候给予指导

“习近平总书记强调，我们始终把民营企业和民营企业家当作自己人。听完总书记的讲话，我切身感受到总书记对民营企业发展的关心和支持。”全国工商联常委、北京联东投资（集团）有限公司董事长刘振东委员介绍，近年来，国家在帮助民营企业特别是中小企业发展方面做出了许多努力，不仅及时掌握民营企业存在的困难和问题，制定支持民营企业发展的政策，还不断优化民营企业发展环境，降低民营企业运行成本，切实为民营企业解难题、办实事，让民营企业能够轻装上阵、大胆发展。

“我们将以总书记的重要讲话为指引，切实支持中小企业发展。”刘振东委员说，作为服务中小制造业企业的一名一线工作者，未来将继续搭建公共技术服务平台，开发和推广更多中小企业用得起、用得好的数字化转型解决方案，为中小企业数字化转型作出贡献。

民营企业要践行新发展理念

习近平总书记强调——

民营企业要践行新发展理念，深刻把握民营经济发展存在的不足和面临的挑战，转变发展方式、调整产业结构、转换增长动力，坚守主业、做强实业，自觉走高质量发展路子

“我向总书记汇报了我们在加快发展新能源产业竞争优势、促进形成自主可控产业链方面所做的努力。”全国工商联副主席、宁德时代新能源科技股份有限公司董事长曾毓群委员说，“在总书记的支持鼓励下，我国新能源汽车产业取得了长足进步，新能源汽车产销量连续 8 年位居世界首位。这也鼓励了我们民营企业要进一步加强自主创新，加快核心技术攻关。”

“总书记强调，有能力、有条件的民营企业要加强自主创新，在推进科技自立自强和科技成果转化中发挥更大作用。”曾毓群委员说，“我们将按照总书记的重要讲话精神，加快新技术新产品推广应用，提升产业链供应链韧性，提高开拓国际市场、适应国际规则、引领国际标准的能力，提高中国制造和中国品牌的全球竞争力和美誉度，为推进中国式现代化作出新的贡献。”

民营企业家要增强家国情怀

习近平总书记强调——

民营企业家要增强家国情怀，自觉践行以人民为中心的发展思想，增强先富带后富、促进共同富裕的责任感和使命感

“2016 年，习近平总书记看望出席全国政协十二届四次会议的民建、工商联界委员并参加联组讨论，当时我在现场聆听，至今记忆犹新。今年总书记再次来到民建、工商联界委员联组会共商国是，我们倍感亲切、备受鼓舞，也倍感荣耀。”民建中央专职副主席孙东生委员说，推进中国式现代化是异常繁重的艰巨任务，坚持“两个毫不动摇”，民营经济就有了发展的信心和底气。

孙东生委员建议，持续优化营商环境，巩固好亲清新型政商关系建设成果，培育创新业态，释放民营经济活力，增强企业家干事创业的动力。同时进一步发挥民营企业优势，助推“一带一路”高质量发展。“在新时代新征程广阔舞台上，民营经济大有可为、也一定大有作为。我们将用百倍的努力，助力中华民族复兴伟业。”孙东生委员说。

“我向总书记报告了近年来江西省新余市水北商会的工作成果：通过完善商会＋党建机制，商会带领 138 家企业 320 名会员参与‘万企兴万村’行动，帮助当地群众每人年均增收至少 1000 元，先后培育致富带头人 256 人，累计带动 6000 余名农民本地就业，形成了举党旗、抱团干、带民富的生动局面。”江西省政协副主席、省工商联主席谢茹委员说。

“习近平总书记强调，弘扬优秀企业家精神，做爱国敬业、守法经营、创业创新、回报社会的典范。近年来，全国工商联大力推进‘万企兴万村’行动，成为新时代民营企业家投身经济社会建设、履行社会责任的缩影。”谢茹委员说，“听了总书记的讲话，我们对民营经济的发展充满信心，同时也感到身上的担子更重了。工商联作为民营经济人士之家，有责任把大家组织好引导好，促进民营企业家自觉践行以人民为中心的发展思想，履行社会责任，增强实干担当。江西省工商联将坚持以习近平新时代中国特色社会主义思想凝心铸魂作为首要任务，引导广大民营企业家在乡村振兴伟大事业中实现自我学习、自我教育、自我提升，更好地推动民营经济高质量发展。”

（2023 年 3 月 7 日《人民日报》第 2 版）

为构建新发展格局、推动高质量发展作出更大贡献

——习近平总书记在看望参加政协会议的民建工商联界委员时的重要讲话引发热烈反响

习近平总书记 3 月 6 日下午看望参加全国政协十四届一次会议的民建、工商联界委员并参加联组会时的重要讲话，引发热烈反响。

增强信心、轻装上阵、大胆发展

现场聆听了习近平总书记重要讲话，武汉依迅北斗时空技术股份有限公司董事长付诚委员倍感温暖、信心满怀，他表示，“我们将时刻牢记总书记殷殷嘱托，增强信心、轻装上阵、大胆发展，充分发挥技术、人才、产业优势，不负时代，以企业的创新创造为国民经济高质量发展作出应有的贡献。”

“总书记掷地有声的话语，稳定了我们的发展预期，提振了发展信心。”蓝润集团有限公司董事长戴学斌代表说，近年来，改革红利不断释放，发展环境持续优化，让民营企业在追求高质量发展的过程中，能始终保持定力、更具动力，“我们将乘势而上、不负时代，在食品、农牧业领域，满怀热情谋发展，阔步前行开新局。”

重庆市涪陵区委书记王志杰代表表示，将深入贯彻落实习近平总书记重要讲话精神，坚持“两个毫不动摇”，促进“两个健康”，持续深化“放管服”改革，积极构建亲清政商关系，全力帮助民营企业渡过难关，奋力提振市场预期和民间投资信心。

“我们要持续优化民营企业发展环境，破除制约民营企业公平参与市场竞争的制度障碍，营造市场化、法治化、国际化的一流营商环境，积极主动为民营企业排忧解难。”山东省济南市人民政府副市长杨丽委员说。

全国政协经济委员会副主任马建堂委员建议，要依法保护民营企业产权和企业家权益，全面梳理修订涉企法律法规政策，持续破除影响平等准入的壁垒，要完善公平竞争制度，反对地方保护和行政垄断，为民营企业开辟更多空间。各级领导干部要为民营企业解难题、办实事，构建亲清政商关系。要依法保护产权和知识产权，恪守契约精神，推动经济发展在法治轨道上运行，让广大企业特别是民营企业增强长远发展的信心。

高质量发展对民营经济发展提出了更高要求

“我们要牢记习近平总书记的殷殷嘱托，坚守主业、做强实业，自觉走高质量发展路子。”全国工商联副主席、赛力斯集团董事长张兴海委员表示，“我们将继续加大创新研发投入，力求攻克‘卡脖子’技术，不断深化联合业务跨界融合，为实体经济与数字经济深度融合提供实践样本。”

“人工智能辅助诊疗系统，有效防范基层错诊漏诊和不合理用药；防摔手环、智能助听器等，为养老服务提供了保障……通过加强自主创新，我们持续推动人工智能技术在教育均衡、就业创业、基层医疗、家庭养老、企业发展等方面的广泛应用。”科大讯飞董事长刘庆峰代表说，“我们将持续通过源头技术突破和系统性创新，推动核心技术自主可控和规模化落地，用人工智能帮助解决人民群众最现实、最迫切的刚需问题。”

“2022 年，我们集团科技投入年度同比增长达到 77.47%，未来 5 年科技投资也将持续保持 50% 左右的年增长率。”传化集团有限公司董事长徐冠巨代表说，以后会一直把数字化转型放在重要位置，在人才、科技、资本、管理等要素上加大投入，让核心竞争力不断增强。

“优质科研成果能直接为企业注入强大的创新活力，尤其能在企业的数字化转型、人工智能技术赋能等方面，为企业发展助力。”中国科学院自动化研究所研究员赵晓光委员建议，相关部门加大政策扶持力度，鼓励龙头企业牵头建设高质量的企业研究院，承担与科研单位交流的任务，并丰富科技成果转化的融资渠道。

做到富而有责、富而有义、富而有爱

“总书记强调，无论是国有企业还是民营企业，都是促进共同富裕的重要力量，都必须担负促进共同富裕的社会责任。我们积极在企业内部构建和谐劳动关系，并努力做爱国敬业、守法经营、创业创新、回报社会的典范。”京东集团技术委员会主席曹鹏委员表示，“我们始终坚持为快递小哥在内的一线员工缴纳‘五险一金’。不仅如此，京东一直积极深耕乡村振兴领域，担负促进共同富裕的社会责任。”

“作为一名民营企业家，我将矢志不渝地坚守产业报国、实业报国之心，踊跃投身新型大数据中心和算力基础设施建设，不断为数字经济、算力经济的发展贡献力量。”润泽智算科技集团股份有限公司董事长周超男委员表示，“创造良好的就业机会，构建和谐劳动关系，让企业发展成果更公平惠及全体员工，是企业高质量发展的根基，也是责任所在，我们将持续推动构建全体员工利益共同体，以先富带后富、促进共同富裕。”

国城控股集团有限公司董事长吴城委员表示，民营企业和民营企业家要严守依法合规经营底线，弘扬优秀企业家精神，做爱国敬业、守法经营、创业创新、回报社会的典范。“我们将坚持生态优先、绿色发展，发挥好资源比较优势、发展特色经济，带动项目所在地群众就业、创业、增收、致富，并在补足民生短板等方面努力发挥作用。”吴城委员说。

（2023 年 3 月 7 日《人民日报》第 2 版）

实现民营经济健康发展高质量发展

——习近平总书记在看望参加政协会议的民建工商联界委员时的重要讲话引发热烈反响

3 月 6 日下午，习近平总书记看望参加全国政协十四届一次会议的民建、工商联界委员，并参加联组会，听取意见和建议。总书记强调，“民营经济是我们党长期执政、团结带领全国人民实现‘两个一百年’奋斗目标和中华民族伟大复兴中国梦的重要力量。”“要加强思想政治引领，引导民营企业和民营企业家正确理解党中央关于‘两个毫不动摇’、‘两个健康’的方针政策，消除顾虑，放下包袱，大胆发展。”

习近平总书记的重要讲话在代表委员中引发热烈反响。大家表示，要认真学习贯彻落实习近平总书记重要讲话精神，引导民营企业和民营企业家正确理解党中央方针政策，增强信心、轻装上阵、大胆发展，实现民营经济健康发展、高质量发展。

始终把民营企业和民营企业家当作自己人

民营经济是我国经济制度的内在要素。习近平总书记深知民营经济发展不易，并一贯予以鼓励和支持。总书记强调，我们始终把民营企业和民营企业家当作自己人，在民营企业遇到困难的时候给予支持，在民营企业遇到困惑的时候给予指导。

“一句‘自己人’，充分表明民营企业和民营企业家在习近平总书记心中的分量，体现了党中央对民营经济健康发展的关心和重视。”北京市海淀区委书记王合生代表表示，海淀区将始终坚持“两个毫不动摇”，帮助企业办实事、解难题，为首都经济高质量发展提供有力支撑。

“近年来，有赖于不断改善的营商环境、优惠政策和优质服务，我们在绿色低碳领域打造了一批高质量项目。”宁夏宝丰集团有限公司董事长党彦宝委员表示，在企业发展过程中，有关部门主动靠前，精准对接企业需求，做到全环节跟进、全要素保障、全流程服务，最大限度保障了民营企业发展需要，推动企业以科技创新为驱动，不断提升产品附加值和产业链现代化水平。

“佛山市的民营经济贡献了全市六成以上的GDP。”广东省佛山市市长白涛代表表示，要破除制约民营企业公平参与市场竞争的制度障碍，必须始终坚持“两个毫不动摇”，多措并举营造有利于民营企业发展的营商环境，切实当好民营经济守护者和坚强后盾。

民营企业是推动经济社会发展的重要力量，民营经济贡献了我国80%以上的城镇劳动就业。“就业是最大的民生，回报社会是我们义不容辞的责任。”河南省汝州市家家靓家政服务有限公司经理于莉代表说，“我们将继续坚持以实际行动挑起‘稳就业’的大梁！”

“各级党委政府要为民营企业解难题、办实事，把构建亲清政商关系落到实处。”广西壮族自治区来宾市副市长杨远艳委员表示，要明确政府职能部门职责、工作机制和监督评价标准，建立营商环境问题投诉处理机制，推动惠企举措和纾困资金直达基层，鼓励支持民营经济和民营企业发展壮大。

坚守主业、做强实业，自觉走高质量发展路子

习近平总书记强调，民营企业要践行新发展理念，深刻把握民营经济发展存在的不足和面临的挑战，转变发展方式、调整产业结构、转换增长动力，坚守主业、做强实业，自觉走高质量发展路子。

“奋进新征程，我们要牢牢把握高质量发展这个首要任务。”鲁泰纺织股份有限公司董事长刘子斌代表表示，作为推动我国从“制造大国”迈向“制造强国”的重要力量，民营企业必须在“提质”上下功夫，才能提高行业在全球的话语权，占领高端阵地。

“民营企业要加强自主创新，在推进科技自立自强和科技成果转化中发

挥更大作用。”天合光能股份有限公司董事长高纪凡代表表示，通过科技攻关，光伏发电成本已实现与火电平价甚至更低。未来要打造具有全球影响力的产业创新中心、国际一流的光伏电池前沿技术创新策源地和人才培养基地，确保关键核心技术牢牢掌握在中国人自己手中。

“激发民间资本投资活力，鼓励和吸引更多民间资本参与国家重大工程、重点产业链供应链项目建设，为加快构建新发展格局、着力推动高质量发展作出更大贡献。”民建河北省委会专职副主委范社岭委员建议，持续优化公平竞争、预期稳定的市场环境，持续优化服务周到、便利高效的政务环境，持续优化多元保障、融资通畅的金融环境，有效维护公平竞争秩序。

增强先富带后富、促进共同富裕的责任感和使命感

习近平总书记强调，民营企业家要增强家国情怀，自觉践行以人民为中心的发展思想，增强先富带后富、促进共同富裕的责任感和使命感。

“先富带后富、促进共同富裕，是民营企业家应有的情怀和责任。”黑龙江飞鹤乳业有限公司董事长冷友斌代表表示，作为民营企业家，要以产业发展惠及产业员工，以品牌引领提升整个产业链的价值空间，把产业链变为“共富链”，让全产业相关人员共享发展成果。

“习近平总书记的重要讲话暖人心、提信心、聚同心。”湖南省政协副主席、省工商联主席张健委员表示，民营企业要积极构建和谐劳动关系，让企业发展成果更公平惠及全体员工。

“市场活力来自于人，特别是来自于企业家，来自于企业家精神。”湖南麒麟信安科技股份有限公司董事长杨涛代表说，民营企业和民营企业家必须牢记嘱托，筑牢依法合规经营底线，弘扬优秀企业家精神，厚植爱国情怀，实现质量更好、效益更高、竞争力更强、影响力更大的发展。

“我们不能只埋头办企业，更要积极参与公益慈善事业，回馈社会，推动实现共同富裕，这是新时代民营企业家义不容辞的社会责任。”浙江天能控股集团董事长张天任代表说。

“推动民营经济高质量发展，我们将认真履行好自身职能，发挥联系经

济界特色和优势，关注民企所思所想，在提高全要素生产效率、城乡融合发展、共同富裕等领域贡献力量。”民建中央常委、天津市副市长李文海委员说。

（2023 年 3 月 9 日《人民日报》第 5 版）

五、习近平总书记出席解放军和武警部队代表团全体会议

习近平在出席解放军和武警部队代表团全体会议时强调

统一思想认识　强化使命担当　狠抓工作落实 努力开创一体化国家战略体系和能力建设新局面

中共中央总书记、国家主席、中央军委主席习近平3月8日下午在出席十四届全国人大一次会议解放军和武警部队代表团全体会议时强调，巩固提高一体化国家战略体系和能力，是党中央把握强国强军面临的新形势新任务新要求，着眼于更好统筹发展和安全、更好统筹经济建设和国防建设作出的战略部署。贯彻落实好这一部署，对全面建设社会主义现代化国家、全面推进中华民族伟大复兴，对实现建军一百年奋斗目标、加快把我军建成世界一流军队，都具有十分重要的意义。要统一思想认识，强化使命担当，狠抓工作落实，努力开创一体化国家战略体系和能力建设新局面。

会上，来自军委科学技术委员会的刘泽金代表、来自军委装备发展部的饶文敏代表、来自国防动员系统的王宏宇代表、来自联勤保障部队的唐林

辉代表、来自陆军的宛金杨代表、来自海军的王亚茹代表依次发言，就国家实验室建设、国防科技工业能力建设、重大基础设施统筹建设、国家储备建设、边海防工作、全民国防教育等方面问题提出意见和建议。

习近平认真听取每位代表的发言，不时同他们互动交流。在6位代表发言后，习近平发表重要讲话，重点围绕巩固提高一体化国家战略体系和能力提出要求。他强调，巩固提高一体化国家战略体系和能力，关键是要在一体化上下功夫，实现国家战略能力最大化。要坚持党中央集中统一领导，加强各领域战略布局一体融合、战略资源一体整合、战略力量一体运用，系统提升我国应对战略风险、维护战略利益、实现战略目的的整体实力。

习近平指出，巩固提高一体化国家战略体系和能力是复杂系统工程，要统筹全局，突出重点，以重点突破带动整体推进。要深化科技协同创新，建设好、管理好、运用好国家实验室，聚力加强自主创新、原始创新，加快推进高水平科技自立自强。要加快提升新兴领域战略能力，谋取国家发展和国际竞争新优势。要强化国防科技工业服务强军胜战导向，优化体系布局，创新发展模式，增强产业链供应链韧性。要加强重大基础设施统筹建设，善于算大账、综合账、长远账，提高共建共用共享水平。要加快构建大国储备体系，提升国家储备维护国家安全的能力。

习近平强调，巩固提高一体化国家战略体系和能力，必须向改革创新要动力。这些年，各有关方面贯彻党中央决策部署，协力推进有关重大改革，取得不少重要成果。要坚持问题导向，持续优化体制机制，完善政策制度，形成各司其职、紧密协作、规范有序的工作格局，更好推进一体化国家战略体系和能力建设。

习近平指出，今年是延安双拥运动80周年。要弘扬拥政爱民、拥军优属光荣传统，巩固发展新时代军政军民团结，在全社会营造关心国防、热爱国防、建设国防、保卫国防的浓厚氛围，为巩固提高一体化国家战略体系和能力、为推进强国强军汇聚强大力量。

会前，习近平亲切接见出席十四届全国人大一次会议解放军和武警部队代表团全体代表，并同大家合影留念。

中共中央政治局委员、中央军委副主席张又侠主持会议，中共中央政治局委员、中央军委副主席何卫东，中央军委委员李尚福、刘振立、苗华、张升民参加会议。

（2023 年 3 月 9 日《人民日报》第 1 版）

巩固提高一体化国家战略体系和能力

3月8日下午，中共中央总书记、国家主席、中央军委主席习近平在出席十四届全国人大一次会议解放军和武警部队代表团全体会议时强调，巩固提高一体化国家战略体系和能力，是党中央把握强国强军面临的新形势新任务新要求，着眼于更好统筹发展和安全、更好统筹经济建设和国防建设作出的战略部署。

记者采访了部分参会代表，大家一致表示，要坚定自觉落实习主席决策指示精神，统一思想认识，强化使命担当，狠抓工作落实，努力开创一体化国家战略体系和能力建设新局面。

以重点突破带动整体推进

习近平主席强调——

巩固提高一体化国家战略体系和能力是复杂系统工程，要统筹全局，突出重点，以重点突破带动整体推进

“强国必须强军，军强才能国安。巩固提高一体化国家战略体系和能力对实现建军一百年奋斗目标具有十分重要的意义。”陆军第73集团军某旅营长陈松代表在聆听了习近平主席的重要讲话后表示，“我们要从政治和战略全局高度深刻理解这一战略部署的重大意义，把官兵思想统一到党和国家的战略全局上来，把各项举措落到基层、落到战斗力。”陈松代表认为，巩固提高一体化国家战略体系和能力，融合国家各领域战略布局，整合各方面战略资源，综合运用各种战略力量，才能最大限度地汇聚起国家战略优势，在激烈竞争中掌握战略主动。

“习主席强调，要深化科技协同创新。对此我感受深刻，身处一线部队，就是要牢固树立向科技要战斗力的思想，突破关键核心技术、攻克‘卡脖子’难题。”作为国防和军队改革后的首批两栖合成营长之一，新装备列装以来，陈松代表创新训练招法，革新训练器材，助推新装备迅速形成战斗力，把一个由10多个兵种专业组建的营队锻造成“两栖刀锋”。他还借助科技手段推动战训耦合，以旅模拟训练中心规划建设为契机，引入VR、AR、兵棋系统等技术手段构建仿真训练体系。“创新是发展的不竭动力，更是战斗力提升的动力源泉，我们要不断创新实战训法、战法，不断提升战斗力。”陈松代表表示。

向改革创新要动力

习近平主席强调——

巩固提高一体化国家战略体系和能力，必须向改革创新要动力

“作为一名空军飞行员，我要认真学习贯彻习主席的重要指示，通过改革创新提升战斗力。”空军航空兵某旅“强军先锋飞行大队”大队长高中强代表说，向改革创新要动力，首先要武装头脑，改变传统作战理念，注重用好新式装备精、准、隐的特点，通过实施小编组出动、精准打击、创新编组配备等方式，发挥好高精尖装备的战略作用。

2019年，高中强代表所在大队被中央军委授予“强军先锋飞行大队”荣誉称号，习主席亲自颁授奖旗。列装歼—20以来，“强军先锋飞行大队”战斗力建设得到全面加强。高中强代表说：“战斗机中信息博弈的策略日新月异，跨域协同、跨域作战增加了博弈的复杂性。过去飞行员习惯从个体角度思考空战，如今，在新的作战理念牵引下，飞行员更注重提高在联合制胜中的贡献率。”

高中强代表认为，巩固提高一体化国家战略体系和能力，需要各兵种协调发展、相互融通，紧盯体系作战中的问题和短板，优化力量编成，提升作战效能，通过全方位实战锤炼提时间、增速度、强效果。要坚持问题导向，持续优化体制机制，完善政策制度，形成各司其职、紧密协作、规范有序的工作格局。

巩固发展新时代军政军民团结

习近平主席强调——

要弘扬拥政爱民、拥军优属光荣传统，巩固发展新时代军政军民团结，在全社会营造关心国防、热爱国防、建设国防、保卫国防的浓厚氛围

北部战区总医院干部病房一科护士长高锐是解放军和武警部队代表团唯一一名文职人员代表，也是解放军和武警部队首位文职人员代表。近年来，军队文职人员在军队教学科研、卫勤保障、国防动员等岗位担当重任，在训练演习、作战支援、抢险救灾等重大任务中交出一份份合格答卷。

在聆听习主席的重要讲话后，高锐代表表示，巩固提高一体化国家战略体系和能力，是党的二十大为如期实现建军一百年奋斗目标明确的一项重大战略任务，军队人员必须提高思想站位，切实抓好贯彻落实。

“我们是人民军队，必须大力弘扬拥政爱民的光荣传统。”高锐代表说，作为一名军队文职人员护士，必须坚持人民至上、生命至上理念，平时尽最大努力为老百姓提供优质的医护保障工作，遇到抢险救灾等突发情况时必须冲锋在前，用精湛的技术保护人民生命健康。只有广大军队人员时时处处为人民着想、为人民服务，才能充分创造关心国防、热爱国防、建设国防、保卫国防的社会条件，更好地为巩固提高一体化国家战略体系和能力凝聚广泛民意、汇聚强大力量。

（2023 年 3 月 10 日《人民日报》第 2 版）

汇聚起巩固提高一体化国家战略体系和能力的磅礴力量

——习近平主席在解放军和武警部队代表团发表的重要讲话引起强烈反响

3月8日下午，中共中央总书记、国家主席、中央军委主席习近平出席十四届全国人大一次会议解放军和武警部队代表团全体会议并发表重要讲话，在全军官兵中引起强烈反响。

在军委机关各部委、军委各直属机构、军委联指中心，在各战区、各军兵种，在军委各直属单位、武警部队，在出席全国两会的军队代表委员驻地，大家第一时间进行学习讨论，深刻感到，习主席的重要讲话，立足强国复兴新的历史起点，把握强国强军面临的新形势新任务新要求，对巩固提高一体化国家战略体系和能力作出全面部署，政治分量、战略承载十分厚重，为我们全面贯彻落实党的二十大精神、开创国防和军队现代化新局面提供了根本遵循。

聆听重要讲话
统一思想认识

现场聆听习主席重要讲话，与会代表们倍感振奋、备受鼓舞，大家一致认为，巩固提高一体化国家战略体系和能力，是党中央、习主席把握强国强军面临的新形势新任务新要求，着眼于更好统筹发展和安全、更好统筹经济建设和国防建设作出的战略部署。贯彻落实好这一部署，对全面建设社会主义现代化国家、全面推进中华民族伟大复兴，对如期实现建军一百年奋斗目标、加快把人民军队建成世界一流军队，都具有十分重要的意义。

全国人大代表、南部战区政治工作部某局局长陈义鹏说，新时代新征程，我国发展面临新的战略机遇、新的战略任务、新的战略阶段、新的战略要求、新的战略环境，巩固提高一体化国家战略体系和能力，加强各领域战略布局一体融合、战略资源一体整合、战略力量一体运用，顺应时代大势，必将为强国强军伟业注入新的强大动力。

“兵不强，不可以摧敌；国不富，不可以养兵。”全国人大代表、陆军第71集团军某合成旅旅长王文华表示，巩固提高一体化国家战略体系和能力，才能使国防和军队建设更好融入经济社会发展体系，同国家现代化进程相协调，打通国家综合实力向先进战斗力、体系对抗力的转化路径。

全国政协委员、中部战区空军副参谋长刘文力说：“没有发展作为支撑的安全必然难以长久，没有安全作为保障的发展必然不可持续。新时代十年的实践证明，构建一体化国家战略体系和能力有利于促进经济社会发展，增强国防实力。”

全国人大代表、东部战区副司令员兼东部战区海军司令员王仲才表示，习主席站在实现新时代新征程党的中心任务的时代高度，系统阐明巩固提高一体化国家战略体系和能力的战略定位、重点问题和方法路径，解决一系列重大理论和现实问题，为我们提供了方向引领和根本遵循。我们将坚决从政治和战略全局高度深刻理解这一战略部署的重大意义，切实把思想和行动统一到党中央、习主席决策部署上来。

强化使命担当
矢志强军打赢

全国人大代表、空降兵军政治委员陈德民表示，习主席重要讲话用前瞻思维洞察世界发展大势，用创新思维破解瓶颈和“卡脖子”难题，用辩证思维优化政策制度机制，打通了国家综合实力转化为先进战斗力、体系对抗力的关键路径。我们要坚决把使命扛在肩上，将习主席擘画的“目标图”、下达的“任务书”转化为强军打赢的“军令状”。

“系统提升我国应对战略风险、维护战略利益、实现战略目标的整体实力，国防动员系统责无旁贷。”全国人大代表、山东省军区司令员张立克说，对省军区而言，就是要发挥协调军地、面向三军的职能作用，贯彻战建备一体理念，统筹军地各方力量，协调推进战争潜力、动员能力、备战实力建设发展，做到平时能服务、急时能应急、战时能应战。

全国人大代表、信息工程大学政治委员梁晓婧对于习主席“深化科技协同创新”的指示要求感触很深。她说，要着眼前沿颠覆性技术突破，坚持实战牵引和体系构建，加强原始性基础理论研究，抓好重点实验室集群共建共享，打造高新技术“蓄水池”，加快先进科技成果转化应用。

“最伟大的力量是同心合力。”全国人大代表、贵州省军区司令员王雷说，推进国防和军队现代化，是全党全军全国各族人民的共同事业，要巩固发展新时代军政军民团结，抓实国防动员和后备力量建设，为巩固提高一体化国家战略体系和能力、为推进强国强军汇聚强大力量。

在边海防一线，官兵们深有感触地说，筑牢边海空防管控的铜墙铁壁，必须树立“一盘棋”思想，坚持战备力量与辖区资源相统筹，军地一体整体联动，军政一体多向发力，军民一体广域布势，把党政军警民“五位一体”强边固防推向深入。

狠抓工作落实
确保措施见效

今年是全面贯彻党的二十大精神的开局之年，是实施“十四五”规划承上启下的关键之年，确保军队建设发展各项工作落地见效至关重要。全国政协委员、上海警备区副政治委员兼纪律检查委员会书记韦昌进说，要坚决深入学习贯彻党中央、习主席重大决策部署，知重负重、苦干实干，不辱使命、不负重托，把该执行的规划落地砸实，把该承担的任务高标准完成，为巩固提高一体化国家战略体系和能力作贡献。

全国人大代表彭婉琴是一名来自火箭军基层部队的政治教导员。她表示，要深入学习贯彻习近平强军思想，不断增强官兵打仗本领，同时接续部队传统，积极参与国防教育，为在全社会营造关心国防、热爱国防、建设国防、保卫国防的浓厚氛围贡献力量。

全国人大代表、军事科学院副政治委员兼纪律检查委员会书记周胜刚认为，贯彻党中央、习主席重大决策部署，军事科研机构要发挥自身优势，在新兴领域战略研究、国防科技工业能力建设、重大基础设施统筹等方面当好高端“智库”、提供决策咨询。

“我们将迅速组织全校深入学习习主席重要讲话，并与学习贯彻党的二十大精神贯通起来理解把握，重点领悟蕴含其中的价值导向、发展引领和时代意义。”全国人大代表、国防大学副校长兼教育长胡钢锋说，要深入研究其标准要求、结构要素、运行机理等，让学习成果全面进入教材、进入课堂、进入头脑，为培养大国战将注入强劲动力。

“联勤保障部队与地方关联性强、耦合度高，在巩固提高一体化国家战略体系和能力中大有可为、也必将大有作为。”全国人大代表、西宁联勤保障中心主任史树合表示，将加快融入国家科技创新体系，紧跟国家新兴领域发展，着力建设一切为了打仗的后勤。

全国人大代表、武警部队司令员王春宁说，武警部队坚决贯彻落实党中央、习主席重大决策部署，强化科技赋能、体系建设、集约高效、创新驱动的理念，健全军地联动、需求对接、规划衔接的制度机制，加强执勤战备、网信体系、军事人才等重点领域建设，推动部队高质量发展，努力建设一支强大的现代化武装警察部队，忠实履行党和人民赋予的新时代使命任务。

牢记嘱托，矢志奋斗。广大官兵一致表示，坚决把思想和行动统一到党中央、习主席重大决策部署上来，以实际行动汇聚起巩固提高一体化国家战略体系和能力的磅礴力量，为如期实现建军一百年奋斗目标、加快把人民军队建成世界一流军队作出新的更大贡献。

（2023年3月10日《人民日报》第1版）

两会前瞻

最广泛、最真实、最管用的民主

——习近平总书记引领发展全过程人民民主

一年一度的全国两会，是我国政治生活中的一件大事，是全过程人民民主的生动体现。

前不久，习近平总书记在学习贯彻党的二十大精神研讨班开班式上强调，“中国式现代化蕴含的独特世界观、价值观、历史观、文明观、民主观、生态观等及其伟大实践，是对世界现代化理论和实践的重大创新。”

中国式现代化蕴含的独特民主观是在总结人类现代化进程基础上提出来的，也是在推动社会主义现代化过程中形成的。

“民主是全人类的共同价值，是中国共产党和中国人民始终不渝坚持的重要理念。”

“人民民主是社会主义的生命，没有民主就没有社会主义，就没有社会主义的现代化，就没有中华民族伟大复兴。”

“人民民主是一种全过程的民主。”

…………

党的十八大以来，习近平总书记提出全过程人民民主重大理念，在推动社会主义现代化过程中，健全人民当家作主制度体系，发挥社会主义协商民主重要作用，丰富民主形式，畅通民主渠道，从各层次各领域扩大人民有序政治参与，推动全过程人民民主取得历史性成就，成为新时代我国民主政治领域具有重大创新意义的标志性成果，极大地增强了全党全国各族人民对中国特色社会主义民主政治的自信和底气。

实践充分证明，社会主义现代化是在人民民主制度基础上发展的，中国式现代化是充分实现人民平等参与、平等发展权利基础上发展的，没有全过程人民民主，就没有中国式现代化。

坚持人民立场
“我们必须坚持国家一切权力属于人民，坚持人民主体地位”

春节前夕，上海国际贸易中心里热闹非凡——全国人大常委会法工委虹桥街道基层立法联系点在这里召开2023年第一场立法意见征询会。征询会上，围绕增值税法草案、金融稳定法草案，专家学者、律师、企业高管等从事金融、税务相关工作的专业人士畅所欲言，积极为国家立法献计献策。

虹桥街道基层立法联系点，我国民主立法的标志，见证了我国民主政治发展进程中一个十分重大的历史时刻——

2019年11月2日，习近平总书记在上海市长宁区虹桥街道考察时，来到了全国人大常委会法工委设在这里的基层立法联系点，同正在参加立法意见征询的社区居民代表亲切交流，他深刻指出：“我们走的是一条中国特色社会主义政治发展道路，人民民主是一种全过程的民主。”

“全过程人民民主”，这一重大理念一经提出，立即引起国内外高度关注。

“这是对我国社会主义民主理论和实践作出的全新概括，使我们党对于民主理论和实践的认识达到历史新高度，为新时代发展社会主义民主政治、建设社会主义政治文明指明了前进方向、提供了根本遵循。”中国人民大学马克思主义学院教授王向明说。

在庆祝中国共产党成立100周年大会上，习近平总书记强调，“践行以人民为中心的发展思想，发展全过程人民民主”；党的十九届六中全会通过的历史决议，把“发展全过程人民民主”作为习近平新时代中国特色社会主义思想的重要内容纳入“十个明确”之中；党的二十大报告明确将“发展全过程人民民主”写入中国式现代化的本质要求，并进一步提出，到2035年“全过程人民民主制度更加健全”。

由此可见，全过程人民民主重大理念的分量之重、意义之深、影响之广。

2021年10月，习近平总书记在中央人大工作会议上对全过程人民民主重大理念和实践要求作出系统精辟的阐述，强调：

“党的十八大以来，我们深化对民主政治发展规律的认识，提出全过程人民民主的重大理念。”

“我国全过程人民民主不仅有完整的制度程序，而且有完整的参与实践。”

“我国全过程人民民主实现了过程民主和成果民主、程序民主和实质民主、直接民主和间接民主、人民民主和国家意志相统一，是全链条、全方位、全覆盖的民主，是最广泛、最真实、最管用的社会主义民主。”

“我们要继续推进全过程人民民主建设，把人民当家作主具体地、现实地体现到党治国理政的政策措施上来，具体地、现实地体现到党和国家机关各个方面各个层级工作上来，具体地、现实地体现到实现人民对美好生活向往的工作上来。”

秉纲而目自张，执本而末自从。

坚持人民立场，是全过程人民民主的核心要义。发展全过程人民民主就是要体现人民意志、保障人民权益、激发人民创造活力，用制度体系保障人民当家作主。

青砖灰瓦，一抹暖阳洒在小院朱红色的门上。2022 年 11 月，北京市东城区前门街道草厂四条胡同 44 号院里，10 多位居民代表齐聚“小院议事厅”，围绕社区停车棚建设问题，你一言我一语，气氛热烈。

“电动车报警会不会影响我们休息”“管理得跟上，不能让弃用的车子长时间占着空间”“要配建充电桩，室外乱接电线充电有安全隐患”……综合居民提出的问题和建议，社区居委会决定进一步完善方案，先在两个成熟点位建设停车棚，之后再进一步推广。有了“小院议事厅”提供的平台，居民们从以往社区治理的观望者、等待者转变为如今的参与者、建设者。

2019 年春节前夕，习近平总书记来到这里同正在议事的居民亲切交谈，明确指出：“设立‘小院议事厅’，‘居民的事居民议，居民的事居民定’，有利于增强社区居民的归属感和主人翁意识，提高社区治理和服务的精准化、精细化水平。”

民事民提、民事民议、民事民决、民事民办、民事民评。“小院议事厅”正是全过程人民民主环节紧密、形式丰富、覆盖广泛，保证和支持人民当家作主的生动写照。

10 年前，习近平总书记当选国家主席，在十二届全国人大一次会议上庄严强调：“我们要坚持党的领导、人民当家作主、依法治国有机统一，坚持人民主体地位，扩大人民民主，推进依法治国，坚持和完善人民代表大会制度的根本政治制度，中国共产党领导的多党合作和政治协商制度、民族区域自治制度以及基层群众自治制度等基本政治制度，建设服务政府、责任政府、法治政府、廉洁政府，充分调动人民积极性。”

“人民立场是中国共产党的根本政治立场，是马克思主义政党区别于其他政党的显著标志。”

“我们必须坚持国家一切权力属于人民，坚持人民主体地位”。

“我们的党是全心全意为人民服务的党，我们的国家是人民当家作主的国家，党和国家一切工作的出发点和落脚点是实现好、维护好、发展好最广大人民根本利益。”

…………

无论是召开大会发表重要讲话，还是深入基层考察调研；无论是与中外记者见面交流，还是与各界人士亲切座谈，习近平总书记在不同场合反复强调：尊重人民主体地位，保证人民当家作主。

人民，在自身权利得到保障、福祉得到增进中，切实感受到主体地位得到充分尊重，感受到当家作主得到全面彰显——

2020 年 5 月 28 日，人民大会堂响起经久不息的掌声，新中国成立以来第一部以“法典”命名的法律——《中华人民共和国民法典》高票通过。民法典草案先后 10 次公开征求意见，征集到各方面意见 100 余万条。作为民事权利的宣言书，民法典的编纂再次证明：在我国，每一部法律都最大程度凝聚着社会共识，汇集着民情民意。

2021 年上半年起，全国县乡两级人大换届选举陆续展开。重庆市大足区双路街道黄桷社区，年过百岁的老人唐世谷在流动票箱投下了自己庄严的一票。“我要收藏好这张‘百岁’选民证，留作珍贵的纪念。”唐世谷老人感慨道，是共产党让老百姓真正当家成了主人。

“前进道路上，我们必须始终把人民对美好生活的向往作为我们的奋斗目标，践行党的根本宗旨，贯彻党的群众路线，尊重人民主体地位，尊重人民群众在实践活动中所表达的意愿、所创造的经验、所拥有的权利、所发挥的作用，充分激发蕴藏在人民群众中的创造伟力。”习近平总书记强调。

始终坚持人民立场，坚持人民主体地位，虚心向人民学习，倾听人民呼声，汲取人民智慧，成为发展全过程人民民主一以贯之的根和魂。

顺应历史必然
“人民民主是中国共产党始终高举的旗帜”

“民惟邦本，本固邦宁。”一句源自《尚书》的箴言，习近平总书记反复引用。

中华民族是历史悠久、勤劳智慧的民族，创造了辉煌灿烂的政治文明。

“水能载舟，亦能覆舟”“尧有欲谏之鼓，舜有诽谤之木”“大道之行也，天下为公，选贤与能，讲信修睦”……在漫长的历史长河中，中国人民探索形成的民本思想，蕴含着丰富的民主因素，体现了对民主的朴素认知和不懈追求。

1921年，中国共产党成立，点亮了中国的民主之光。“人民民主是中国共产党始终高举的旗帜。”

新民主主义革命时期，党领导人民为争取民主、反抗压迫和剥削进行了艰苦卓绝斗争，成立新中国，中国人民从此站起来了，中国民主发展进入新纪元，人民当家作主从梦想变为现实；

社会主义革命和建设时期，党领导人民建立和巩固国家政权，人民当家作主的政治架构、经济基础、法律原则、制度框架基本确立并不断发展，中国的民主大厦巍然耸立起来；

改革开放和社会主义现代化建设新时期，党领导人民坚定不移推进社会主义民主法治建设，民主发展的政治制度保障和社会物质基础更加坚实；

党的十八大以来，中国特色社会主义进入新时代。以习近平同志为核心的党中央，立足新的历史方位，深刻把握中国社会主要矛盾发生的新变化，积极回应人民对民主的新要求新期盼，深刻吸取古今中外治乱兴衰的经验教训，全面总结中国民主发展取得的显著成就，团结带领人民发展全过程人民民主，中国的民主在理论创新和实践发展上都达到新高度、迈向新境界。

习近平总书记指出：“中国特色社会主义政治发展道路，是近代以来中国人民长期奋斗历史逻辑、理论逻辑、实践逻辑的必然结果，是坚持党的本质属性、践行党的根本宗旨的必然要求。”

历史，往往需要经过岁月的洗礼才能看得更清楚。

1949 年 7 月，人民日报刊登了一则启事：新政协筹备会向全国征集国旗图案。此后一个多月时间，筹备会收到了国内外寄来的应征国旗设计稿件 1920 件，图案 2992 幅，有的是工人在车间的工具箱上描绘的，有的是战士在前方的战壕里绘制的，还有的是由知名人士、专业人士设计的。对这些作品进行筛选并讨论修改后，最终确定五星红旗为新中国的国旗，而其设计者是上海市一名 32 岁的普通职员。

这面代表人民并由人民设计的旗帜，从此在神州大地高高飘扬，见证着一个浴火重生的大国在中国共产党的带领下，走出一条中国特色社会主义民主政治发展的康庄大道；见证着一个饱经沧桑的民族在接续奋斗中，朝着复兴梦想阔步前行。

而曾经的新政协，如今也已经成为中国人民爱国统一战线的组织，成为中国共产党领导的多党合作和政治协商的重要机构，成为发展全过程人民民主的重要制度安排。

2019 年 9 月 24 日，国庆 70 周年大典前夕，中央政治局就“新中国国家制度和法律制度的形成和发展”举行第十七次集体学习。习近平总书记在主持学习时，作出了这样的论述：“实践证明，我们党把马克思主义基本原理同中国具体实际结合起来，在古老的东方大国建立起保证亿万人民当家作主的新型国家制度，使中国特色社会主义制度成为具有显著优越性和强大生命力的制度，保障我国创造出经济快速发展、社会长期稳定的奇迹，也为发展中国家走向现代化提供了全新选择，为人类探索建设更好社会制度贡献了中国智慧和中国方案。”

这为我们坚定历史自信，增强历史主动，扎根广袤的中华大地，吸吮中华民族漫长奋斗积累的文化养分，学习借鉴人类文明优秀成果，在实现中国式现代化的进程中发展全过程人民民主指明了方向。

正如习近平总书记所深刻指出的：

“设计和发展国家政治制度，必须注重历史和现实、理论和实践、形式和内容有机统一。”

“要坚持从国情出发、从实际出发，既要把握长期形成的历史传承，又要把握走过的发展道路、积累的政治经验、形成的政治原则，还要把握现实要求、着眼解决现实问题，不能割断历史，不能想象突然就搬来一座政治制度上的‘飞来峰’。”

“照抄照搬他国的政治制度行不通，会水土不服，会画虎不成反类犬，甚至会把国家前途命运葬送掉。只有扎根本国土壤、汲取充沛养分的制度，才最可靠、也最管用。”

“对丰富多彩的世界，我们应该秉持兼容并蓄的态度，虚心学习他人的好东西，在独立自主的立场上把他人的好东西加以消化吸收，化成我们自己的好东西，但决不能囫囵吞枣、决不能邯郸学步。”

在中国这样一个大国，真正把14亿多人民的意愿表达好、实现好并不容易，必须有坚强有力的统一领导。习近平总书记深刻指出，“我们强调坚持党的领导、人民当家作主、依法治国有机统一，最根本的是坚持党的领导”。

全过程人民民主，是中国共产党团结带领人民追求民主、发展民主、实现民主的伟大创造，是党不断推进中国民主理论创新、制度创新、实践创新的经验结晶。只有在中国共产党的领导下，把马克思主义基本原理同中国具体实际相结合、同中华优秀传统文化相结合，推进马克思主义中国化时代化，发展全过程人民民主，才能广泛凝聚起全党全国各族人民团结奋斗、以中国式现代化全面推进中华民族伟大复兴的强大力量。

健全制度保障

“我国全过程人民民主不仅有完整的制度程序，而且有完整的参与实践”

陕西延安，一孔孔窑洞静静述说着我们党在延安时期领导中国革命、探索马克思主义中国化时代化的光辉历程。

2022年10月27日，党的二十大闭幕不到一周，习近平总书记带领中共中央政治局常委专程从北京前往陕西延安，瞻仰延安革命纪念地。

杨家岭，延安时期毛泽东同志居住时间最长的地方，著名的“窑洞对”就在这里进行。在延安，我们党找到了跳出历史周期率的新路：“这条新路就是民主，走群众路线。只有让人民来监督政府，政府才不敢松懈。只有人人起来负责，才不会人亡政息。”

看昨天，也看今天。如今，我们党找到了跳出历史周期率的第二个答案——自我革命。党的十八大以来，以习近平同志为核心的党中央，以自我革命的勇气全面从严治党，带动了全过程人民民主的发展。《关于新形势下党内政治生活的若干准则》共有12条，其中4条与民主建设直接相关，明确提出“党内民主是党的生命，是党内政治生活积极健康的重要基础”，并对坚持和完善党内民主制度作了具体规定。《中国共产党党内监督条例》所强调的监督，实际上也是广大党员、干部的一项重要民主权利。

“一百年来，党外靠发展人民民主、接受人民监督，内靠全面从严治党、推进自我革命，勇于坚持真理、修正错误，勇于刀刃向内、刮骨疗毒，保证了党长盛不衰、不断发展壮大。”习近平总书记指出。

民主如同国之经络，疏通国家的肌体，协调政治的机能。民主需要制度保障，只有不断推进社会主义民主政治制度化、规范化、程序化，才能更好发挥中国特色社会主义政治制度的优越性，为党和国家兴旺发达、长治久安提供更加完善的制度保障。

1月28日，立法法修正草案二次审议稿完成了为期30天的网上公开征求意见。这部即将提请十四届全国人大一次会议审议的修正草案二次审议稿，在总则中明确规定了“发挥立法的引领和推动作用，保障和发展社会主义民主”。

截至2022年12月30日，我国现行有效法律295件。党的十八大以来，立法数量多、分量重、节奏快、效果好。以宪法为核心、与推进国家治理体系和治理能力现代化进程相适应的中国特色社会主义法律体系不断完善发展，有效保证了人民当家作主。

习近平总书记强调，“我国全过程人民民主不仅有完整的制度程序，而且有完整的参与实践。我国实行工人阶级领导的、以工农联盟为基础的人民民主专政的国体，实行人民代表大会制度的政体，实行中国共产党领导的多党合作和政治协商制度、民族区域自治制度、基层群众自治制度等基本政治制度，巩固和发展最广泛的爱国统一战线，形成了全面、广泛、有机衔接的人民当家作主制度体系，构建了多样、畅通、有序的民主渠道”。

党的十八大以来，以习近平同志为核心的党中央坚定不移走中国特色社会主义政治发展道路，坚持党的领导、人民当家作主、依法治国有机统一，健全人民当家作主制度体系，全过程人民民主建设取得新的重大进展。

——人民代表大会制度不断完善。党中央推进健全人大常委会组成人员联系本级人大代表机制，人大代表中的一线工人、农民、专业技术人员代表比例和农民工代表人数均有所增加，超过90%的人大代表由选民直接选举产生，完善人大组织制度、工作制度、议事程序，果断查处拉票贿选案，坚决维护人民代表大会制度权威和尊严。

——社会主义协商民主广泛多层制度化发展。党中央出台《关于加强社会主义协商民主建设的意见》，系统谋划协商民主的发展路径，推进政党协商、人大协商、政府协商、政协协商、人民团体协商、基层协商以及社会组织协商，极大丰富了民主形式，拓宽了民主渠道，加深了民主内涵，形成了中国特色协商民主体系。

——中国共产党领导的多党合作和政治协商制度实现新发展。党中央颁布《中国共产党统一战线工作条例》等规范性文件，完善民主党派中央对重大决策部署贯彻落实情况实施专项监督、直接向中共中央提出建议等制度，加强中国特色社会主义参政党建设，发挥人民政协作为政治组织和民主形式的效能，不断完善专门协商机构制度。

——民族区域自治制度得到切实贯彻落实。党中央连续召开中央民族工作和西藏工作、新疆工作等系列会议，针对新情况、新问题、新挑战，确立新时代党的治藏方略、治疆方略，健全民族工作法律法规体系，保障各族人民享有平等自由权利以及经济、社会、文化权利，56个民族像石榴籽一样紧紧抱在一起。

——基层群众自治制度充满活力。人民群众通过村民委员会、居民委员会、职工代表大会等，广泛、直接参与社会事务管理，从“小院议事厅”到“板凳民主”，从线下“圆桌会”到线上“议事群”，中国人民在火热的基层生活中，摸索创造了一个又一个充满烟火气的民主形式。

如今，“民主”一词早已浸透中国人的日常生活。党的根本组织原则和领导制度是民主集中制，社会主义核心价值观包括“民主”，干部选拔任用需要民主推荐、民主测评，党员领导干部定期开展民主生活会……民主已经从价值理念成为扎根中国大地的制度形态和治理机制，覆盖国家治理的各环节，体现在经济社会发展的各方面，中国人民真正成为国家、社会和自己命运的主人。

习近平总书记在庆祝改革开放40周年大会上豪迈的话语，是历史的回声，也是时代的号角："我们始终坚持中国特色社会主义政治发展道路，不断深化政治体制改革，发展社会主义民主政治，党和国家领导体制日益完善，全面依法治国深入推进，中国特色社会主义法律体系日益健全，人民当家作主的制度保障和法治保障更加有力，人权事业全面发展，爱国统一战线更加巩固，人民依法享有和行使民主权利的内容更加丰富、渠道更加便捷、形式更加多样，掌握着自己命运的中国人民焕发出前所未有的积极性、主动性、创造性，在改革开放和社会主义现代化建设中展现出气吞山河的强大力量！"

强调全程贯通

"既保证人民依法实行民主选举，也保证人民依法实行民主决策、民主管理、民主监督"

计划创建30所普惠性民办幼儿园，实际创建了105所，完成全年目标任务的350%；计划完成956个老旧小区改造，实际改造完工967个，超额完成计划任务；新建改建15家便民市场、5家社区便民服务中心，打造"一刻钟便民生活圈"……

2022年12月23日召开的河北石家庄市第十五届人大常委会第十二次会议，听取了市政府关于2022年10件民生实事办理情况的报告，人大代表年初确定的民生实事已经圆满完成或超额完成。今年2月初的石家庄市十五届人大四次会议上，人大代表又票决确定了市政府2023年10件民生实事项目，开始新一年的为民办实事。

出卷、答卷、阅卷，再出卷……民有所呼，政有所应，一件件民生实事就这样从群众期盼变为现实。

20世纪80年代，习近平同志在河北正定工作时，就很注重发扬民主。他在县城大街上临时摆桌子，听取群众意见的照片至今流传很广。当时，面对以往调研中下面汇报工作存在报喜不报忧的现象，习近平同志认为，要探索一条接受群众监督、了解真实民意的有效途径，以便集思广益。很快，他想出了新办法："搞问卷调查！"

在广泛征求群众意见的基础上，正定县委初步制订出全县1985年工作计划和要抓紧办的十件大事。后来，正定县委决定，今后每年都要搞一次问卷调查，并形成制度坚持下去。

“古今中外的实践都表明，保证和支持人民当家作主，通过依法选举、让人民的代表来参与国家生活和社会生活的管理是十分重要的，通过选举以外的制度和方式让人民参与国家生活和社会生活的管理也是十分重要的。”习近平总书记强调，“要坚持国家一切权力属于人民，既保证人民依法实行民主选举，也保证人民依法实行民主决策、民主管理、民主监督，切实防止出现选举时漫天许诺、选举后无人过问的现象”“要扩大人民民主，健全民主制度，丰富民主形式，拓宽民主渠道，从各层次各领域扩大公民有序政治参与，发展更加广泛、更加充分、更加健全的人民民主”。

发展全过程人民民主的重大理念，贯穿于习近平总书记数十年如一日为民造福的实践中。

在福建福州工作时，习近平同志动员全民、问计于民，3 万多市民参与问卷调查。一对离休老夫妇连续数天乘车在市里调查，就城市交通、商业网点分布等问题提出 10 多条建议；还有市民骑自行车在城里转了 3 天，提出加强道路网络建设的 16 条建议……“万人答卷、千人调研、百人论证”，1992 年 11 月，十易其稿的《福州市 20 年经济社会发展战略设想》在福州市委六届六次全体（扩大）会议上审议通过。

在浙江工作时，习近平同志要求大家配套完善“民主选举、民主决策、民主管理、民主监督”。这是一个统一的有机整体，必须统筹规划、整体推进，不能偏废，否则无法达到预期的效果，甚至适得其反。

在上海工作时，习近平同志“下访”接待反映问题的群众，把各级领导干部每周接访和目标考核两项制度扎实建立起来，并一直延续至今。“领导干部要与群众面对面接触，直接倾听群众呼声。要敢于到矛盾多的地方去，真正变被动接访为主动服务，变上来解决为上门解决。”习近平同志强调。

如今，以习近平同志为核心的党中央引领发展全过程人民民主，特别注重全程贯通，构建起了覆盖 960 多万平方公里土地、14 亿多人民、56 个民族的民主体系，实现了最广大人民的广泛持续参与。

民主选举——在中国，选举是广泛的，有国家机构选举、村（居）委会选举、企事业单位职工代表大会选举等，涵盖了国家政治生活和社会生活的各个方面；中国的选举是平等的，人民的选举权和被选举权得到充分保障，一人一票、票票等值；中国的选举是真实的，不受金钱操控，选民按照自己的意愿选出自己信任的人；中国的选举是发展的，选举形式手段随着经济社会的发展不断创新和丰富。最近一次全国县乡两级人大换届选举共直接选举产生 2629447 名县乡两级人大代表，比上届增加 151459 名，增长 6.11%。

民主协商——在中国，在各领域各层级，人民群众就改革发展稳定的重大问题以及事关自身利益的问题，通过提案、会议、座谈、论证、听证、评估、咨询、网络、民意调查等多种途径和方式，在决策之前和决策实施之中开展广泛协商，促进不同思想观点的充分表达和深入交流，做到相互尊重、平等协商而不强加于人，遵循规则、有序协商而不各说各话，体谅包容、真诚协商而不偏激偏执，形成既畅所欲言、各抒己见，又理性有度、合法依章的良好协商氛围，充分发扬了民主精神，广泛凝聚了全社会共识，促进了社会和谐稳定。

民主决策——在中国，察民情、听民声、顺民意，群策群力、集思广益成为常态，来自基层的声音更加顺畅地到达各级决策层，群众意见更加科学地转化为党和政府的重大决策。以立法工作为例，法律立项前，通过召开座谈会、听证会、论证会等方式，广泛听取意见，让人民的意志在立法的最初阶段就得到体现；法律草案起草中，广泛听取公众意见和专业人士建议，探索委托第三方起草法律法规草案，让人民的诉求得到充分体现；法律草案公布后，通过网络和新闻媒体，向社会各界广泛征求意见。

民主管理——在中国，广大人民弘扬主人翁精神，发挥主体作用，积极行使民主权利，通过各种途径和形式，管理国家事务，管理经济和文化事业，管理社会事务。城乡社区普遍实现村（居）民在基层公共事务和公益事业中的自我管理、自我服务、自我教育、自我监督。全国建立职工代表大会的企业有 314.4 万家，其中，非公有制企业 293.8 万家、占 93.4%。截至 2021 年 11 月，各级民政部门共登记社会组织超过 90 万家，其中全国性社会组织 2284 家，形式多样的社会组织成为人民民主管理的重要领域。

民主监督——在中国，解决权力滥用、以权谋私的问题，不能靠所谓的政党轮替和三权分立，要靠科学有效的民主监督。人大监督、民主监督、行政监督、监察监督、司法监督、审计监督、财会监督、统计监督、群众监督、舆论监督……我国探索构建起一套有机贯通、相互协调的监督体系，形成了配置科学、权责协同、运行高效的监督网，对权力的监督逐步延伸到每个领域、每个角落。

全过程人民民主，把选举民主与协商民主结合起来，把民主选举、民主协商、民主决策、民主管理、民主监督贯通起来，涵盖经济、政治、文化、社会、生态文明等各个方面，关注国家发展大事、社会治理难事、百姓日常琐事，具有时间上的连续性、内容上的整体性、运行上的协同性、人民参与上的广泛性和持续性，使国家政治生活和社会生活各环节、各方面都体现人民意愿、听到人民声音，有效防止了选举时漫天许诺、选举后无人过问的现象。

确保真实管用
“一个国家民主不民主，关键在于是不是真正做到了人民当家作主”

党的二十大，关乎中国发展前景，关乎14亿多人民幸福生活，关乎以中国式现代化全面推进中华民族伟大复兴。

2022年4月15日至5月16日，党的二十大相关工作网络征求意见活动开展。这是我们党历史上第一次将党的全国代表大会相关工作面向全党全社会公开征求意见。

“围绕党的全国代表大会相关工作开展网络征求意见，是全党全社会为国家发展、民族复兴献计献策的一种有效方式，也是全过程人民民主的生动体现。”习近平总书记就研究吸收网民对党的二十大相关工作意见建议作出重要指示。

为构建现代能源体系、统筹推进碳达峰碳中和提出对策；建议推动教育高质量发展，培养高质量人才；为健全防止返贫动态监测和帮扶机制想办法……在人民群众广泛响应、积极参与下，活动期间共收集各类意见建议留言超过854.2万条、2.9亿字，体现出了建言数量质量“双高”的特点。

一个国家在现代化进程中，实现民主发展与政治稳定、社会进步的良性互动，极其重要，也极为不易。中国的现代化，没有走西方老路，而是创造了中国式现代化道路；没有照搬照抄西方民主模式，而是创造了中国式民主。习近平总书记强调：“我国社会主义民主是维护人民根本利益最广泛、最真实、最管用的民主。”

神州大地为证，群众笑容为证——

在上海，党建引领把人民当家作主融入旧改征收全过程，居民自主签约、自主搬迁成为践行全过程人民民主的范例。近5年，中心城区成片二级旧里以下房屋改造完成328万平方米、涉及居民16.5万户，困扰上海多年的民生难题得到了历史性解决，书写了“人民城市人民建、人民城市为人民”的新时代答卷；

广州一度治水形势严峻，为保护广州母亲河——流溪河，当地发挥属地人大代表信息员、观察员、监督员作用和“家门口”监督优势，试行“一代表一河段”挂钩督办，如今流溪河流域水生态持续恢复；

武汉市武昌区的春天里小区部分设备年久失修，因为有“月月谈”议事会，小区业委会、物业公司、党员干部、居民代表等多方参与，线上线下联动，资金难题的解决方案最终达成共识；

…………

在越来越丰富的实践中，人们切实感到，“一人一票”是民主的一种形式，但绝非民主的唯一和全部。民主是多样的，实现民主的道路并非只有一条。

“一个国家民主不民主，关键在于是不是真正做到了人民当家作主”，对什么是真民主、好民主，习近平总书记给出了非常精辟的论述：

“要看人民有没有投票权，更要看人民有没有广泛参与权”；

“要看人民在选举过程中得到了什么口头许诺，更要看选举后这些承诺实现了多少”；

“要看制度和法律规定了什么样的政治程序和政治规则，更要看这些制度和法律是不是真正得到了执行”；

“要看权力运行规则和程序是否民主，更要看权力是否真正受到人民监督和制约”；

“如果人民只有在投票时被唤醒、投票后就进入休眠期，只有竞选时聆听天花乱坠的口号、竞选后就毫无发言权，只有拉票时受宠、选举后就被冷落，这样的民主不是真正的民主”。

民主是人类社会历经千百年探索形成的政治形态，在人类发展进程中发挥了重要作用。但是，20世纪以来，在波涛汹涌的民主化大潮中，有的国家停滞不前，有的国家陷入动荡，有的国家分崩离析。当今世界，既面临“民主过剩”“民主超速”，也面临“民主赤字”“民主失色”。民主怎么了？民主还管用吗？回答“民主之问”，廓清“民主迷思”，关乎世界和平发展，关乎人类文明未来。

“一些国家的民主化出现挫折甚至危机，并非民主本身之错，而是民主实践出现了偏差。习近平总书记对系统评价一个国家民主不民主的精辟论述，不仅对中国而且对世界也有着深远的意义。”中国社会科学院法学研究所所长莫纪宏说。

谁有权评价一个国家是不是民主？

习近平总书记强调：“民主是各国人民的权利，而不是少数国家的专利。一个国家是不是民主，应该由这个国家的人民来评判，而不应该由外部少数人指手画脚来评判。国际社会哪个国家是不是民主的，应该由国际社会共同来评判，而不应该由自以为是的少数国家来评判。实现民主有多种方式，不可能千篇一律。用单一的标尺衡量世界丰富多彩的政治制度，用单调的眼光审视人类五彩缤纷的政治文明，本身就是不民主的。”

“中国的民主经历了选择、探索、实践与发展的艰辛历程。中国基于本国国情发展全过程人民民主，既有着鲜明的中国特色，也体现了全人类对民主的共同追求；既推动了中国的发展与中华民族的复兴，也丰富了人类政治文明形态。”中国法学会学术委员会主任张文显说。

有数据显示，近年来，中国人民对中国政府的满意度每年都保持在90%以上，这是中国民主具有强大生命力最真实的反映。

中国的民主道路获得了多国政要和知名人士的高度认同。

“世界上不存在完全相同的政治制度，也不存在适用于一切国家的政治制度模式。”中国改革友谊奖章获得者、美国库恩基金会主席罗伯特·劳伦斯·库恩说，“中国共产党领导下的全过程人民民主，真正把发展为了人民、发展依靠人民、发展成果由人民共享落到实处，具有显著优势。”

尼日利亚前总统奥卢塞贡·奥巴桑乔说：“中国共产党始终坚持人民当家作主，发展全过程人民民主，密切联系群众，紧紧依靠人民推动国家发展。改革开放以来，中国7亿多农村贫困人口摆脱贫困。中国努力为人民提供更可靠、更充分的保障，建成了世界上规模最大的社会保障体系。这些都是中国全过程人民民主行之有效的体现。”

2021年12月，《中国的民主》白皮书发布，这是一部系统介绍中国民主价值理念、发展历程、制度体系、参与实践和成就贡献的重要文献。白皮书指出：

民主没有最好，只有更好。人类对民主的探索和实践永无止境。中国的民主发展取得了显著成就，同时，与现代化建设的新要求、与人民对民主的新期待相比，中国的民主还需要不断发展完善。在全面建设社会主义现代化国家新征程上，中国共产党将继续高举人民民主旗帜，始终坚持以人民为中心的发展思想，坚定不移推进全过程人民民主，在不断推动人的全面发展、全体人民共同富裕中实现民主新发展，让民主之树根深叶茂、永远常青。

中国人民愿同世界各国人民一道，弘扬和平、发展、公平、正义、民主、自由的全人类共同价值，本着相互尊重、求同存异的精神，共同丰富发展人类政治文明，共同推动构建人类命运共同体。

“治国有常，而利民为本。”

全过程人民民主，始终把人民利益放在第一位，推动了国家发展，促进了社会进步，实现了人民幸福。

全过程人民民主，让占世界人口近 1/5 的 14 亿多中国人民真正实现当家作主，享有广泛权利和自由，提振了发展中国家发展民主的信心，为人类民主事业发展探索了新的路径。

“路子选对了就要坚持走下去！”

党的二十大报告把发展全过程人民民主确定为中国式现代化本质要求的一项重要内容，强调全过程人民民主是社会主义民主政治的本质属性，对“发展全过程人民民主，保障人民当家作主”作出全面部署、提出明确要求。

踏上新征程，在以习近平同志为核心的党中央坚强领导下，全面贯彻习近平新时代中国特色社会主义思想，深刻领悟“两个确立”的决定性意义，增强“四个意识”、坚定“四个自信”、做到“两个维护”，不断发展全过程人民民主，我们将更加广泛地汇聚起实现中华民族伟大复兴的磅礴力量，为人类政治文明发展贡献更多中国智慧和中国方案。

中国的全过程人民民主制度必将更加健全！中国特色社会主义政治发展道路必将更加宽广！

（2023 年 3 月 3 日《人民日报》第 1 版）

团结奋斗，创造新的伟业

——写在全国两会召开前夕

任仲平

（一）

万里山河，东风浩荡，新时代的中国奏响团结奋斗的乐章。

浩瀚苍穹，神舟十五号航天员乘组漫步太空，中国空间站全面建成后首次出舱活动圆满成功，星辰大海铭刻“创新中国”。

飞流奔涌，全面投产后的第一个春节期间，白鹤滩水电站累计发出 7.6 亿千瓦时清洁电能，约 7 毫秒“闪送”到 2000 公里之外，万家灯火映照“绿色中国”。

汽笛嘹亮，春运期间中欧班列累计开行 1802 列，全国电煤日均装车量同比增长 7%，“钢铁动脉”折射“活力中国”。

…………

新的春天，新的征程，新的出发。全国两会召开在即，代表委员从四面八方奔赴“春天的盛会”，共商国是、共谋发展；亿万人民沿着中国式现代化的康庄大道阔步前行，奋发图强、奋勇当先。

团结奋斗谱新篇，踔厉奋发向未来。党的二十大发出伟大号召：为全面建设社会主义现代化国家、全面推进中华民族伟大复兴而团结奋斗！

强调“团结奋斗是中国人民创造历史伟业的必由之路”“牢牢把握团结奋斗的时代要求”，指出“团结就是力量，团结才能胜利”“党用伟大奋斗创造了百年伟业，也一定能用新的伟大奋斗创造新的伟业”……习近平总书记掷地有声的话语，是对“过去我们为什么能够成功”的深刻揭示，也是对“未来我们怎样才能继续成功”的深入阐释。

一年之计在于春。在春天启程，蓝图已经绘就，答卷正在书写。在以习近平同志为核心的党中央引领全党全国各族人民以中国式现代化全面推进中华民族伟大复兴的历史进程中，团结奋斗的号角更加响亮、行动更加坚决、步调更加一致、意志更加顽强。

我们靠团结奋斗创造了辉煌历史，必将靠团结奋斗开辟美好未来！

（二）

阜，盛也；平，定也。然而，就在10年前，河北阜平依然是“阜平不富”的境况。地处太行深处，崎岖的山路、破旧的土房、简陋的木桌椅、低矮的黄泥墙……“有的人开着小车来阜平想投资，车子在山道上颠簸，走了不到一半路，就掉头回去了。”

“没有农村的小康，特别是没有贫困地区的小康，就没有全面建成小康社会。”2012年12月29日、30日，习近平总书记驱车300多公里，来到阜平县考察扶贫开发工作，向全党全国发出脱贫攻坚的动员令。

奋斗的号角，震动巍巍太行，响彻壮美河山。从雪域高原到戈壁沙漠，从悬崖绝壁到大石山区……党的十八大以来，党和人民披荆斩棘、栉风沐雨，攻克了一个又一个贫中之贫、坚中之坚，全国832个贫困县全部摘帽，近1亿农村贫困人口实现脱贫，我们打赢了人类历史上规模最大的脱贫攻坚战，历史性地解决了绝对贫困问题，全面小康的阳光照耀到了包括阜平在内的每一个地方。2022年2月，44名阜平娃登上北京冬奥会开闭幕式舞台，用希腊语唱响奥林匹克会歌，全场动容，世界惊艳。

时光前行不舍昼夜，连结起过去和未来，镌刻下团结奋斗的足迹。回望新时代以来的十年，有涉滩之险，有爬坡之艰，有闯关之难，我们面临的形势之复杂、斗争之严峻、改革发展稳定任务之艰巨世所罕见、史所罕见！

稳经济、促发展，战贫困、建小康，控疫情、抗大灾，应变局、化危机……在以习近平同志为核心的党中央坚强领导下，我们党紧紧依靠人民迎难而上、砥砺前行，攻克了一个个看似不可攻克的难关险阻，创造了一个个令人刮目相看的人间奇迹。武汉保卫战打响时，一句“我是党员我先上”凝聚众志成城的抗疫合力；四川泸定地震后，救援队伍紧握绳索攀爬过江，呈现新时代的“飞夺泸定桥”；重庆山火前，上千名志愿者的头灯连成一条拦截火海的防线，筑起“新的长城”……十年砥砺奋进，“踏平坎坷成大道，斗罢艰险又出发”，党和人民的团结奋斗凝聚起攻坚克难的强大力量，中国特色社会主义事业航船劈波斩浪、一往无前，中国式现代化成功推进和拓展，成为一种全新的人类文明形态，为人类实现现代化提供了新的选择。

今天，中国式现代化有了更为完善的制度保证。各领域基础性制度框架基本确立，许多领域实现历史性变革、系统性重塑、整体性重构，中国特色社会主义制度更加成熟更加定型，国家治理体系和治理能力现代化水平不断提高。

今天，中国式现代化有了更为坚实的物质基础。经济总量突破 120 万亿元，稳居世界第二大经济体、第一大工业国、第一大货物贸易国，拥有全世界最完备的工业体系，全球创新指数排名升至第十一位，国家经济实力、科技实力、综合国力跃上新台阶，迈上了更高质量、更有效率、更加公平、更可持续、更为安全的发展之路。

今天，中国式现代化有了更为主动的精神力量。中国人民更加自信、自立、自强，积极性、主动性、创造性进一步激发，志气、骨气、底气空前增强，党心军心民心昂扬振奋，在历史进程中积累的强大能量充分爆发出来，焕发出更为强烈的历史自觉和主动精神，正在信心百倍书写着新时代中国发展的伟大历史。

抚今追昔，令人感慨万千。从新民主主义革命时期为实现现代化创造根本社会条件，到新中国成立后为现代化建设奠定根本政治前提和宝贵经验、理论准备、物质基础，从改革开放和社会主义建设新时期为中国式现代化提供充满新的活力的体制保证和快速发展的物质条件，到新时代以来不断实现理论和实践上的创新突破、成功推进和拓展了中国式现代化，我们党自肩负起探索中国现代化道路的重任，团结带领中国人民所进行的一切奋斗，就是为了把我国建设成为现代化强国，实现中华民族伟大复兴。一路逐梦，勇毅向前。从“现代化的迟到国”跃升为“世界现代化的增长极”，我们成功走出了中国式现代化道路，为中华民族伟大复兴开辟了广阔前景！

历史，往往需要世事的更迭和时间的冲刷才能看得更清楚。回首来时路，是“比铁还硬，比钢还强”的团结之力，是“风雨无阻向前进”的不懈奋斗，让我们不断越沟迈壑、爬坡过坎、攻城拔寨，创造了“人心齐，泰山移”的人间奇迹。正是靠着团结奋斗，我们彻底告别任人宰割、饱受欺凌的悲惨命运，实现了中国从几千年封建专制政治向人民民主的伟大飞跃；正是靠着团结奋斗，我们在错综复杂的国内国际环境中站稳了脚跟，实现了一穷二白、人口众多的东方大国大步迈进社会主义社会的伟大飞跃；正是靠着团结奋斗，我们从容抵御各种风险、有效驾驭复杂局面，推进了中华民族从站起来到富起来的伟大飞跃；正是靠着团结奋斗，我们有效应对严峻复杂的国际形势和接踵而至的巨大风险挑战，中华民族迎来了从站起来、富起来到强起来的伟大飞跃。正如习近平总书记深刻指出的：“一百年来，党和人民取得的一切成就都是团结奋斗的结果，团结奋斗是中国共产党和中国人民最显著的精神标识。”

走过苦难辉煌的过去，走在日新月异的现在，走向光明宏大的未来，今日中国江山壮丽、前程远大，亿万人民团结一心、豪情满怀。

这是一个梦想接连实现的中国。千年小康梦、百年富强梦、飞天寰宇梦、蛟龙蹈海梦、国产航母梦……把国家的追求、民族的向往、人民的期盼融为一体，中国梦画出最大同心圆，无数过去难以触及的梦想正变为现实。点点星火，汇聚成炬，每个人都是追梦人。

这是一个充满生机活力的中国。截至 1 月 31 日 18 时，今年我国电影票房突破 100 亿元，刷新了中国影史年度票房最快破百亿纪录；仅用 39 天，今年我国快递业务量突破 100 亿件，比 2019 年创造的最佳纪录提前了 40 天……勇开顶风船，无惧回头浪，在危机中育先机，于变局中开新局，团结奋进的中国每一天都在呈现新的面貌。

这是一个赓续民族精神的中国。胜负之征，精神先见。面对疫情、地震、洪水、干旱、山火，一幕幕舍生取义、守望相助的场景感人至深。点亮团结之光，激扬奋斗之力，今天，中华大地上不仅有高楼大厦遍地林立，中华民族精神的大厦也已经巍然耸立。

这是一个紧密联系世界的中国。举办进博会、服贸会、广交会、消博会等经贸盛会，迎八方客、结天下缘；构建人类命运共同体、共建“一带一路”，凝聚共建美好世界最大公约数；提出全球发展倡议、全球安全倡议，为世界注入正能量。风云变幻中，我们见证人类命运的休戚与共，见证东方大国的奉献担当。

时间镌刻不朽，一个事实举世瞩目：新时代十年取得的伟大成就，不是天上掉下来的，更不是别人恩赐施舍的，而是在以习近平同志为核心的党中央坚强领导下、在习近平新时代中国特色社会主义思想指引下，党和人民一道拼出来、干出来、奋斗出来的！

掌握历史主动，一个结论颠扑不破："两个确立"是推动党和国家事业取得历史性成就、发生历史性变革的决定性因素，是战胜一切艰难险阻、应对一切不确定性的最大确定性、最大底气、最大保证，对新时代党和国家事业发展、对推进中华民族伟大复兴历史进程具有决定性意义。

凝聚奋进伟力，一个启示发人深省：团结就是力量，奋斗开创未来。能团结奋斗的民族才有前途，能团结奋斗的政党定能立于不败之地！只要党和人民始终站在一起、想在一起、干在一起，任何风浪都动摇不了我们的钢铁意志，任何困难都阻挡不了我们的铿锵步伐。

（三）

2019 年 1 月 3 日，嫦娥四号顺利"落月"。这是人类历史上首次实现航天器在月球背面软着陆和巡视勘察。来自中国的探测器在月球背面留下了世界探月史上的第一行足迹，开启了人类探索宇宙奥秘的新篇章。

月背上的一小步，却是几代人的接续奋斗。一代代科技工作者，夜以继日攻关探索、勇攀高峰，才托举起民族梦想。

"中华民族是勇于追梦的民族。党中央决策实施探月工程，圆的就是中华民族自强不息的飞天揽月之梦。"习近平总书记强调，"在建成社会主义现代化强国、实现中华民族伟大复兴的征途上，每一个行业、每一个人都要心怀梦想、奋勇拼搏，一步一个脚印，一棒接着一棒，在奋力奔跑和接续奋斗中成就梦想。"

飞天梦圆，正是我国现代化建设的生动缩影，也是中国人民团结奋斗精神的有力见证。从民族独立、人民解放，到国家富强、人民幸福，中国式现代化是一张不断延展的蓝图，是一场跨越世纪的接力。决心坚如磐石，熔铸在百年慷慨激昂的征程中，彰显在继往开来的伟业里。在国际观察人士看来，“如果没有全体人民团结一致、组织严密、方向明确的共同努力，中国就不可能在这样短的时间内取得这样惊人的成就”。

——目标越是坚定，越能“形成心往一处想、劲往一处使的生动局面”。这是历史前进的辩证法。

百年奋斗，千钧重担在肩；百年求索，目标矢志不移。中国式现代化，是我们为如何唤醒“睡狮”、实现民族复兴这个重大历史课题所给出的答案，是选择自己的道路、做自己的事情。从新中国成立后提出建设“四个现代化”，到改革开放后提出现代化建设“三步走”战略，从党的十八大明确“两个一百年”奋斗目标，到党的二十大擘画全面建设社会主义现代化国家、以中国式现代化全面推进中华民族伟大复兴的宏伟蓝图……我们党的奋斗目标一以贯之，清晰的奋斗路线图如一面旗帜，让亿万人民的团结奋斗真正“有所指望”“知所趋赴”。为了全面建设社会主义现代化国家的历史宏愿，我们党团结带领人民齐心协力以求之、胼手胝足以赴之、实事求是以谋之、艰苦奋斗以立之、殚精竭虑以成之，沿着正确方向坚定前行，取得了举世瞩目、彪炳史册的辉煌业绩。

新时代十年，中国式现代化的成功推进和拓展，是在党的奋斗目标指引下实现的，是在亿万人民团结奋斗中走出来的。锚定“人民对美好生活的向往，就是我们的奋斗目标”，提出建设教育强国、科技强国、人才强国、文化强国、数字中国、健康中国等一系列目标任务……一个个初心如磐的宏伟目标，一次次举旗定向的关键抉择，一项项立足长远的战略谋划，充分彰显了习近平总书记作为马克思主义政治家、思想家、战略家的恢弘气魄、远见卓识、雄韬伟略，为全党全军全国各族人民团结奋斗指明了前进方向。十三届全国人大一次会议以来的五年，在我国发展历程中极不寻常、极不平凡，面对异常复杂严峻的国际形势、新冠疫情带来的罕见巨大冲击，面对艰巨繁重的国内改革发展稳定任务，以习近平同志为核心的党中央团结带领全党全国各族人民砥砺攻坚、勇毅前行，如期全面建成小康社会，实现第一个百年奋斗目标，开启向第二个百年奋斗目标进军新征程。前进道路上，只要我们在党的旗帜下步调一致向前进，在党的奋斗目标下团结一心向前进，在党的坚强领导下满怀信心向前进，就一定能够不断开创全面建设社会主义现代化国家新局面。

——团结越是牢固，越能“集聚起万众一心、共克时艰的磅礴力量”。这是中国发展的大逻辑。

2020 年 4 月，这样一张照片在互联网上刷屏：春雨淅沥的茶园中，在陕西秦巴山区考察的习近平总书记面带微笑，向正在劳动的茶农们走来。在他身旁，是陕西省委书记、安康市委书记、平利县委书记、蒋家坪村党支部书记。党的十八大以来，上下齐心抓扶贫、全党动员促攻坚，300 多万名第一书记和驻村干部，同近 200 万名乡镇干部和数百万村干部一道奋战在扶贫一线，书写下山乡巨变、山河锦绣的时代画卷。

“上下同欲者胜，风雨同舟者兴。”回望历史，不管形势和任务如何变化，不管遇到什么样的惊涛骇浪，我们党都紧紧依靠人民，始终把握历史主动、锚定奋斗目标，把现代化事业坚定不移推向前进。一路走来，是人民的“小木船”摆渡百万雄师驶向胜利彼岸，是人民的“小铁锹”在亘古荒原上挖出大油田，是人民的“大包干”拉开了农村改革历史大幕，是人民以“三天一层楼”的速度与干劲创造了翻天覆地的城乡巨变，是人民的同舟共济筑起了抗击新冠疫情的坚固防线……亿万中华儿女托举起蓬勃向上、奋勇向前的中国，托举起守望相助、众志成城的中国。正是因为深深懂得“江山就是人民，人民就是江山”，正是因为坚定践行“我将无我，不负人民”，我们党始终与人民心心相印、与人民同甘共苦、与人民团结奋斗，在神州大地上书写了人类现代化篇章的不朽史诗。

“保证党的团结统一是党的生命，也是我们党能成为百年大党、创造世纪伟业的关键所在。”鞭辟向里的深刻洞察，彰显着新时代中国共产党人的清醒、成熟和坚定。党的十八大以来，从通过关于新形势下党内政治生活的若干准则，到出台中央政治局加强和维护党中央集中统一领导的若干规定，从坚持用习近平新时代中国特色社会主义思想统一思想、统一意志、统一行动，到系统完善党的领导制度体系……我们这个拥有 9600 多万名党员的马克思主义政党思想上更加统一、政治上更加团结、行动上更加一致，党总揽全局、协调各方的领导核心作用得到充分发挥。实践证明，只要坚定不移坚持和加强党的全面领导、维护党中央权威和集中统一领导，使党始终成为风雨来袭时全体人民最可靠的主心骨，确保拥有团结奋斗的强大政治凝聚力、发展自信心，就一定能形成万众一心、无坚不摧的磅礴力量，战胜一切强大敌人、一切艰难险阻。

多少风雨兼程的艰难跋涉，多少矢志不渝的勇毅笃行，汇聚成新时代中国昂扬奋进的洪流。回望过往的奋斗路，眺望前方的奋进路，“围绕明确奋斗目标形成的团结才是最牢固的团结，依靠紧密团结进行的奋斗才是最有力的奋斗”，这是党的百年奋斗历史的深刻启迪，这是开辟美好未来的深刻昭示。

（四）

黄海之滨，海天辽阔。曾经，青岛港货物装卸全靠码头工人“脚踏七寸桥板，抬着煤炭去登天”。时空跨越，青岛港如今已经建成全自动化集装箱码头，只有高速轨道吊、自动导引车等机器在作业，经常迎接前来参观学习的海内外团队。“港口人”自豪地说：“以前，中国人看‘西洋景’；现在，西洋人也开始看‘中国景’了。”

青岛港的变化，见证百年中国历经的沧桑巨变，折射中国式现代化的非凡历程。1894 年，孙中山在《兴中会章程》一开篇就浩叹，“中国积弱，至今极矣”。这位革命先行者，终其一生也未能见其心心念念之中国“发奋为雄”。过去已去，未来已来，新的蓝图已经绘就，新的故事正在起笔——党的二十大提出以中国式现代化全面推进中华民族伟大复兴，并将此确定为新时代新征程中国共产党的中心任务。全党全国各族人民意气风发踏上新征程，向着新目标，奋楫再出发！

向着新目标，奋楫再出发，我们的前途无比光明。“等闲识得东风面，万紫千红总是春。”今天，14 亿多中国人民豪情满怀、信心十足，960 多万平方公里的祖国大地生机勃发、春意盎然，5000 多年的中华文明光彩夺目、魅力永恒，中国共产党的领导和我国社会主义制度坚强牢固、充满活力。实践已经证明：中国式现代化走得通、行得稳，是强国建设、民族复兴的唯一正确道路。锚定目标行稳致远，中国一定行！

向着新目标，奋楫再出发，我们的使命任重道远。作为一项前无古人的开创性事业，推进中国式现代化，必然会遇到各种可以预料和难以预料的风险挑战、艰难险阻甚至惊涛骇浪。时代正在召唤：推进中国式现代化，还有许多未知领域，需要我们在实践中去大胆探索。团结一心奋勇向前，中国人民一定能！

奋进新征程，我们有高度战略清醒，对各种风险挑战胸中有数，下好先手棋、打好主动仗，牢牢把握主动权。

“备豫不虞，为国常道”。2020年3月，习近平总书记冒雨来到浙江宁波舟山港穿山港区，一路深入调研，进行着深邃的战略思考。彼时，在疫情冲击下，全球产业链供应链发生局部断裂，原料进不来，货物出不去，人员不畅行，直接影响到我国国内经济循环。“我感觉到，现在的形势已经很不一样了，大进大出的环境条件已经变化，必须根据新的形势提出引领发展的新思路。”2020年4月，中央财经委员会第七次会议上，“新发展格局”首次提出；党的二十大报告中，“加快构建新发展格局，着力推动高质量发展”单独成章。实践充分证明，正确判断形势，是谋划未来、科学决策的重要前提。

新时代新征程，我国发展面临新的战略机遇、新的战略任务、新的战略阶段、新的战略要求、新的战略环境。向外看，世界百年未有之大变局加速演进，世纪疫情影响深远，逆全球化思潮抬头，单边主义、保护主义明显上升，世界经济复苏乏力，局部冲突和动荡频发，全球性问题加剧，世界进入新的动荡变革期。从内看，我国改革发展稳定面临不少深层次矛盾躲不开、绕不过，党的建设特别是党风廉政建设和反腐败斗争面临不少顽固性、多发性问题。我国发展进入战略机遇和风险挑战并存、不确定难预料因素增多的时期。前进道路上，只要始终保持清醒头脑，增强忧患意识、坚持底线思维，时刻准备经受风高浪急甚至惊涛骇浪的重大考验，就一定能依靠顽强斗争打开事业发展新天地。

奋进新征程，我们有坚定战略自信，心无旁骛做好自己的事，任尔风狂雨骤、我自安如泰山，击鼓催征稳驭舟。

“中国天眼”落成启用，“奋斗者”号万米深潜，“人造太阳”持续“燃烧”，“羲和号”探日实现太阳探测零的突破……非凡十年的不凡成就，见证着我国从科技大国迈向科技强国的奋进足迹。从“向科学进军”到“创新驱动发展”，勇攀世界科技高峰，实现高水平科技自立自强步履坚实！实践充分证明，中国要发展，最终要靠自己。不论过去、现在和将来，我们都要坚持独立自主开拓前进道路，坚持民族自尊心和自信心，坚定不移走自己的路。

人类历史上没有一个民族、一个国家可以通过依赖外部力量、照搬外国模式、跟在他人后面亦步亦趋实现强大和振兴。从“坚持独立自主、自力更生”到“坚持把国家和民族发展放在自己力量的基点上”，从“全面提高人才自主培养质量”到“增强自主创新能力”……党的二十大报告对“自主”高度重视和反复强调。今天，我们走自己的路，具有无比广阔的时代舞台，具有无比深厚的历史底蕴，具有无比强大的前进定力。中国人民应该有这个信心，每一个中国人都应该有这个信心。前进道路上，只要坚定战略自信、保持必胜信念，坚持新时代党的创新理论和战略布局、战略举措不动摇，集中精力办好自己的事情，就一定能在中国式现代化的征途中勇往直前、阔步前行。

奋进新征程，我们能把握战略主动，准确识变、科学应变、主动求变，谋定而后动、厚积而薄发，关山飞渡更从容。

这是人类文明史上人口大国成功走出疫情大流行的奇迹！2022 年 11 月以来，我们围绕“保健康、防重症”，不断优化调整防控措施，较短时间实现了疫情防控平稳转段，2 亿多人得到诊治，近 80 万重症患者得到有效救治，新冠死亡率保持在全球最低水平，取得疫情防控重大决定性胜利。非常之事，必用非常之举。同心抗疫 3 年多来，我们始终坚持人民至上、生命至上，从印发十版防控方案和十版诊疗方案，到启动全球最大规模疫苗接种，再到实施“乙类乙管”，以战略的稳定性、措施的灵活性有效应对疫情形势的不确定性，经受住全球五波疫情流行冲击，有效处置百余起聚集性疫情，始终牢牢掌握抗疫战略主动权。联合国秘书长古特雷斯高度评价：在抗击新冠疫情的全球行动中，中国为全人类作出了贡献。实践充分证明，面对不断变化的形势任务，善于识变应变求变，主动防范化解风险，抓住机遇、应对挑战，趋利避害、奋勇前进，才能把我国发展进步的命运牢牢掌握在自己手中。

“随时随地都要以当时的历史条件为转移。”《共产党宣言》中的经典论述，依然绽放真理之光。当前，世界之变、时代之变、历史之变正以前所未有的方式展开。历史发展有其规律，但人在其中不是完全消极被动的。以民心诠释“最大的政治”，坚持以人民为中心的发展思想；破除体制机制障碍，以全面深化改革完善和发展制度和治理体系；秉持全人类共同价值，推动构建人类命运共同体，引领时代进步潮流……不断拓展认识的广度和深度，敢于说前人没有说过的新话，敢于干前人没有干过的事情，事实证明，中国共产党人有识变之智、有应变之方、有求变之勇。前进道路上，进一步增强机遇意识、风险意识，灵活机动、随机应变、临机决断，因地制宜、因势而动、顺势而为，就一定能不断夺取全面建设社会主义现代化国家新胜利。

山一程，水一程，劈波斩浪启新程。无论风云如何变幻，无论挑战如何严峻，我们都要锚定新时代新征程党的中心任务，牢牢把握团结奋斗的时代要求，坚定历史自信，增强历史主动，团结一心、众志成城，以咬定青山不放松的执着奋力实现既定目标，以行百里者半九十的清醒不懈推进中华民族伟大复兴。

（五）

时间，开启新的书写；中国，翻开新的华章。

“年前从亚洲纺织成衣展上签了一笔大单子，最近一直在加班加点赶制。现在又忙着准备参展样品，越忙心里越有底！”山东威海金冕服装有限公司总经理谈起正在回暖的市场，信心满满。

“修剪枝叶，追肥浇水，这几天正是植保队忙的时候。这几年带着大伙儿改换新品种，柑橘产量品质又上去了。”湖北省宜都市高坝洲镇陈家岗村，辉青植保机防专业合作社负责人带着乡亲们撸起袖子加油干。

“忙不过来啦！”湖南省凤凰县菖蒲塘村，从大年初三开始就热闹非凡，每天都有八九个团队来搞团建、逛果园、打糍粑，驻村第一书记忙得没有空闲歇歇脚。

…………

一个“忙”字，道出人们心中的充实与希望，展现一个国家的蓬勃生机与美好前景。无数奋斗者“拼”的精神、“闯”的劲头、“实”的干劲，汇聚成振奋人心的春潮。人勤春来早，奋斗正当时，神州大地上激荡起强国建设、民族复兴的铿锵足音。

——创造新的伟业，我们要以团结凝聚力量。

“全党全国各族人民要在党的旗帜下团结成‘一块坚硬的钢铁’，心往一处想、劲往一处使，推动中华民族伟大复兴号巨轮乘风破浪、扬帆远航。”在参加党的二十大广西代表团讨论时，习近平总书记以钢铁为喻，形象地指明了团结之于民族复兴的重要意义。面对狂风骤雨，中国人民总能在党的旗帜下团结成“一块坚硬的钢铁”，战风斗雨、无往不胜。实践充分证明，团结是中国人民和中华民族战胜前进道路上一切风险挑战、不断从胜利走向新的胜利的重要保证。

今天，我们比历史上任何时期都更接近、更有信心和能力实现中华民族伟大复兴的目标。越是接近目标，越需要巩固和加强各方面团结，用团结一心、众志成城筑起防范化解各种风险挑战的铜墙铁壁。面向未来，团结一切可以团结的力量、调动一切可以调动的积极因素，最大限度凝聚起共同奋斗的力量，就一定能同心共圆中国梦。

——创造新的伟业，我们要以奋斗成就梦想。

“林县人民多壮志，誓把河山重安排……”上世纪 60 年代，河南林县人民于悬崖峭壁间，依靠双手“抠”出一道长 1500 公里的“人工天河”，冲破靠天等雨的千年困境。“红旗渠就是纪念碑，记载了林县人不认命、不服输、敢于战天斗地的英雄气概。”2022 年 10 月 28 日，习近平总书记来到河南安阳林州市红旗渠纪念馆，语重心长地说：“今天，物质生活大为改善，但愚公移山、艰苦奋斗的精神不能变。”过去一年，从冰雪健儿驰骋赛场取得骄人成绩，到科研人员殚精竭虑打造大国重器；从亿万农民辛勤劳作实现粮食生产“十九连丰”，到医护人员夜以继日守护人民健康安全……无数人以拼搏、奋斗和汗水，托举起沉甸甸的中国答卷。历史长河波澜壮阔，一代又一代人接续奋斗创造了今天的中国，也必将在接续奋斗中创造更加美好的明天。

历史只会眷顾坚定者、奋进者、搏击者。前方仍有关山万千重，但“路虽远，行则将至；事虽难，做则必成”。实现既定目标，我们充满信心，因为每个人出一份力就能汇聚成排山倒海的磅礴力量，每个人做成一件事、干好一件工作，党和国家事业就能向前推进一步。只要有愚公移山的志气、滴水穿石的毅力，脚踏实地，埋头苦干，积跬步以至千里，就一定能够把宏伟目标变为美好现实。

——创造新的伟业，我们要以实干赢得未来。

“新征程是充满光荣和梦想的远征，没有捷径，唯有实干”“我们靠实干创造了辉煌的过去，还要靠实干开创更加美好的未来”……在2023年春节团拜会上，习近平总书记坚定有力的话语，鼓舞着全党全国各族人民在新征程上顽强拼搏、苦干实干。基本实现现代化要靠实干，全面建成社会主义现代化强国要靠实干，实现中华民族伟大复兴要靠实干。当此民族复兴行进至关键一程，犹如河入峡谷、风过隘口、山登半腰，正值紧要之时，更需不驰于空想、不骛于虚声，鼓实劲、出实招、求实效，让中国发展的壮阔画卷再绘新篇。

“伟大梦想不是等得来、喊得来的，而是拼出来、干出来的。”大道至简，实干为要，实干是最质朴的方法论。面向未来，我们要事不避难、义不逃责，敢于担当、善于作为，在机遇面前主动出击，在困难面前迎难而上，在风险面前积极应对，继续脚踏实地、埋头苦干，坚持笃实好学、尊重实际，做到求真务实、注重实效，踔厉奋发、笃行不怠，战胜一切困难挑战，继续创造令人刮目相看的新的奇迹。

大风泱泱，大潮滂滂。创造中国式现代化新辉煌，一场远征正始于脚下。

（六）

“我和我的祖国，一刻也不能分割……”北京冬奥会开幕式上，一名儿童小号手吹响《我和我的祖国》的悠扬旋律。中国各行各业、先进模范人物、56个民族的代表，用双手将鲜艳的五星红旗缓缓传递到体育场升旗区，交付礼兵手中。拳拳之心、手手相传，流淌的是“团结一心”的情感，激扬的是“奋斗不息”的力量。

时间的如椽巨笔，绘写雄浑壮美的团结画卷；前进的嘹亮号角，鼓舞永不停歇的奋斗步伐。

——“只要我们紧密团结，万众一心，为实现共同梦想而奋斗，实现梦想的力量就无比强大，我们每个人为实现自己梦想的努力就拥有广阔的空间。”

——“在中国共产党坚强领导下，坚持科学理论指导和正确道路指引，凝聚亿万人民团结奋斗的磅礴力量，中国人民就能把中国发展进步的命运牢牢掌握在自己手中！”

——“14亿多中国人心往一处想、劲往一处使，同舟共济、众志成城，就没有干不成的事、迈不过的坎。”

…………

振奋人心的号召，是响彻历史的昭示，也是面向未来的宣示。即将召开的全国两会，是全面贯彻落实党的二十大精神开局之年的重要会议，是换届的大会，是我国人民政治生活中的大事。最大限度把各阶层各方面的智慧和力量凝聚起来，最大限度把全社会全民族的积极性、主动性、创造性发挥出来，就一定能形成同心共圆中国梦的强大合力。

时间不等人！历史不等人！时间属于奋进者！历史属于奋进者！建功新时代，激荡新气象，展现新作为，我们重任在肩，我们壮志在胸。

让我们更加紧密地团结在以习近平同志为核心的党中央周围，全面贯彻习近平新时代中国特色社会主义思想，深刻领悟“两个确立”的决定性意义，增强“四个意识”、坚定“四个自信”、做到“两个维护”，党政军民学劲往一处使，东西南北中拧成一股绳，为全面建设社会主义现代化国家、全面推进中华民族伟大复兴而团结奋斗，在新的赶考之路上铸就更加灿烂辉煌的伟业！

“让我们踏上新征程，向着新的奋斗目标，出发！”

（2023 年 3 月 3 日《人民日报》第 1 版）

激扬奋进力量　创造新的伟业

——热烈祝贺十四届全国人大一次会议开幕

律回春晖渐，万象始更新。3 月 5 日，十四届全国人大一次会议在京隆重开幕。近 3000 名新一届全国人大代表肩负人民重托，齐聚首都共商国是，为全面建设社会主义现代化国家开好局起好步凝心聚力。我们对大会的召开表示热烈祝贺！

党的二十大擘画了全面建设社会主义现代化国家、以中国式现代化全面推进中华民族伟大复兴的宏伟蓝图，吹响了奋进新征程的时代号角。十四届全国人大一次会议将审议立法法修正草案，选举和决定任命新一届国家机构领导人员，决定一系列影响深远的重大事项。开好这次会议，把党的主张和人民意愿凝聚为国家意志，对贯彻落实习近平新时代中国特色社会主义思想和党的二十大精神，动员全党全国各族人民为全面建设社会主义现代化国家、全面推进中华民族伟大复兴而团结奋斗具有十分重要的意义。

过去五年和新时代以来的十年，有涉滩之险，有爬坡之艰，有闯关之难，在党和国家发展进程中极不寻常、极不平凡。在以习近平同志为核心的党中央坚强领导下，我们党紧紧依靠人民迎难而上，砥砺前行，攻克了一个个看似不可攻克的难关险阻，创造了一个个令人刮目相看的人间奇迹，成功推进和拓展了中国式现代化，不断丰富和发展人类文明新形态，为强国建设、民族复兴开辟了光明前景。新时代十年的伟大变革，在党史、新中国史、改革开放史、社会主义发展史、中华民族发展史上具有里程碑意义，对党、对中国人民、对社会主义现代化建设、对科学社会主义在 21 世纪中国的发展具有深远影响。

心系国是，情牵民生；汇聚民意，凝聚力量。十三届全国人大及其常委会把党的领导、人民当家作主、依法治国有机统一贯穿人大工作始终，坚定维护党中央权威和集中统一领导，坚决贯彻党中央大政方针和决策部署；坚持以人民为中心，积极践行全过程人民民主，依法维护人民群众根本利益；坚持履行宪法法律赋予的职责，进一步完善现代化治理的法律体系，推动人大工作取得新的重大进展，为党和国家事业发展作出积极贡献。

事非经过不知难，成如容易却艰辛。历史和实践充分证明，中国共产党具有无比坚强的领导力、组织力、执行力，始终是风雨来袭时全体人民最可靠的主心骨。“两个确立”是推动党和国家事业取得历史性成就、发生历史性变革的决定性因素，是战胜一切艰难险阻、应对一切不确定性的最大确定性、最大底气、最大保证。人民代表大会制度有效保证国家沿着社会主义道路前进，有效保证国家治理跳出治乱兴衰的历史周期率，有效保证国家政治生活既充满活力又安定有序，是坚持党的领导、人民当家作主、依法治国有机统一的根本政治制度安排，是符合我国国情和实际、体现社会主义国家性质、保证人民当家作主、保障实现中华民族伟大复兴的好制度，具有无与伦比的优越性和强大生命力。

“积力之所举，则无不胜也；众智之所为，则无不成也。”全面建设社会主义现代化国家寄托着中华民族的夙愿和期盼，凝结着中国人民的奋斗和汗水。中国式现代化是我们党领导全国各族人民在长期探索和实践中历经千辛万苦、付出巨大代价取得的重大成果，是一项前无古人的开创性事业，必须发挥亿万人民的创造伟力。一路走来，我们党紧紧依靠人民交出了一份又一份载入史册的答卷。前进道路上，无论是风高浪急还是惊涛骇浪，人民永远是我们党最坚实的依托、最强大的底气。只要始终坚持一切为了人民、一切依靠人民，始终与人民风雨同舟、与人民心心相印，想人民之所想，行人民之所嘱，尊重人民主体地位，尊重人民群众在实践活动中所表达的意愿、所创造的经验、所拥有的权利、所发挥的作用，不断把人民对美好生活的向往变为现实，就一定能凝聚同心共圆中国梦的磅礴力量。

全过程人民民主是社会主义民主政治的本质属性，是最广泛、最真实、最管用的民主。人民代表大会制度是实现我国全过程人民民主的重要制度载体。党的十八大以来，以习近平同志为核心的党中央坚持走中国特色社会主义政治发展道路，全面发展全过程人民民主，健全人民当家作主制度体系，支持人大及其常委会依法行使职权，改进人大代表工作，人大工作取得历史性成就，人民代表大会制度更加成熟、更加定型。前进道路上，要继续推进全过程人民民主建设，把人民当家作主具体地、现实地体现到党治国理政的政策措施上来，具体地、现实地体现到党和国家机关各个方面各个层级工作上来，具体地、现实地体现到实现人民对美好生活向往的工作上来，把人民代表大会制度的特点和优势充分发挥出来，确保党和国家在决策、执行、监督落实各个环节都能听到来自人民的声音，通过人民代表大会制度牢牢把国家和民族前途命运掌握在人民手中。

今年是全面贯彻党的二十大精神的开局之年，也是十四届全国人大及其常委会依法履职的第一年。向着新目标、奋楫再出发，让我们更加紧密地团结在以习近平同志为核心的党中央周围，坚持以习近平新时代中国特色社会主义思想为指导，深刻领悟"两个确立"的决定性意义，增强"四个意识"、坚定"四个自信"、做到"两个维护"，坚定历史自信，增强历史主动，激扬奋进力量，在全面建设社会主义现代化国家新征程上谱写新的时代华章、创造新的历史伟业。

预祝大会圆满成功！

（2023 年 3 月 5 日《人民日报》第 1 版）

为实现新时代新征程的目标任务汇聚智慧和力量

——热烈祝贺全国政协十四届一次会议开幕

春来潮涌，奋楫扬帆。3 月 4 日，全国政协十四届一次会议在京隆重开幕。来自 34 个界别的 2100 多名新一届全国政协委员迎着新时代的浩荡东风，肩负亿万人民的殷切期待，齐聚首都共商国是。我们对大会的召开表示热烈祝贺!

新时代十年极不寻常、极不平凡。以习近平同志为核心的党中央团结带领全党全国各族人民，稳经济、促发展，战贫困、建小康，控疫情、抗大灾，应变局、化危机，取得了举世瞩目的伟大成就，推动我国迈上全面建设社会主义现代化国家新征程，实现中华民族伟大复兴进入了不可逆转的历史进程。特别是过去五年，我们经受了世界变局加剧、新冠疫情冲击和国内经济下行等多重考验，历史性地解决了绝对贫困问题，如期全面建成小康社会，实现第一个百年奋斗目标，取得疫情防控重大决定性胜利，创造了人类文明史上人口大国成功走出疫情大流行的奇迹，以奋发有为的精神把新时代中国特色社会主义不断推向前进。党和国家事业取得的历史性成就、发生的历史性变革，是以习近平同志为核心的党中央坚强领导的结果，是全国各族人民艰苦奋斗的结果，也是包括各民主党派、工商联和无党派人士在内的统一战线广大成员共同努力的结果。

为国履职显担当，为民尽责践初心。五年来，人民政协坚持以习近平新时代中国特色社会主义思想为指导，深入贯彻中央政协工作会议精神，紧紧围绕中心、服务大局，务实有效深化专门协商机构建设，凝心聚力共襄民族复兴历史伟业，与时俱进推进人民政协实践创新、理论创新、制度创新，人民政协事业展现新气象新面貌，为党和国家事业发展作出新贡献。

党的二十大擘画了全面建设社会主义现代化国家、以中国式现代化全面推进中华民族伟大复兴的宏伟蓝图，明确了新时代新征程党和国家事业发展的目标任务，吹响了奋进新征程的时代号角。当前，世界之变、时代之变、历史之变正以前所未有的方式展开，我国发展进入战略机遇和风险挑战并存、不确定难预料因素增多的时期，必须准备经受风高浪急甚至惊涛骇浪的重大考验。越是形势复杂，越是任务艰巨，越要发挥中国共产党领导的政治优势和中国特色社会主义的制度优势，切实把思想和行动统一到党的二十大作出的重大决策部署上来，为实现新时代新征程的目标任务广泛汇聚智慧和力量。

力量生于团结，幸福源自奋斗。实现宏伟蓝图，需要全国上下团结奋斗。人民政协因团结而生、依团结而存、靠团结而兴，肩负着为实现中华民族伟大复兴凝心聚力的重要使命。面对新时代新征程的新任务新要求，人民政协发挥作为最广泛的爱国统一战线组织功能，坚持大团结大联合，动员全体中华儿女围绕实现中华民族伟大复兴中国梦一起来想、一起来干，最大限度把各阶层各方面的智慧和力量凝聚起来，最大限度把全社会全民族的积极性、主动性、创造性发挥出来，一定能够形成同心共圆中国梦的强大合力。

协商民主是实践全过程人民民主的重要形式，人民政协是社会主义协商民主的重要渠道和专门协商机构，人民政协制度具有多方面的独特优势。前进道路上，要坚持和完善中国共产党领导的多党合作和政治协商制度，坚持党的领导、统一战线、协商民主有机结合，坚持发扬民主和增进团结相互贯通、建言资政和凝聚共识双向发力，发挥人民政协作为专门协商机构作用，加强制度化、规范化、程序化等功能建设，提高深度协商互动、意见充分表达、广泛凝聚共识水平，更好把人民政协制度优势转化为国家治理效能。

今年是全面贯彻党的二十大精神的开局之年。开局关乎全局，起步决定后程。向着新目标、奋楫再出发，人民政协使命光荣、责任重大。期待新一届全国政协委员牢记“国之大者”、增强历史主动、认真履职尽责，努力为实现新征程的良好开局建真言、谋良策、出实招。让我们更加紧密地团结在以习近平同志为核心的党中央周围，坚持以习近平新时代中国特色社会主义思想为指导，深刻领悟“两个确立”的决定性意义，增强“四个意识”、坚定“四个自信”、做到“两个维护”，坚定信心、同心同德、埋头苦干，为全面建设社会主义现代化国家开好局起好步，为实现第二个百年奋斗目标奠定坚实基础。

预祝大会圆满成功！

（2023 年 3 月 4 日《人民日报》第 1 版）

凝聚起建设中国式现代化的磅礴力量

——从党的二十大到二〇二三年全国两会

春风浩荡中，2023 年全国两会大幕开启。

这是全面贯彻落实党的二十大精神开局之年、踏上实现第二个百年奋斗目标新征程重要时刻召开的盛会，举国关注，举世瞩目。

从党的二十大到全国两会，宏伟蓝图鼓舞人心，时代号角催人奋进。

激荡光荣与梦想、满怀憧憬与期盼，全党全国各族人民更加紧密地团结在以习近平同志为核心的党中央周围，凝聚起建设中国式现代化的磅礴力量，向着民族复兴的光明未来阔步进发。

坚定信心——

从党的二十大到全国两会，观大势、谋大局、抓大事，把党的主张转化为国家意志，凝心聚力，奔赴新征程

春到陕北，黄土高原的山峁暖意渐浓。延安市安塞区高桥镇南沟村的山地苹果园里，一株株苹果树整齐排列，水肥一体化灌溉设施贯穿其间，果农们正给果树修枝整形，一片忙碌景象。

党的二十大闭幕后不久，习近平总书记到这里考察时指出，大力发展苹果种植业可谓天时地利人和，这是最好的、最合适的产业，大有前途。

从陕北的变化看到中国的变化，习近平总书记指出："现在，'两个一百年'奋斗目标的第一个百年目标已经实现，绝对贫困问题解决了，老乡们过上了好日子，但还要继续努力往前走，让生活越来越美好。"

新起点、新方位，向着新的奋斗目标出发。

"总书记为延安加快推动苹果产业高质量发展指引了明确方向、注入了强

大动力。新征程上，我们要牢记嘱托，加快上下游配套产业发展，培育更大市场，让果农进一步增收致富。”参加全国两会的延安市市长严汉平代表说。

神州春潮奔涌，万里山河锦绣。

今年全国两会是党的二十大后召开的第一次全国两会，统筹中华民族伟大复兴战略全局和世界百年未有之大变局，党的二十大制定的一系列战略部署将在全国两会上通过法定程序转化为国家意志。

从党的二十大到全国两会，蓝图绘就，前程远大，人民豪迈，信心坚定。

这信心，来自“两个确立”的根本保证——

回望新时代十年，党和国家事业取得历史性成就、发生历史性变革，根本在于有习近平总书记作为党中央的核心、全党的核心掌舵领航，在于有习近平新时代中国特色社会主义思想科学指引。

党的二十大选举产生了新一届中央委员会和中央纪律检查委员会，党的二十届一中全会选举产生了以习近平同志为核心的新一届中央领导集体。

今年全国两会是换届大会，将选举产生新一届国家机构和全国政协领导人员。

从党的二十大到全国两会，全党全社会必将进一步把“两个确立”的政治共识转化为“两个维护”的行动自觉。

当今世界，进入新的动荡变革期，世界之变、时代之变、历史之变正以前所未有的方式展开。

今日中国，取得疫情防控重大决定性胜利，经济运行稳中有进，发展质量稳步提升，社会大局保持稳定，但机遇和风险挑战并存，不确定难预料因素增多。

核心引领、思想引领，是最有力的引领。

全国人大代表、福建省龙岩市市长胡盛表示，新征程上保持战略定力，集中力量办好自己的事，“两个确立”是我们应对一切不确定性的最大确定性、最大底气、最大保证。

这信心，来自行稳致远的光明前景——

今年，改革开放第四十五个年头。新征程上，改革开放大潮澎湃不息。

党的二十大对深化机构改革作出重要部署，党的二十届二中全会审议通过了《党和国家机构改革方案》，十四届全国人大一次会议将审议国务院机构改革方案。

全国人大代表陈志列曾受“春天的故事”感召，南下深圳创业，企业在这片沃土上成长壮大。

“今年我国开始全面实行股票发行注册制，前不久又推出金融举措支持深圳前海创新发展，相信全国两会将提出更多让改革走向深入、让开放大门越开越大的新举措。”陈志列满怀信心。

踏上新征程，全面贯彻落实党的二十大精神和党中央一系列重大决策部署是今年全国两会的重要任务。

此刻，世界期待中国两会进一步揭示中国前进方向。

外媒报道说：“考虑到两会的功能，人们可以借此机会直接了解未来一年中国的总体走向。”

经济运行如何实现整体好转，产业政策如何推动实现发展和安全并举，科技政策如何聚焦自立自强，社会政策如何兜牢民生底线……从党的二十大到全国两会，从战略布局到精准施策，一张张蓝图将在实践中变成一幅幅美好画卷。

这信心，来自奋力出征的笃行不怠——

哈电集团参与生产的首台国产HA级重型燃机不久前顺利下线，标志着我国重型燃机本土化制造取得新突破。

新征程上，老国企勇于开辟新赛道。抢抓发展机遇，加快转型步伐，哈电集团今年1月份营业收入同比增长20.1%。

“新征程上，我们要增强忧患意识，居安思危，通过顽强斗争打开事业发展新天地。”哈电集团董事长、党委书记曹志安委员表示，要把党的二十大提出的明确要求落到实处，育新机、开新局，继续向产业高端化、智能化、绿色化方向迈进。

党的二十大后，全党全社会兴起学习贯彻党的二十大精神热潮，自觉把思想和行动统一到党的二十大精神和党中央决策部署上来，把智慧和力量凝聚到党的二十大提出的目标任务上来。

着眼强国建设、民族复兴，把党的二十大确定的长远发展路线图转化为阶段性施工图，全国两会的召开对实现今年经济社会发展各项目标任务至关重要。

迎着春风，奋跃而上。

“新时代的伟大成就是党和人民一道拼出来、干出来、奋斗出来的！”党的二十大报告中这句话激励着全国人大代表、浙江省绍兴市棠棣村党总支书记刘建明。

过去一年，棠棣村村民人均收入达到12万元，村集体经济收入超过800万元，在共同富裕道路上迈出有力步伐。

展望未来，刘建明充满信心：“我要带着大家继续奔跑，用数字技术赋能乡村产业链，让乡亲们共享富裕成果。”

把党的主张转化为全体人民的共同行动，全国两会必将团结动员全国各族人民坚定必胜信心，一往无前踏上新征程。

团结一心——

从党的二十大到全国两会，统一思想、统一意志、统一行动，形成同心共圆中国梦的更强合力

“全党全国各族人民要在党的旗帜下团结成‘一块坚硬的钢铁’，心往一处想、劲往一处使，推动中华民族伟大复兴号巨轮乘风破浪、扬帆远航。”党的二十大期间，习近平总书记参加广西代表团讨论时的话语掷地有声。

党的二十届二中全会强调，开好十四届全国人大一次会议和全国政协十四届一次会议，对进一步动员全党全国各族人民为全面建设社会主义现代化国家、全面推进中华民族伟大复兴而团结奋斗，具有重大意义。

从党的二十大到全国两会，团结奋斗的主基调一以贯之。

这是中国人民和中华民族战胜前进道路上一切风险挑战、不断从胜利走向新的胜利的重要保证。

作为少数民族界的全国政协委员，广西来宾市副市长杨远艳表示，团结奋斗是中国人民创造历史伟业的必由之路，“我准备的提案聚焦在铸牢中华民族共同体意识、进一步深化中华民族共同体内涵、加快建设民族团结示范区等方面”。

从党的二十大到全国两会，以民主聚共识，以共识凝力量。

赴京参会前，全国人大代表、上海市长宁区虹桥街道荣华居民区党总支第一书记盛弘忙着接待社区居民，听取他们对社区建设、民生改善方面的意见建议。

她一直记得，2019年11月2日，习近平总书记在虹桥街道古北市民中心考察时指出，我们走的是一条中国特色社会主义政治发展道路，人民民主是一种全过程的民主。

“小到衣食住行，大到改革发展，在社区工作中广泛吸收民意，把群众的声音带到两会上，就是全过程人民民主的具体体现。”盛弘说。

从社区议事厅到人民大会堂，民主之光始终闪耀。

党的二十大报告强调，人民民主是社会主义的生命，是全面建设社会主义现代化国家的应有之义。

提请十四届全国人大一次会议审议的立法法修正草案，将贯彻全过程人民民主重大理念及其要求，确保立法工作各个环节都能听到人民的声音、了解基层的情况。

过去十年，习近平总书记同全国人大代表、全国政协委员共赴春天的约定，53次参加全国两会团组审议讨论，听取约400名代表委员发言。

在总书记同代表委员一次次的坦诚沟通、共商国是中，思想与智慧碰撞交融，亿万人民的期盼与心声不断融入党和国家事业发展的顶层设计和决策部署。

上下同欲者胜，风雨同舟者兴。

党的二十大报告提出，以国家战略需求为导向，集聚力量进行原创性引领性科技攻关，坚决打赢关键核心技术攻坚战。这让海归创业者袁玉宇代表倍感振奋：“创新的事业呼唤创新的人才，民族的复兴梦与个人的事业梦必将同梦共圆。”

再次当选全国人大代表的袁玉宇表示，要进一步提升履职本领，更好建言献策，助推高水平科技自立自强。

从党的二十大到全国两会，党心与民心相通，党情与民意共鸣。

当选党的二十大代表后又当选新一届全国人大代表，河南省辉县市张村乡裴寨村党支部书记裴春亮深感责任重大：“我是土生土长的农民，作为全国人大代表，肩负的是沉甸甸的职责使命。”

十四届全国人大代表、全国政协委员来自各地区、各民族、各方面，具有广泛代表性。全国人大代表中一线工人、农民代表占代表总数的比例比上届有所提高，全国政协新设了环境资源界别。

找到最大公约数，画出最大同心圆。

今年全国两会继续开设“代表通道”“委员通道”“部长通道”，各方面代表委员将讲述意愿心声，展现履职风采。

3 月 4 日下午，人民大会堂新闻发布厅，全国政协十四届一次会议首场“委员通道”如约拉开帷幕，8 位全国政协委员与现场记者面对面互动交流。

代表委员们汇集民意民智，履职尽责、参政议政，集思广益、群策群力，全国两会将把全国各族人民更加紧密团结起来。

围绕共同目标形成的团结最牢固，依靠紧密团结进行的奋斗最有力。

西藏隆子县斗玉珞巴民族乡乡长扎西江村是来自珞巴族的代表。第一次当选全国人大代表后，扎西江村 5 年间提出 10 多条关于加快边境建设、改善边民群众生产生活的建议。

而今，乡里 3 个村建成边境小康村，通电通网、通自来水、基本通硬化路，群众衣食住行得到极大改善。

党的二十大报告指出，加强边疆地区建设，推进兴边富民、稳边固边。再次当选全国人大代表的扎西江村说：“把宏伟蓝图变成美好现实，让边境乡村早日走上富裕路，是我和乡亲们共同的目标和任务，我们将团结起来一起向前跑。”

奋跃而上——

从党的二十大到全国两会，谋良策、出实招、见实效，为全面建设社会主义现代化国家开好局起好步

最新数据显示，2 月份制造业采购经理指数为 52.6%，比上月上升 2.5 个百分点，我国经济景气水平继续回升。

今年开年以来，从春节黄金周旅游和消费快速升温，到 1 月份实际使用外资金额同比增长 14.5%，一系列指标释放经济运行积极信号。

从党的二十大到全国两会，中央接连出台事关长远发展的重磅文件，各部门推出一系列开新局、促发展的政策举措，各地纷纷出实招、出硬招着力推动高质量发展，华夏大地处处是烟火气、忙碌劲儿，各行各业的人们以拼的姿态、抢的劲头走进这个充满希望的春天。

开局关乎全局。习近平总书记强调，推进中国式现代化必须抓好开局之年的工作。

开局之年的全国两会，代表委员们带来一张张喜人的新成绩单——

赴京前，全国人大代表吴国平特意揣上一份刚刚出炉的统计表，上面是他所在的无锡拈花湾景区近四年的客流量分析。今年前两个月，景区入园人数超过 21 万人次，远超去年同期的 13 万人次，创下 2019 年以来同期新高。

火爆的旅游市场给了吴国平谋划未来发展的信心。今年，他准备重点围绕党的二十大报告提出的增强消费对经济发展的基础性作用，就拓展旅游业态、激发消费潜力提出建议。

“我们将打造更多‘旅游＋休闲’‘旅游＋文化’的新场景、新体验，迎接市场的全面复苏。”吴国平说。

春天里的中国，满眼生机活力。

看工厂车间，机器轰鸣。“去年汽车销售超过 200 万辆，创下五年来新高，更重要的是我们掌握了 1100 多项关键技术。”全国人大代表、长安汽车董事长朱华荣信心倍增。

望广袤田野，生意盎然。“来北京前到地里看了看，麦苗正返青拔节，已经高过脚踝。今年苗情不赖，丰收有信心。”全国人大代表、安徽省太和县种粮大户徐淙祥底气十足。

开局之年的全国两会，满载着全体人民对中国式现代化的新期盼——

对再次当选全国人大代表的重庆市酉阳土家族苗族自治县天山堡村党支部书记冉慧来说，山村的路一直是她的关注点。

“加大对‘四好农村路’建设支持力度”“科学规划农村道路体系”“解决农村公路安全问题”……过去 5 年，冉慧在全国两会上提交多条相关建议。她提出的将渝湘高铁重庆黔江至湖南吉首段纳入国家铁路建设规划等建议，得到相关部门的推进落实。

“如今，从村里开车，20 分钟就能到县城。现在，我最盼望的是我们村和更多山村能搭上高铁，跑出发展加速度。”冉慧说。

制造强国、质量强国、航天强国、交通强国、网络强国、数字中国，党的二十大勾画的一幅幅中国式现代化图景无不让人满怀期待。

教育、科技、人才是全面建设社会主义现代化国家的基础性、战略性支撑。来自中国科技大学的全国政协委员陈仙辉说：“希望加快构建多元联动、力量协同的重大科技基础设施创新体系，进一步发挥国之重器的作用。”

尊重自然、顺应自然、保护自然，是全面建设社会主义现代化国家的内在要求。首次作为环境资源界别的全国政协委员参加两会，重庆市生态环境局局长余国东把关注的目光投向“无废城市”建设、生物多样性保护、内河船舶大气污染监管等方面。

开局之年的全国两会，激发新征程上开好局起好步的新动力——

“更好统筹国内国际两个大局，更好统筹疫情防控和经济社会发展，更好统筹发展和安全”。党的二十届二中全会强调，全党同志必须坚定信心，保持战略清醒，发扬斗争精神，做到“三个更好统筹”，努力实现今年各项目标任务。

锚定目标，踔厉奋发。

从起点看全年——南方科技大学副校长金李委员说，要着力扩大国内需求，加快建设现代化产业体系，确保国民经济循环畅通，特别是加快实现产业体系升级发展，加快新能源、人工智能、生物医药、量子信息等战略性新兴产业的培育壮大，锻造新的产业竞争优势。

从当前看长远——全国政协委员、中央党校（国家行政学院）经济学教研部主任韩保江说：“现代化的中国是高质量发展的中国。要实现质的有效提升和量的合理增长，不断夯实中国式现代化的基础。”

新征程是充满光荣和梦想的远征，没有捷径，唯有实干。

奋进新征程，要勇于攻坚克难。全国人大代表杨永修是中国一汽研发总院的一名操作工。之前在攻克一项汽车发动机加工核心工艺时，他和团队要实现 0.015 毫米的加工精度，反复尝试后终于在浩如烟海的代码中总结出精密参数，实现技术突破。“向技术无人区挺进，只要发扬精益求精、专注执着的工匠精神，就会迎来海阔天空。”杨永修说。

奋进新征程，要敢于创新突破。从“一滴油”到“一根丝”“一张膜”，沿产业链上下游拓展，这是一家印染小厂成长为高科技产业集团走过的路。盛虹控股集团董事长缪汉根代表说：“创新发展之路永无止境，我们要发扬首创精神、担当开路先锋，全力向新能源、新材料领域进军，在新征程上创造新业绩。”

崭新出发，前程壮阔。

从党的二十大到全国两会，团结之力更加凝聚，奋进之姿更加昂扬。在以习近平同志为核心的党中央坚强领导下，全国人民同心同德、齐心协力，沿着中国式现代化的康庄大道奔向未来。

（2023 年 3 月 5 日《人民日报》第 2 版）

共商国是

李强在参加云南代表团审议时强调

坚持稳中求进工作总基调 着力推动高质量发展

中共中央政治局常委李强 3 月 5 日下午来到他所在的云南代表团，同代表们一起审议政府工作报告。王椿元、张文旺、马忠俊等代表先后发言，李强边听边记，不时与大家交流讨论。

李强在听取代表发言后表示，李克强总理所作的政府工作报告，以习近平新时代中国特色社会主义思想为指导，体现了党的二十大精神和中央经济工作会议部署，赞成这个报告。

李强指出，过去五年，以习近平同志为核心的党中央团结带领全党全国各族人民，有效应对严峻复杂的国际形势和接踵而至的巨大风险挑战，党和国家事业取得举世瞩目的重大成就。这些成就来之不易，根本在于习近平总书记作为党中央的核心、全党的核心掌舵领航，在于习近平新时代中国特色社会主义思想科学指引。我们要从我国发展走过的极不寻常历程、取得的极不平凡成就中，深刻领悟“两个确立”的决定性意义，增强“四个意识”、坚定“四个自信”、做到“两个维护”，自觉在思想上政治上行动上同以习近平同志为核心的党中央保持高度一致。

李强强调，今年是全面贯彻党的二十大精神的开局之年，做好经济工作意义重大。当前我国经济呈现稳步回升态势，但面临的困难挑战和不确定因素仍然不少，实现全年发展目标需要倍加努力。要以习近平新时代中国特色社会主义思想为指导，全面贯彻落实党的二十大精神，坚持稳中求进工作总基调，完整、准确、全面贯彻新发展理念，加快构建新发展格局，着力推动高质量发展。要突出做好稳增长、稳就业、稳物价工作，推动经济运行整体好转。要继续做好新阶段疫情防控工作，落实“乙类乙管”各项措施。要努力扩大内需，多渠道促进居民增收、提高消费能力和意愿，发挥好政府投资和政策性金融的引导作用、带动民间投资。要大力推进科技创新，加快建设现代化产业体系。要有效防范化解重大经济金融风险。要加强保障和改善民生各项工作，着力抓好青年特别是高校毕业生等重点群体就业，巩固拓展脱贫攻坚成果。要坚定不移深化改革，进一步推进国资国企改革，支持民营经济发展壮大。要推动高水平对外开放，营造市场化法治化国际化营商环境。

李强充分肯定云南各方面工作取得的成绩，希望云南深入贯彻习近平总书记对云南工作的重要指示精神，立足更好发挥自身优势，做好特色农业、旅游业等特色优势经济大文章，努力在建设我国民族团结进步示范区、生态文明建设排头兵、面向南亚东南亚辐射中心上不断取得新进展，谱写好中国式现代化的云南篇章。

（2023 年 3 月 6 日《人民日报》第 4 版）

赵乐际在参加四川代表团审议时强调

全面学习贯彻党的二十大精神　为全面建设社会主义现代化国家开好局起好步贡献力量

中共中央政治局常委赵乐际3月5日下午参加他所在的四川代表团审议。吴德、王海峰、钟波等代表先后发言。赵乐际认真听取代表们的发言，并同大家交流讨论。赵乐际说，李克强总理所作的政府工作报告，全面贯彻习近平新时代中国特色社会主义思想和党的二十大精神，总结成绩实事求是，确定目标科学合理，提出举措切实可行，是一个求真务实、开拓进取、团结鼓劲的好报告。

赵乐际指出，党的十九大以来的五年极不寻常、极不平凡。以习近平同志为核心的党中央团结带领全党全国各族人民开拓奋进、攻坚克难，如期打赢脱贫攻坚战，如期全面建成小康社会，推动我国转向高质量发展阶段，成功推进和拓展中国式现代化，扎实推进共同富裕，不断把人民对美好生活的向往变为现实。新时代十年党和国家事业取得历史性成就、发生历史性变革，根本在于党确立习近平同志党中央的核心、全党的核心地位，确立习近平新时代中国特色社会主义思想的指导地位。要深刻领悟“两个确立”的决定性意义，增强“四个意识”、坚定“四个自信”、做到“两个维护”，全面学习贯彻党的二十大和二十届一中、二中全会精神，扎实推进中国式现代化建设，为全面建设社会主义现代化国家开好局起好步贡献力量。

赵乐际充分肯定四川经济社会发展取得的成绩，强调未来五年是以中国式现代化引领四川经济社会发展的关键时期。希望四川按照党的二十大擘画的宏伟蓝图接续奋斗、奋勇向前，把习近平总书记对四川工作重要指示精神和党中央决策部署落到实处，推动新时代治蜀兴川再上新台阶，在全面建设社会主义现代化国家新征程上奋力谱写四川发展新篇章。

赵乐际指出，人大代表是国家权力机关组成人员，当代表是严肃的政治责任。要自觉坚持党的全面领导特别是党中央集中统一领导，坚持以习近平新时代中国特色社会主义思想为行动指南，忠实代表人民的利益和意志依法参加行使国家权力。要把人民放在心中最高位置，充分发挥来自人民、扎根人民的特点优势，倾听群众呼声，反映群众愿望，当好党和国家联系人民群众的桥梁。要认真执行代表职务，不断提升履职能力，充分发挥代表的作用，切实履行好人大代表的光荣使命。要以更高标准严格要求自己，自觉加强思想作风建设，言行举止都要符合人大代表身份，展现新时代人大代表的风采。

（2023 年 3 月 6 日《人民日报》第 4 版）

王沪宁在参加贵州代表团审议时强调

全面贯彻习近平新时代中国特色社会主义思想和党的二十大精神奋力谱写多彩贵州现代化建设新篇章

中共中央政治局常委王沪宁3月5日下午来到他所在的贵州代表团，同代表们一起审议政府工作报告。

会场气氛活跃热烈，杨昌芹、吴东来、卢丹等代表积极发言。王沪宁表示，李克强总理所作的政府工作报告，体现了习近平新时代中国特色社会主义思想和党的二十大精神，完全赞成这个报告。

王沪宁表示，党的十九大以来的五年极不寻常、极不平凡，党和国家事业取得举世瞩目的重大成就，根本在于以习近平同志为核心的党中央坚强领导，在于习近平新时代中国特色社会主义思想科学指引。要深刻领悟“两个确立”的决定性意义，增强“四个意识”、坚定“四个自信”、做到“两个维护”，自觉在思想上政治上行动上同以习近平同志为核心的党中央保持高度一致。要深刻把握习近平新时代中国特色社会主义思想的世界观和方法论，坚持好、运用好贯穿其中的立场观点方法，更好用以武装头脑、指导实践、推动工作。

王沪宁希望贵州深入贯彻习近平总书记对贵州工作的重要指示精神，持续深化学习宣传贯彻党的二十大精神，抓好党的二十大目标任务和战略部署的落实。要围绕扎实推进中国式现代化，完整、准确、全面贯彻新发展理念，坚持以高质量发展统揽全局，奋力谱写多彩贵州现代化建设新篇章。要做好巩固拓展脱贫攻坚成果同乡村振兴有效衔接，建设宜居宜业和美乡村，推进共同富裕。要践行绿水青山就是金山银山的理念，持之以恒推进生态文明建设，守好发展和生态两条底线。要切实保障和改善民生，解决好就业、教育、医疗、住房、养老、托幼等民生问题，加快民族地区发展，促进民族团结进步。要全面加强党的领导和党的建设，一刻不停推进全面从严治党。

（2023 年 3 月 6 日《人民日报》第 4 版）

蔡奇在参加青海代表团审议时强调

坚持以习近平新时代中国特色社会主义思想为指导　在推进青藏高原生态保护和高质量发展上取得新成就

中共中央政治局常委、中央书记处书记蔡奇 3 月 7 日上午来到他所在的十四届全国人大一次会议青海代表团，同代表们一起审议。

王黎明、索南丹增、许庆民等代表先后发言。蔡奇认真听取大家发言，不时同代表们交流。蔡奇表示，李克强总理所作的政府工作报告，体现了党中央部署要求。赞成政府工作报告和立法法修正草案。

蔡奇表示，过去 5 年极不寻常、极不平凡。以习近平同志为核心的党中央统筹中华民族伟大复兴战略全局和世界百年未有之大变局，团结带领全党全国各族人民攻克了许多长期没有解决的难题，办成了许多事关长远的大事要事，党和国家事业取得举世瞩目的重大成就。特别是历史性地解决绝对贫困问题，全面建成小康社会，创造了人类文明史上人口大国成功走出疫情大流行的奇迹，在民族复兴的征程中写下了浓墨重彩一笔。这些成就是党和人民一道拼出来、干出来、奋斗出来的，最根本在于有习近平总书记掌舵领航，有习近平新时代中国特色社会主义思想科学指引。我们要更加深刻领悟“两个确立”的决定性意义，增强“四个意识”、坚定“四个自信”、做到“两个维护”，更加自觉地在思想上政治上行动上同以习近平同志为核心的党中央保持高度一致。

蔡奇希望青海坚持以习近平新时代中国特色社会主义思想为指导，深入贯彻习近平总书记对青海工作重要讲话精神，在推进青藏高原生态保护和高质量发展上取得新成就，为推进中国式现代化贡献力量。要坚持把学习宣传贯彻党的二十大精神作为首要政治任务，在全面学习、全面把握、全面落实上下功夫，不断推动往深里走、往实里走、往心里走。完整、准确、全面贯彻新发展理念，牢牢把握高质量发展这个首要任务。坚持绿水青山就是金山银山，承担好保护“中华水塔”、三江源的重大使命，扎实推进生态环境保护，打造生态文明高地。深度融入国家战略，以产业“四地”建设为重点，依靠科技创新，推动传统产业升级，壮大战略性新兴产业。坚持以人民为中心的发展思想，巩固拓展脱贫攻坚成果，全面推进乡村振兴，逐步补上民生短板，用心用情守好各族群众日子。扩大优质文化产品供给，满足各族群众精神文化需求。铸牢中华民族共同体意识，促进各民族交往交流交融。以党的政治建设为统领抓好党的各方面建设，深入开展学习贯彻习近平新时代中国特色社会主义思想主题教育，大兴调查研究之风，驰而不息抓作风建设。牢记“三个务必”，传承红色基因，走好新时代长征路。

（2023 年 3 月 8 日《人民日报》第 1 版）

丁薛祥在参加辽宁代表团审议时强调

全面贯彻落实党中央决策部署
扎实推进中国式现代化建设

中共中央政治局常委、中央办公厅主任丁薛祥3月7日上午来到他所在的十四届全国人大一次会议辽宁代表团，同代表们一起审议。

张亚梅、王向明、王颖等代表围绕破解“卡脖子”难题、打造国之重器、推动乡村振兴等问题先后发言，气氛十分热烈。在听取代表发言后，丁薛祥说，完全赞成李克强总理所作的政府工作报告和立法法修正草案。

丁薛祥表示，过去五年极不寻常、极不平凡，党和国家事业取得了举世瞩目的重大成就。成绩来之不易，根本在于习近平总书记掌舵领航，在于习近平新时代中国特色社会主义思想科学指引。新时代新征程上，要深刻领悟“两个确立”的决定性意义，增强“四个意识”、坚定“四个自信”、做到“两个维护”，自觉在思想上政治上行动上同以习近平同志为核心的党中央保持高度一致。

丁薛祥强调，今年是贯彻党的二十大精神的开局之年，要全面贯彻落实党中央决策部署，把握好新时代新征程党的使命任务，把握好高质量发展这个首要任务，完整、准确、全面贯彻新发展理念，扎实推进中国式现代化建设。坚持稳中求进工作总基调，更好统筹经济质的有效提升和量的合理增长，更好统筹发展和安全。坚持以人民为中心的发展思想，让现代化建设成果更多更公平惠及全体人民，不断增强人民群众的获得感、幸福感、安全感。坚持深化改革开放，促进有效市场和有为政府更好结合，加快构建以国内大循环为主体、国内国际双循环相互促进的新发展格局。坚决维护以习近平同志为核心的党中央权威和集中统一领导，坚持和完善党领导经济社会发展的体制机制，确保党中央各项决策部署落到实处。

丁薛祥充分肯定辽宁经济社会发展取得的成绩，希望辽宁深入贯彻落实习近平总书记重要指示精神，在新时代东北振兴上展现更大担当和作为，开创辽宁振兴发展新局面。全面提升产业体系现代化水平，夯实实体经济这个根基，再创辽宁工业辉煌。发挥好教育、人才、科技优势，聚焦“卡脖子”问题加强攻关，加快实现高水平科技自立自强。切实落实“两个毫不动摇”，深化国资国企改革，营造良好营商环境，激发发展动力与活力。坚定不移推进全面从严治党，大力弘扬求真务实的精神，以良好的政治生态保障辽宁全面振兴。

（2023 年 3 月 8 日《人民日报》第 1 版）

李希在参加福建代表团审议时强调

一刻不停正风肃纪反腐
为推进中国式现代化提供坚强保障

中共中央政治局常委、中央纪委书记李希3月5日下午来到他所在的福建代表团，同代表们一起审议政府工作报告。会场气氛活跃、讨论热烈，廖红、陈东海、钟军等代表先后发言，李希认真倾听，并与代表们交流讨论。

在听取代表发言后，李希说，完全赞同李克强总理所作的政府工作报告。党的十九大以来的五年，是极不寻常、极不平凡的五年。面对严峻复杂的国际形势和接踵而至的巨大风险挑战，以习近平同志为核心的党中央团结带领全党全国各族人民坚决斗争、化危为机，赢得了一场场大战大考，推动实现中华民族伟大复兴进入了不可逆转的历史进程。党和国家事业之所以能够取得举世瞩目的重大成就，根本在于习近平总书记领航掌舵，在于习近平新时代中国特色社会主义思想科学指引。我们要深刻领悟“两个确立”的决定性意义，增强“四个意识”、坚定“四个自信”、做到“两个维护”，更加自觉用习近平新时代中国特色社会主义思想武装头脑、指导实践、推动工作，始终在思想上政治上行动上同以习近平同志为核心的党中央保持高度一致。

李希强调，习近平总书记一直关心福建工作，亲自为福建把脉定向、指路引航。谱写好全面建设社会主义现代化国家福建篇章，要更加自觉深刻领会习近平总书记提出的“四个更大”重要要求，把党中央关于福建工作的决策部署谋深谋细、落地落实。要牢固树立全国一盘棋思想，找准在服务和融入新发展格局中的定位，做到既为一域增光、又为全局添彩；用好用足独特的区位发展优势和资源优势，传承运用红色资源，保持敢拼会赢、艰苦奋斗的精神状态，推动福建发展再创新的成就和业绩。

李希指出，纪检监察机关是推进全面从严治党的重要力量，在推进中国式现代化进程中肩负重要使命、发挥重要作用。要忠实履行党章和宪法赋予的职责，加强具体化精准化常态化监督检查，以强有力政治监督保障党的二十大决策部署有效落实；坚决打赢反腐败斗争攻坚战持久战，以一体推进“三不腐”为经济社会发展清障护航；推动全面从严治党向基层延伸，以惩治群众身边“蝇贪”促进发展成果真正惠及广大人民群众；持续加固中央八项规定堤坝，以纠“四风”树新风营造良好的发展环境；坚持监督有形覆盖和有效覆盖相统一，以健全监督体系促进国家治理体系和治理能力现代化，更加有力服务保障党和国家事业发展。

（2023 年 3 月 6 日《人民日报》第 4 版）

韩正在参加山东代表团审议时强调

全面贯彻落实党中央决策部署
不断夺取新时代中国特色社会主义新胜利

国务院副总理韩正3月5日下午来到他所在的山东代表团，同代表们一起审议政府工作报告。孙爱军、李伟、杨朝明等代表先后发言，韩正认真倾听，不时与大家交流讨论，气氛十分热烈。

在听取代表发言后，韩正说，李克强总理所作的政府工作报告，以习近平新时代中国特色社会主义思想为指引，深入贯彻党的二十大精神和中央经济工作会议精神，完整、准确、全面贯彻新发展理念，充分体现了以人民为中心的发展思想，完全赞成这个报告。

韩正表示，党的十九大以来的五年极不寻常、极不平凡。在以习近平同志为核心的党中央坚强领导下，我们有力应对各种困难和风险挑战，经受了世界变局加速演进、新冠疫情冲击、国内经济下行等多重考验，推动党和国家事业取得举世瞩目的重大成就。过去一年，党中央团结带领全党全国各族人民，统筹国内国际两个大局，统筹疫情防控和经济社会发展，统筹发展和安全，保持了经济社会大局稳定。成绩来之不易，根本在于习近平总书记作为党中央的核心、全党的核心掌舵领航，在于习近平新时代中国特色社会主义思想的科学指引。

韩正强调，今年是全面贯彻党的二十大精神的开局之年，我们要更加深刻领悟“两个确立”的决定性意义，更加坚定自觉做到“两个维护”，把思想和行动统一到党中央对形势的判断和决策部署上来，扎实做好各项工作，努力完成全年目标任务，不断夺取新时代中国特色社会主义新胜利。要坚持稳字当头、稳中求进，在保持政策连续性、稳定性的基础上，增强针对性和有效性。

要完整、准确、全面贯彻新发展理念，更好统筹发展和安全，推动经济实现质的有效提升和量的合理增长，实现高质量发展。要坚持以人民为中心的发展思想，始终牢记民生福祉，在发展中保障和改善民生，扎实推进共同富裕。要坚持目标导向问题导向相结合，紧紧围绕工作目标，建立、完善发现问题的机制，在解决问题中不断向目标前进。

韩正充分肯定山东各方面工作取得的新成绩，希望山东深入贯彻落实习近平新时代中国特色社会主义思想，牢记习近平总书记提出的“走在前、开新局”嘱托，锚定高质量发展不动摇，坚决落实好重大国家战略，大力推进绿色低碳高质量发展，更加突出创新驱动发展，在保障和改善民生上用情用力，努力谱写中国式现代化的“山东实践”。

（2023 年 3 月 6 日《人民日报》第 4 版）

李强赵乐际王沪宁蔡奇丁薛祥李希分别看望出席全国政协十四届一次会议委员并参加讨论

中共中央政治局常委李强，中共中央政治局常委赵乐际，中共中央政治局常委、全国政协十四届一次会议主席团会议主持人王沪宁，中共中央政治局常委、中央书记处书记蔡奇，中共中央政治局常委、中央办公厅主任丁薛祥，中共中央政治局常委、中央纪委书记李希，3 月 6 日分别看望出席全国政协十四届一次会议的委员并参加分组讨论，同大家共商国是。

3 月 6 日上午，李强参加了经济界委员联组会。在认真听取马建堂、谌志华、石磊等委员发言后，李强说，过去五年极不寻常、极不平凡，我国经济社会发展取得举世瞩目的重大成就。这是以习近平同志为核心的中共中央坚强领导的结果，是习近平新时代中国特色社会主义思想科学指引的结果，是全党全国各族人民团结奋斗的结果。我们要从中深刻领悟“两个确立”的决定性意义，更加坚定自觉做到“两个维护”，夯实团结奋斗的共同思想政治基础，凝聚齐心协力推进中国式现代化的强大合力。李强强调，今年以来，我国经济发展开局良好，但面临的困难挑战和不确定因素仍然不少。要以习近平新时代中国特色社会主义思想为指导，全面贯彻中共二十大精神，按照中央经济工作会议部署，坚持稳中求进工作总基调，完整、准确、全面贯彻新发展理念，着力推动高质量发展。要科学精准实施宏观政策，突出做好稳增长、稳就业、稳物价工作，推动经济运行整体好转，努力实现全年发展目标任务。要综合施策扩大有效需求，更好实现需求牵引供给、供给创造需求。要大力推进改革创新，加快构建高水平社会主义市场经济体制，推进高水平对外开放。要统筹做好风险防范处置，牢牢守住不发生系统性风险底线。

3 月 6 日上午，赵乐际参加了民革、台盟、台联界委员联组会。在认真听取陈星莺、张雪樵、吴国华等委员发言后，赵乐际指出，过去五年的成就和新时代十年的伟大变革，充分彰显了“两个确立”的决定性意义，彰显了中国特色社会主义制度的显著优越性，彰显了在中国共产党领导下亿万人民团结一心、顽强奋斗的磅礴力量。党和国家事业发展取得的成就，凝聚着各民主党派和政协委员的心血和智慧。赵乐际说，中共十八大以来，在以习近平同志为核心的中共中央坚强领导下，我们成功推进和拓展了中国式现代化，初步构建中国式现代化的理论体系，为强国建设、民族复兴开辟了光明前景。要深入学习领会，在中国共产党领导下坚定不移走中国式现代化道路。赵乐际指出，今后五年是全面建设社会主义现代化国家开局起步的关键时期。希望民革、台盟、台联增强同中国共产党想在一起、站在一起、干在一起的自觉性和坚定性，紧紧围绕中共二十大确定的目标任务，充分发挥新型政党制度优势，坚持发扬民主和增进团结相互贯通、建言资政和凝聚共识双向发力，凝聚同心共圆中国梦的强大合力。要贯彻新时代党解决台湾问题的总体方略，站稳政治立场，发挥自身优势，坚决反“独”促统，坚定不移推进祖国统一大业。

3 月 6 日上午，王沪宁参加了中共界委员联组会。在认真听取黄莉新、刘家义、李荣灿等委员发言后，王沪宁表示，新时代十年的伟大变革，党和国家事业取得的一切成就，根本在于“两个确立”。中共界委员要深入学习贯彻习近平新时代中国特色社会主义思想和党的二十大精神，深刻领悟“两个确立”的决定性意义，增强“四个意识”、坚定“四个自信”、做到“两个维护”，不断提高政治判断力、政治领悟力、政治执行力，自觉在思想上政治上行动上同以习近平同志为核心的党中央保持高度一致。要深入学习贯彻习近平总书记关于加强和改进人民政协工作的重要思想，坚持和加强党对人民政协工作的全面领导，聚焦新时代新征程党的中心任务履职尽责，把人民政协制度坚持好，把人民政协事业发展好。要发挥共产党员先锋模范作用，在提高政治能力上作表率，在高水平履职尽责上作表率，在加强合作共事上作表率，在加强作风建设上作表率，切实担负党中央赋予的政治责任。

3 月 6 日上午，蔡奇参加了科协、科技界委员联组会。在认真听取张杰、吴燕生、常凯等委员发言后，蔡奇指出，过去五年极不寻常、极不平凡，以习近平同志为核心的中共中央团结带领全党全国各族人民，有力应对各种困难和风险挑战，高效统筹疫情防控和经济社会发展，如期打赢脱贫攻坚战，全面建成小康社会，党和国家事业取得举世瞩目的重大成就。最根本在于有习近平总书记掌舵领航，有习近平新时代中国特色社会主义思想科学指引。要深入学习贯彻中共二十大精神，更加深刻领悟“两个确立”的决定性意义，增强“四个意识”、坚定“四个自信”、做到“两个维护”，更好承担起建设科技强国的历史重任。要坚持目标导向和自由探索两条腿走路，深化科技体制改革，加强基础研究和前沿领域攻关，加快实现高水平科技自立自强。要发挥国家实验室引领作用，支持新型研发机构发展，强化企业科技创新主体地位，促进科技成果转化。要大力培养战略科学家、一流科技领军人才和创新团队，抓好青年科技人才队伍建设。要弘扬科学家精神，形成有利于创新创造的良好风尚。要发挥科协桥梁纽带作用，更好团结带动广大科技工作者，为我国科技事业发展作出更大贡献。

3月6日上午，丁薛祥参加了环境资源界委员联组会。韩君、朴世龙、李金发等委员围绕深入推动共抓长江大保护、加强青藏高原生态安全屏障建设、提升战略性矿产资源保障能力等踊跃发言。在认真听取委员发言后，丁薛祥表示，过去五年，在以习近平同志为核心的中共中央坚强领导下，党和国家事业取得举世瞩目的重大成就。这其中凝聚着广大政协委员的智慧和辛苦。实践证明，“两个确立”为党和国家事业稳定发展提供了根本保证。新时代新征程上，我们要进一步增强“四个意识”、坚定“四个自信”、做到“两个维护”，同心同德、步调一致向前进。丁薛祥指出，中共十八大以来，我国生态文明建设从认识到实践都发生历史性、转折性、全局性变化，成为新时代伟大变革中最亮丽的篇章之一。要全面贯彻落实中共二十大精神，牢固树立和践行绿水青山就是金山银山的理念，加快推动经济社会发展全面绿色转型，积极稳妥推进碳达峰碳中和，提高重要能源资源保障能力，集中攻克老百姓身边的突出生态环境问题，大力提升生态系统多样性、稳定性、持续性，促进人与自然和谐共生。丁薛祥希望环境资源界委员发挥独特优势，深入调查研究，积极建言献策，当好桥梁纽带，为推动生态文明建设作出更大贡献。

3月6日上午，李希参加了民进、新闻出版界委员联组会。在认真听取陶凯元、孙宝林、陈倩雯等委员发言后，李希说，中共十九大以来，以习近平同志为核心的中共中央团结带领全党全国各族人民，有效应对严峻复杂的国际形势和接踵而至的巨大风险挑战，推动党和国家事业取得举世瞩目的重大成就。成绩来之不易，其中也凝结着各民主党派和广大政协委员的智慧和心血。中国式现代化是一项前无古人的开创性事业，希望各位委员全面贯彻中共二十大精神，深刻领悟“两个确立”的决定性意义，增强“四个意识”、坚定“四个自信”、做到“两个维护”，始终同中国共产党同心同德、团结奋斗；聚焦贯彻新发展理念、构建新发展格局、推动高质量发展，积极议政建言，多做凝心聚力工作，在新时代新征程更好履职尽责、担当作为。李希强调，新征程上形势越复杂、任务越艰巨，越要坚定不移推进党的自我革命，保持永远在路上的战略定力，把严的基调、严的措施、严的氛围长期坚持下去，一刻不停正风肃纪反腐，不断扩大全面从严治党成果，为全面建设社会主义现代化国家开好局起好步提供坚强保障。希望各位委员继续关心支持纪检监察工作，加强监督、多提建议。

石泰峰等参加了讨论。

（2023 年 3 月 7 日《人民日报》第 1 版）

通道连线

一、连线·部长通道

形成共促高质量发展合力

3月5日上午，北京人民大会堂新闻发布厅，十四届全国人大一次会议首场“部长通道”采访活动在这里如期举行。3位国务院有关部委负责人走上“部长通道”，面对面回答记者提问。

“如何推动工业经济稳增长？”“如何推动加强基础研究工作？”“守好生态环境底线将有哪些作为？”部长们聚焦经济社会发展重点，回应社会各界关切，展现了推动经济社会高质量发展的强大信心与底气。

工业和信息化部部长金壮龙
今年工业经济有望回升向好

工业增加值首次突破40万亿元大关，工业在宏观经济大盘中的“压舱石”作用进一步显现。其中，制造业增加值在整个国内生产总值中占27.7%，我国制造业规模连续13年居世界首位……走上“部长通道”，工业和信息化部部长金壮龙细数去年我国工业经济发展亮点。

“今年工业经济发展有不少有利因素，疫情防控取得重大决定性胜利，存量政策和增量政策叠加发力，将进一步释放市场主体活力、释放居民消费潜力、释放产业升级动力。”金壮龙表示，今年工业经济有望回升向好，对此我们充满信心。下一步将从促进重点行业增长、加大制造业投资力度、扩大新能源汽车等大宗消费等方面发力，推动工业稳增长。

作为现代化产业体系的基底，传统产业的改造升级直接关乎现代化产业体系建设全局。“我国传统产业体量大，在制造业中占比超过80%。”金壮龙介绍，促进我国传统产业从中低端向中高端迈进，将聚焦高端化，重点实施好产业基础再造工程和重大技术装备攻关工程；瞄准智能化，以智能制造为主攻方向，在重点产业打造一批智能工厂，打造一批智慧供应链；发力绿色化，加快推动钢铁、有色、建材、石化化工等行业实现碳达峰。

2023 年，我国 5G 发展有何目标？金壮龙回应，进入 5G 时代，我国已建成全球规模最大、技术最先进的 5G 网络，在国民经济 97 个大类中，一半以上实现 5G 应用。金壮龙表示，在建设方面，今年将新建开通 5G 基站 60 万个。应用方面，在实现县县通 5G 的基础上，继续向工业园区延伸覆盖，预计“十四五”期间将建设 1 万个以上的 5G 工厂。研发方面，在总结推广 5G 经验之余，产学研用集中发力，加强国际合作，加快 6G 研发。

科学技术部部长王志刚
体系布局、系统推进基础研究

基础研究处于从研究到应用、再到生产的科研链条起始端，地基打得牢，科技事业大厦才能建得高。科学技术部部长王志刚表示，党的十八大以来，以习近平同志为核心的党中央对科技工作高度重视，把基础研究摆在科技创新工作的重要位置。加强基础研究，是我国在科技创新发展到一个新阶段的历史性、现实性要求。

近年来，我国持续加大基础研究投入。“基础研究占全社会研发投入比例连续 4 年超过 6%，与全国研发投入相比，基础研究投入增速更快，一批国家实验室、全国重点实验室、数学研究中心等加快建设。”王志刚介绍，下一步将加强好奇心驱动的探索性基础研究，国家战略目标驱动的体系化基础研究，

以及市场驱动的应用基础研究，使得基础研究成体系布局、成系统推进。

如何进一步突出企业的科技创新主体地位？王志刚表示，让企业真正成为科技创新主体，核心就是要在科技重大决策、研发投入、科研组织和科技成果转化这 4 个方面都把企业作为主体。接下来，科技部将从权利公平、机会公平、规则公平等 3 个方面，进一步加大对企业成为科技创新主体的支持。

针对社会普遍关切的人工智能发展布局，王志刚回应，近年来，科技部已在人工智能技术、治理和应用等方面做出相关部署，未来将借助科学研究、技术牵引，通过场景驱动、用户需求，让人工智能更好服务于我国经济社会发展。

生态环境部部长黄润秋
统筹好发展与保护的关系

“人与自然和谐共生的现代化，是中国式现代化的鲜明特点。”生态环境部部长黄润秋表示，中国是一个具有超过 14 亿人口的发展中大国，人口众多、资源环境承载力弱、约束性强，要整体迈入现代化国家的行列，如果走大量排放污染物、大量消耗自然资源、低水平粗放式的发展道路是行不通的，必须要走人与自然和谐共生的现代化道路。“下一步，生态环境部将统筹推进降碳、减污、扩绿、增长，持续推进人与自然和谐共生的中国式现代化建设。”

“必须把生态环境保护放在经济社会发展的大局中考量，统筹好发展与保护的关系。”黄润秋说，生态环境部构建了一套创新政策体系，包括同类项目打捆审批、规划环评和项目环评统筹联动等创新性机制，确保环评审批提高效率；同时，畅通两项机制，包括针对重大项目的环评审批绿色通道和直达基层、直达中小微企业的咨询服务机制；此外，落实好包括国家层面、地方层面和利用外资层面的相关项目环评管理台账，实现提前介入、定期调度，共同推动项目落地，助力经济高质量发展。

在生物多样性保护方面，中国的一些经验可供国际社会借鉴。黄润秋说，首先是坚持绿水青山就是金山银山、人与自然和谐共生、山水林田湖草沙一体化保护和系统治理等理念；其次，我国建立了以国家公园为主体的自然保护地体系，创设了生态保护红线机制，把生态功能极为重要和敏感区域划到红线里面妥善加以保护；此外，国家层面实施的大规模、大尺度的生态修复项目，得到国际社会广泛认同，地方层面各地加强城市的黑臭水体治理、水环境质量提升、水生态修复，为老百姓提供了很好的生活休闲空间，真正实现了生态效益、环境效益、经济效益三赢。

（2023 年 3 月 6 日《人民日报》第 13 版）

实干为要，做好经济社会发展工作

3月7日下午，北京人民大会堂新闻发布厅，十四届全国人大一次会议第二场“部长通道”采访活动举行。住房保障、老旧城区改造、食品安全、安全生产……围绕各界广泛关注的一系列热点话题，住房和城乡建设部部长倪虹、应急管理部部长王祥喜、国家市场监督管理总局局长罗文走上“部长通道”，回答记者提问。

住房和城乡建设部部长倪虹
为人民群众创造高品质生活空间

“中央明确稳中求进的工作总基调，住房和城乡建设部认为，稳是基础，进是关键。”住房和城乡建设部部长倪虹表示，住房和城乡建设工作将脚踏实地，找准问题，瞄准目标，用准政策，努力为经济运行全面好转作贡献、为人民群众生活品质提高办实事。

如何确保房地产市场平稳健康发展？倪虹说，“要坚持精准施策，一城一策，大力支持刚性和改善性的住房需求，提振信心。”在倪虹看来，防范风险，既要防范房屋老化、设施老化带来的风险，也要防范化解房地产“灰犀牛”风险，避免和金融风险、地方债风险交织，发生系统性风险。“要抓住优质房企和出险的房企这‘两头’，同时大力整顿房地产市场秩序，营造诚实守信、风清气正的市场氛围，让人民群众放心购房、放心租房。”倪虹说。

政府工作报告将“实施城市更新行动”列为今年工作重点之一。住房和城乡建设部如何抓好落实？倪虹介绍了四方面工作重点：持续推进老旧小区改造，建设完整社区；推进城市生命线安全工程建设；做好城市历史街区、历史建筑的保护与传承；推进城市数字化基础设施建设。

“住房和城乡建设工作要牢牢抓住让人民群众‘安居’这个基点，以让人民群众住上更好的房子为目标，从好房子到好小区，从好小区到好社区，从好社区到好城区，进而把城市规划好、建设好、管理好，打造宜居、韧性、智慧的城市，努力为人民群众创造高品质生活空间。”倪虹说。

应急管理部部长王祥喜
把防范重特大事故作为重中之重

“一是安全生产事故逐年下降，去年安全生产事故死亡人数和 2017 年相比下降 46.9%；二是 2018 年以来各种自然灾害年均因灾死亡和失踪人数，和前五年的均值相比下降 54.3%。”走上“部长通道”，应急管理部部长王祥喜首先用两组数据展现应急管理部组建 5 年来的工作成效。

“上一轮机构改革组建应急管理部，增强了应急管理工作的系统性、整体性和协同性。”王祥喜介绍，构建大安全、大应急的框架体系，改变了过去长期以来“九龙治水”、各灾各管的模式，形成了统筹管理、统分结合的新机制。

“过去发生事故、发生灾害以后都是第一时间去救援，但往往重救轻防。现在是‘防、抗、救’相结合，应急管理部门事前推动风险防范、应急准备，事中第一时间到现场调度、抢险救援，事后按照‘四不放过’的原则开展事故调查，并且督促整改提升，从而更加有效地实现了统一调度、协调有序、行动高效。”王祥喜说。

安全生产关系人民群众生命财产安全，事关经济社会发展和社会稳定。王祥喜介绍，10 年来，我国安全生产形势不断好转。同时也要清醒认识到，安全生产形势依然严峻复杂。“我们将把防范重特大事故作为工作的重中之重。”谈到今年工作重点，王祥喜介绍，应急管理部将继续抓好重点行业领域的重大隐患排查专项整治，建立责任清单、建立数据库，限期整改、闭环管理，守住不发生重特大事故的底线；对于发生了重特大事故的，要认真调查、严肃查处、严肃追责。

国家市场监督管理总局局长罗文
持续优化公平竞争市场环境

“去年，反垄断法进行了修改。目前，我们正在推进反不正当竞争法的修改工作。”走上“部长通道”，国家市场监督管理总局局长罗文谈及持续优化公平竞争市场环境时说，今年要筑牢公平竞争法治基础，提升常态化监管水平，破除地方保护和行政性垄断，营造公平竞争的良好氛围。

罗文认为，在数字经济、民生保障等重点领域，要加强市场竞争状况评估，强化预防性监管，尤其是要综合运用行政指导、行政约谈、行政处罚等手段，帮助企业提高合规管理水平，及时纠治竞争违法行为，严格规范公平文明执法。

在促进个体工商户发展方面，罗文说，今年国家市场监管总局将重点开展分型分类帮扶，针对个体工商户不同类型、不同类别，将会同有关部门在社保、税费等方面积极开展政策研究工作，逐步加大支持力度，提高精准帮扶水平。“千方百计帮助广大个体工商户发挥优势、融入市场，让个体工商户这个‘小块头’迸发出‘大能量’，助推我国经济社会高质量发展。”罗文说。

“舌尖上的安全”如何保障？罗文回应，这是老百姓最关心的民生问题之一，要健全完善早发现、早预警、早处置的风险管控机制，严格落实日管控、周排查、月调度的企业主体责任，督促落实“末端发力、终端见效”的属地管理责任，切实保障“舌尖上的安全”。“照着这一套制度去做的话，一旦发生食品安全问题，确保能够找得到人、查得清事、落得了责。”罗文表示。

（2023 年 3 月 8 日《人民日报》第 17 版）

锚定方向，推动高质量发展不松劲

3 月 12 日上午，十四届全国人大一次会议第三场“部长通道”采访活动，在北京人民大会堂新闻发布厅举行。

北京冬奥红利、“三大球”振兴，宏观经济运行情况、统计数据质量，耕地保护、生态文明建设……聚焦社会各界关注的热点问题，国家体育总局局长高志丹、国家统计局局长康义、自然资源部部长王广华走上“部长通道”，面对面回答记者提问。

国家体育总局局长高志丹
努力提供更多更好的全民健身好去处

“一年来，北京冬奥红利持续释放，北京冬奥遗产得以充分利用。”国家体育总局局长高志丹表示，在后冬奥时期，要继续深入实施冰雪运动“南展西扩东进”战略，持续巩固和扩大“带动三亿人参与冰雪运动”的成果。

冰雪运动既要为国争光，也要为民增利。高志丹说，要继续保持冰雪运动为国争光的良好态势，积极推进北京冬奥场馆的可持续再利用，协调推进各地继续出台支持冰雪产业发展和促进冰雪消费的政策措施，让冰雪运动的发展成果更好地惠及广大人民群众。

足球、篮球、排球“三大球”发展备受关注。“‘三大球’要搞上去，这是一个体育强国的标志，也是我们加快建设体育强国必须补上的短板。”高志丹说，足球、篮球改革已经步入深水区，要进一步解放思想、守正创新，从构建管理体系、人才体系、训练体系、竞赛体系、保障体系入手，不断完善中国特色“三大球”发展路径。

全民健身与每个人息息相关，也事关全民族的身体素质和健康水平。高志丹介绍，近年来，群众健身场所“有没有”的问题得到了逐步破解，健身设施“好不好”的问题得到了不断改善，体育场馆“开不开”的难题得到了有效应对。高志丹还提到，“今年，我们还计划启动‘新时代全民健身场地设施提升工程’，努力为广大人民群众提供更多更好的全民健身好去处。”

国家统计局局长康义
牢牢坚守统计数据质量生命线

在“部长通道”上，国家统计局局长康义用一组数据说明中国经济的强大韧性——

2022 年，中国 GDP 增长 3%、人均 GDP1.27 万美元、全年 CPI 仅上涨 2%、年末城镇调查失业率降至 5.5%、外汇储备保持在 3 万亿美元以上；铁路货运量、发电量等都平稳增长……康义表示，从中长期来看，我国仍然是发展中国家，发展空间和潜力巨大，超大规模市场优势明显，劳动力供应充足，我国长期向好的基本面没有变，随着正常生产生活秩序加快恢复，经济增长有望向潜在增长水平回归，“我对经济运行整体好转、实现 5% 左右的增长预期目标充满信心。”

高质量发展是全面建设社会主义现代化国家的首要任务，也是今年全国两会各界热议的关键词。“我们要推动质的有效提升和量的合理增长，坚持质量第一、效益优先。”康义说。

作为经济社会发展的重要基础性工作，统计改革工作广受关注。康义表示，统计工作将始终牢牢坚守统计数据质量生命线，加大统计执法力度，对统计造假零容忍，露头就打；同时，今年将开展统计造假专项治理行动，确保数出有源、数出有据。

今年将开展第五次全国经济普查。康义透露，作为重大国情国力调查，此次“大国体检”将首次统筹开展投入产出调查，在摸清家底的同时，弄清楚经济结构，弄清楚国民经济之间的相互联系，用真实准确、完整及时的数据服务经济社会发展。

自然资源部部长王广华
严守资源安全底线，促进绿色低碳发展

“我们的工作职责是严守资源安全底线，优化国土空间格局，促进绿色低

碳发展，维护资源资产权益。”自然资源部部长王广华介绍。

中国人的饭碗任何时候都要牢牢端在自己手上。自然资源部坚持最严格的耕地保护制度，今年要稳住总量、优化布局、压实责任。“要做好这三件事，我们要把握好三个环节。”王广华介绍，在严控增量上，不论是建设占用耕地，还是农业结构调整占用耕地，都必须严格管控。在抓好盘活存量上，促进增存挂钩，鼓励开发利用地下空间，提升单位面积的投入产出水平。在严格执法上，要敢于亮剑，以零容忍的态度严肃查处违法建设占用耕地的行为。

矿产资源是经济社会发展的重要物质基础。王广华介绍，要全面启动新一轮的找矿突破战略行动，重点是围绕紧缺和战略性矿产，加强国内勘查开发，希望能够巩固和新增一批战略性矿产资源的接续基地，从而真正实现增储上产。自然资源部将陆续出台政策，进一步营造良好的市场环境，鼓励吸引社会资本投入到找矿行动。同时，进一步强化矿产勘查的科技支撑，实现找矿重大突破，推动高精尖的勘查开发装备国产化。

“下一步，我们还将立足构建国家生态安全屏障，推进美丽中国建设。”王广华说，坚持保护优先，加快建设以国家公园为主体的自然保护地体系；坚持系统治理，继续部署一批新的生态保护修复的重大工程；坚持因地制宜，科学开展大规模国土绿化行动，提升生态系统多样性、稳定性和持续性。

（2023 年 3 月 13 日《人民日报》第 9 版）

二、连线·代表通道

完成党和人民赋予的使命任务

3月5日上午，十四届全国人大一次会议首场“代表通道”采访活动在北京人民大会堂举行。6位来自基层一线的全国人大代表走上“代表通道”，接受记者采访。

女足精神、中国制造、中国航母事业发展、乡村振兴、大熊猫保护、生物防治线虫……代表们发言干货满满，讲述拼搏故事、传递基层心声、展现履职风采。

水庆霞代表
女足精神一直都在

17岁开始从事足球训练，与足球结缘整整40年时间，中国国家女子足球队主教练水庆霞代表感慨：“无论是作为球员还是教练员，都经历了太多的感动。”

作为运动员，水庆霞参加了1996年亚特兰大奥运会，女足首次进入奥运会、首次进入半决赛。水庆霞回忆：“下半场被对手反超时，当时我们所有人都没有放弃，就是拼搏，最后顶住了压力，取得 3 ∶ 2 的逆转，进入了决赛。”2022 年，水庆霞作为教练员，中国女足再一次代表中国站在亚洲杯的决赛舞台上。同样面对比分落后，水庆霞对队员们说，“相信我们一定可以，一定可以打回来！”

“足球运动在广大人民心中有很大影响力，大家之所以喜欢把中国女足称为铿锵玫瑰，主要体现在关键时候能够发扬团结协作、勇于拼搏、永不言弃、永不放弃的精神。”水庆霞表示，对于中国女足来讲，更要处处体现和传承这种精神。对个人来讲，因为热爱所以坚持，因为坚持所以要不断进取。“感谢全国人民对中国女足的关心和支持，女足精神一直都在，铿锵玫瑰永远加油！”

单增海代表
为民族“起重”为大国“举力”

超级移动式起重机，被认为是工程机械中技术最为复杂、研发难度最大的产品之一。徐工集团工程机械股份有限公司总工程师单增海代表介绍：“我们团队的 200 多名技术专家、100 多名高级技师历经十年努力，先后攻克了行业公认的七大项关键技术，完全形成了千吨级起重机的自主研发和制造能力。”

工程机械是装备制造业的重要组成部分，其发展水平是衡量一个国家工业化程度的重要指标。单增海介绍：“这 5 年，我们把全地面起重机最大起重能力从 1200 吨提高到 2600 吨，其所安装风机的高度从 100 米提高到 160 米，风电机组的安装功率从 2.5 兆瓦提高到 8.5 兆瓦，在全球唯一实现了陆上风机吊装工况的全面覆盖。”

投身行业将近 30 年，单增海深刻体会到，科技创新就是要摒弃幻想，走自立自强之路。“我们将继续传承好红色基因，持续为民族‘起重’、为大国‘举力’，加快建设世界一流企业。”

朱悦萌代表
把青春和梦想融入航母事业

“这十年里，我们辽宁舰从下水启航、战机上舰，到编队一体、舰机融合，从近海训练到远海部署，正在绘就大国重器更加深远、更加壮阔的奔涌航迹。”

海军辽宁舰某中队少校政治教导员朱悦萌代表说。

这一切成绩的取得来自航母人的接续奋斗、弯道加速。朱悦萌介绍，有服役近30年的专家型“兵王”，也有满怀激情的“00后”新兵；有长期坚守在水下深舱，见不到阳光却心中有光、向阳生长的“深舱向日葵”，也有身穿七彩马甲，不畏严寒酷暑，守护舰载机起降的“甲板擎鹰人”……“我们把青春和梦想融入了祖国的航母事业，千人同一舰，万里不迷航。”

“舰艏行处是长城，国家利益所至，海军航迹必达。我们一定践行首舰标准，锚定建军百年奋斗目标，挺膺担当，勇毅前行，坚决完成党和人民赋予的使命任务。”朱悦萌说，“欢迎更多的青年朋友加入我们，投身航母事业，和我们一起驶向更远的海、更深的蓝，我们一起阔步星辰大海、逐梦万里海天。”

汪玉成代表
变靠山吃山为养山富山

“坚定不移变靠山吃山为养山富山。”浙江省安吉县余村村党支部书记汪玉成代表说，余村从过去炸山开矿造成“山是秃头光，水成酱油汤”，到现在变成了“人在余村走，就是画中游”，发生了翻天覆地的变化。汪玉成感慨，如今的余村，村强、民富、景美、人和，2022年村集体经济达到了1305万元，村民人均收入达到了64863元，“乡亲们说，绿水青山就是幸福靠山。”

奋进新时代，迈向新征程。汪玉成介绍，余村联动周边3个乡镇17个村一起共同打造高能级、现代化、国际范儿的“大余村”，还同四川、新疆等省（自治区）的9个村结成对子，共谋发展。“一滴水珠折射出太阳的光辉，余村的身后展示着一个蓬勃发展的中国。”汪玉成表示，坚信绿水青山就是金山银山理念一定会指引新时代乡村振兴取得更大的辉煌！

侯蓉代表
更好保护大熊猫栖息地

走上“代表通道”，成都大熊猫繁育研究基地副主任侯蓉代表讲述了她早年参加大熊猫幼崽育幼的经历。

“我在从事大熊猫保护中深刻理解到，野生动物遗传资源的保护管理和疾病预防控制对保护野生动物是多么重要。”侯蓉说，到 2022 年底，成都大熊猫繁育研究基地大熊猫数量从 1994 年的 18 只扩展到现在的 237 只，增长了 12 倍。她认为，繁育大熊猫只是其中的一个阶段，最终目标是要让它们恢复野性、回到野外，让野生大熊猫能够永久生存和繁衍下去，这就更需要保护好大熊猫栖息地。

侯蓉深切感受到近年来我国生态文明建设的巨大进步。2021 年 10 月 12 日，包括大熊猫国家公园在内的我国第一批国家公园正式设立。侯蓉说，生态文明理念现在已经深入人心，保护生态环境已成为全民共识，“我更加坚信我们的目标一定能够实现，野生大熊猫一定能在我们的土地上更加惬意地生活，更加健康地成长”。

张克勤代表
用科技保障绿色农产品供给

“每年在全球造成农作物损失达 1570 亿美元，线虫已经成为农作物的第二大类病害。”中国科学院院士、云南大学教授张克勤代表说，全世界目前主要靠化学农药防治线虫，这不但污染土壤、污染地下水，还有部分农药残留在作物中，影响食品安全。

张克勤说，其团队的主要任务之一，就是找到绿色、安全的生物防治线虫方法。他们充分利用云南丰富的多样性资源，历时 30 年踏遍了云南的山山水水，建成了防治线虫的微生物资源库。同时，通过研究“微生物—线虫—作物”三者的相互关系，成功开发了生物防治线虫产品，并实际推广应用。

“生物防治线虫的实践让我深深感受到，要保障绿色农产品的供给，关键是科技。”张克勤说，作为一名从事科学研究工作的代表，深感责任重大，将继续努力发扬攻坚克难、敢为人先的创新精神，脚踏实地、勤奋工作，力争为推动绿色发展，为科技强国、农业强国建设作出新贡献。

（2023 年 3 月 6 日《人民日报》第 13 版）

共话履职，展现奋斗中国蓬勃朝气

3月7日下午，十四届全国人大一次会议第二场“代表通道”采访活动在北京人民大会堂新闻发布厅举行。6位全国人大代表走上“代表通道”，接受记者采访。

逐梦航天、矢志创新、建功深蓝，解决群众急难愁盼、致力原材料基础研究、用“中国天眼”探测宇宙信号……代表们饱含激情，讲述奋斗故事，尽显履职风采，折射出奋进中国的蓬勃朝气。

孙泽洲代表
建设航天强国要敢于创新

20多年前加入嫦娥一号研制团队，和团队一起打造嫦娥一号、嫦娥三号和嫦娥四号月球探测器，以及天问一号火星探测器……航天科技集团五院嫦娥四号探测器总设计师孙泽洲代表表示：“作为一名航天人，我始终牢记党和国家在新时代赋予航天强国建设的历史使命和责任。”

航天强国建设，要敢于创新、敢为人先。2021年，天问一号在国际上首次通过一次任务成功实现对火星的环绕、着陆和巡视探测。孙泽洲表示，我们跨越发展，既有国家科技实力的底气，也需要敢为人先的勇气以及艰苦卓绝的技术攻关。

孙泽洲表示，未来，我们将继续向浩瀚宇宙进发，为高水平的科技自立自强和航天强国建设贡献更大的力量。

薛其坤代表
科教事业与国家富强紧密相连

“作为一名新时代的科学和教育工作者，我感到非常幸福和幸运。”南方科技大学校长、中国科学院院士薛其坤代表表示，党和国家对科教事业的高度重视，不仅让中华民族走上了富强之路，也成就了一代科学和教育工作者。

薛其坤认为，科学和教育工作者的事业和国家富强是紧密联系在一起的。2013 年，薛其坤带领清华大学研究团队，从实验中发现了量子反常霍尔效应，取得了国际量子物理领域的重大科学突破，并获得了 2018 年国家自然科学奖一等奖。“我国逐渐富强起来了，这给我们攀登科学高峰、冲击世界科学问题提供了强大的支撑和良好的条件。”薛其坤说。

薛其坤表示，面向未来，将更加珍惜这难得的历史机遇，不断努力前行，用更多、更大的科研突破回报祖国。

万步炎代表
向着更深更广阔的海底挺进

“多年来，我们秉持着‘国家落后于人的地方，就是我们努力的方向’的理念，面向国家重大需求，坚定创新自信、勇攀科技高峰，见证了我国深海资源与地质钻探装备技术从无到有、从落后到追赶到超越的转变。”湖南科技大学海洋实验室主任万步炎代表说。

“所有关键技术都从零开始。”万步炎回忆，项目研发过程中，针对一系列“卡脖子”难题，团队相继研发出一系列设备。万步炎从自己 30 多年的科研经历中感受到，“科技进步、国家强大，要靠我们自己，关键核心技术是买不来的”。在实现第二个百年奋斗目标的新征程上，万步炎表示：“我们要向海图强，向着更深和更广阔的海底挺进。我坚信，别人能做到的，我们也一定能做到。”

刘小蓉代表
脚下沾有泥土，心中沉淀真情

走上“代表通道”，青海省西宁市兴海路街道党工委书记刘小蓉代表讲述了为小区居民争取基础设施改造项目，更换下水管网的故事。作为基层工作者，刘小蓉说，通过“为民办实事”项目，彻底解决了许多老旧小区暖气不热、没有电梯、缺少绿化等老大难问题，分批次更换了老旧小区地下管网，修建了幸福庭院，安装了健身器材。在谈到为居民解决加装电梯、更换壁挂锅炉的问题时，刘小蓉回忆："那些天我们起早贪黑，挨家挨户进行走访，逐户了解情况。"就这样，通过征求意见、化解矛盾、更换物业等措施，120 户居民家中更换了壁挂锅炉，6 部加装电梯载着居民进出家门。

"脚下沾有多少泥土，心中就沉淀多少真情。"刘小蓉说，我希望通过一点一滴的服务和努力，通过一件一件具体的事，让老百姓切切实实感受到我们党就是全心全意为人民服务的。

孙东明代表
心系"国家事"，肩扛"国家责"

"要让半导体芯片把最好的性能发挥出来，就一定需要温度控制器件，也就是我们所说的温控器件。"中国科学院金属研究所研究员孙东明代表介绍，"通过基础科学研究和关键技术攻关，从原材料的配方到关键工艺技术，再到制造加工设备，我们从全链条维度实现了完全国产自主可控。"

孙东明说，今天，我们已经实现了一系列微型半导体器件的真正国产化，打破了国外对高端温控器件的垄断。目前，这些产品已经广泛应用于激光通信、车载激光雷达、探测器面阵等领域。

孙东明表示，要自觉肩负起国家赋予的科技创新使命，发扬勇攀高峰的科技创新精神，心系"国家事"、肩扛"国家责"，为实现国家高水平科技自立自强，为建设世界科技强国而努力奋斗。

姜鹏代表
努力推进先进技术的规划和建设

"中国天眼"全称 500 米口径球面射电望远镜，简称 FAST。"中国天眼"总工程师姜鹏代表介绍："它采用全新的设计理念，是当今世界最大、最灵敏的单口径射电望远镜，可以在无线电波段搜索来自百亿光年之外的微弱信号。"姜鹏说，截至目前，FAST 发现脉冲星数量已经 740 余颗，是同一时期国际上所有其他望远镜发现脉冲星总数的 3 倍以上。

“如果把视线方向再调向未来，我们还要保持足够的清醒，正所谓‘逆水行舟、不进则退’。”姜鹏表示，我们必须努力推进先进技术的规划和建设，扎扎实实地解决一些关键问题，不断提升望远镜性能。只有这样，我们才能在日趋激烈的国际竞争背景下，保持 FAST 来之不易的领先优势。

（2023 年 3 月 8 日《人民日报》第 17 版）

牢记职责使命，传递基层声音

3 月 12 日上午，十四届全国人大一次会议第三场“代表通道”采访活动在北京人民大会堂新闻发布厅举行。6 位全国人大代表从冰雪运动到传统文化，从科研工作到产业发展，讲述各自领域的奋进故事，谈使命、话担当。

廖红代表
领着农民干、带着农民赚

“什么是职责使命？从我的工作经历来看，是躬耕田野，是穿梭山林，是做农民的好帮手，是与土壤交朋友。”福建农林大学教授廖红代表是农业科技领域的专家，也是一名科技特派员。她认为，一项好的技术，不仅可以帮成千上万的农民致富，还能让土壤生态环境受益。

2016 年成为科技特派员后，廖红带领团队成员走遍了福建省大大小小的茶叶产区，传授茶树绿色栽培技术，受到茶农的广泛好评。现在，团队在福建省建立了超过万亩的优质高效示范基地，辐射并带动了十几万亩生态茶园，并培训了 1000 多人次的基层农技人员和 2000 多人次的茶农。

“大家携起手来，将更多的农业创新技术做给农民看、领着农民干、带着农民赚。”廖红说，只要每一个科技特派员在各自领域里发挥作用，真正将论文写在田野大地上，就能成为科技创新、助力乡村振兴的中坚力量。

任子威代表
人生需要坚持和不断突破

“我的人生词典里没有‘躺平’这个词。”中国男子短道速滑队运动员任子威代表说。

"代表通道"上，"95后的"任子威分享了自己成长的过程。自8岁第一次接触短道速滑，他就体会到在冰面滑行时像飞翔一样的快乐，成为一名怀揣金色梦想的少年。从兴趣爱好到专业训练，从市队到省队再到国家队，身份不断变化，唯一不变的是对冰雪运动的热爱与执着。

"想要把一件事情做得更好，光有兴趣是远远不够的，努力和拼搏必不可少。"任子威寄语青年朋友们，人生需要有梦想、有目标，需要坚持和不断突破。他表示，在训练场上，自己每一天都会拼尽全力，做最好的自己。接下来，将继续为国出征，鼓舞更多人参与冰雪体育运动、热爱冰雪体育运动，为建设体育强国继续发挥自己的光和热。

冯丹代表
国家需求就是科研工作者努力的方向

华中科技大学教授冯丹代表介绍，存储器和存储系统是数据的载体，关乎数字经济产业安全、国家安全。20多年来，冯丹见证并参与了我国存储技术和产品从无到有、从有到全、从弱到强的全过程，深深体悟到个人小我之于"国之大者"的人生价值，也深深体会到只有靠高水平科技自立自强才能赢得未来。

"国家需求就是科研工作者努力的方向。"冯丹说，目前，构成存储系统的存储介质芯片仍然有待提升。她所在的团队和国内几家龙头企业建立联合实验室，正在研发速度更快、能耗更低的下一代存储器，希望能为从根本上解决国产芯片"卡脖子"问题，贡献自己的力量。

成卫东代表
产业工人要用行动落实高质量发展要求

1998年加入天津港，成为港口拖车司机，多年来，通过不断钻研，创新发明了一系列高效的操作方法和独特的驾驶技巧，成为拖车能手……天津港第一港埠有限公司拖头队副队长成卫东代表见证了我国港口建设的飞速发展，"当前，我们在港口能力、效率、自动化等诸多领域都在'领跑'"。

近年来，天津港取得了一批首创性、标志性的世界一流港口建设成果。

2021 年 10 月 17 日投产运营“智慧零碳”码头，成卫东也成了首批港口行业 AI 训练师，指导机器人“徒弟”依靠 5G、北斗等自主技术作业，安全高效地完成运输任务。

“这些年，我带领团队完成了 200 多项技术创新，获得了多项国家专利。”成卫东说，中国式现代化离不开产业工人的现代化，新时代港口产业工人要用行动落实高质量发展要求，把我国港口建设得更智慧、更绿色。

陈天竺代表
让更多的人感受到文字和阅读的力量

“阅读在潜移默化中影响着自己和身边的人。”在回答关于阅读和文字力量的问题时，《读者》杂志社副总编辑陈天竺代表如是说。

陈天竺讲述了一段自己与一名初二留守学生通信、帮助其自立自强的故事。“我时常推荐文章给他，并鼓励他多读多写多练。”陈天竺说，“渐渐地，他打开心扉，跟我聊阅读带给他的慰藉和温暖，也聊他的梦想与未来。”如今这位少年已从一所师范大学毕业，成长为一名语文老师。

“阅读如涓涓细流、润物无声，不仅启智增慧，还能带给人强大的精神力量。”陈天竺表示，作为一名来自出版行业的全国人大代表，自己将始终把目光投注到最简单也最丰富、最质朴也最深刻的文字世界，让更多的人感受到文字和阅读的力量。

杨朝明代表
为建设社会主义文化强国奉献光和热

“现在，许多文化经典作品已经进入中小学校园，成为诵读教材。”作为一名从事中国传统文化研究的学者，山东大学儒学高等研究院教授杨朝明代表讲述了自己参与传承、弘扬中华优秀传统文化的故事。

杨朝明介绍，尼山世界文明论坛已连续举办了八届，有大批中外学者、国际友人来此交流，一起感受中华优秀传统文化的独特魅力。更让他欣喜的是，如今走出国门，也能深切感受到中华优秀传统文化对于世界的积极影响。

“如果把中华文明比喻成一棵生生不息的大树，树干之所以又粗又壮，是因为它的根扎得很深很牢。这是我们中华民族的突出优势之一，是我们深厚的文化软实力。”杨朝明表示，面向未来，将进一步弘扬中华优秀传统文化，促进文明互鉴，用自己的研究为建设社会主义文化强国奉献光和热。

（2023 年 3 月 13 日《人民日报》第 9 版）

三、连线·委员通道

回应社会关切　传递发展信心

3 月 4 日下午，全国政协十四届一次会议首场“委员通道”采访活动在北京人民大会堂新闻发布厅举行。

8 位全国政协委员走进“委员通道”现场接受记者采访。从青少年党史教育、新能源汽车、国产大飞机、推动全民阅读，到旅游业发展、基层卫生体系建设、共建“一带一路”、融合教育成效，“委员通道”回应社会关切，传递发展信心，干货满满。

吴向东委员
让红色薪火代代相传

“中国共产党历史展览馆全方位、全过程、全景式展示党的波澜壮阔的百年奋斗历史。”中国共产党历史展览馆党委书记、馆长吴向东委员在“委员通道”上接受采访时说。吴向东介绍，从开馆以来，党史展览馆接待社会公众 150 多万人次，接待社会团组 5000 多个，其中青少年占了 1/5。“党史展览馆作为系统权威的‘红色教科书’、鲜活立体的‘红色基因库’、精彩纷呈的‘红色大课堂’，让前来参观的青少年感到有形、有神、有趣，成为学党史、悟思想、立志向的重要阵地。”

吴向东表示，未来将从三方面引导青少年学习党史：一是要把看展览和思政课结合起来，用心用情讲好党的故事；二是要用好新技术、新手段，打造沉浸式体验项目，提高展览的参与性、互动性；三是要以仪式感增强使命感，在党史展览馆举办入党、入团、入队仪式，引导青少年扣好人生第一粒扣子，让红色薪火代代相传。

李书福委员
新能源汽车的明天会更好

“中国是世界上最大的新能源汽车生产国、消费国。”吉利控股集团董事长李书福委员在“委员通道”上接受采访时说。

回顾我国新能源汽车的发展历程，李书福认为有如下几个特点：“一是战略清晰、方向明确、目标具体；二是政策执行、推广、实施严格，管理有序；三是始终围绕绿色、环保、节能、可持续的生态链体系建设。”新能源汽车之所以有这么好的表现，与政策措施精准、有力、到位息息相关。“比如购买新能源汽车有补贴、可以上‘绿牌’、免征购置税等优惠政策，促进了新能源汽车以及产业链核心技术的不断突破和发展。”李书福说，“新能源汽车的明天会更好，我们很有信心！”

唐长红委员
探索创新的步伐不会停歇

今年是大型运输机运-20 飞机首飞的第十年，中国航空工业集团有限公司型号总设计师唐长红委员在“委员通道”上分享了自己的经历和感悟。唐长红介绍，C919 大型客机去年圆满完成全部试飞任务，通过适航审定，获得中国民用航空局颁发的型号合格证，正式交付航线运营。在去年的珠海航展上，大型水陆两栖应急救援飞机 AG600 和运-20 加油机也与大家见面。

“大飞机的研制是国家综合能力的体现。”唐长红说，他亲历运-20 飞机研制，5 年首飞，8 年交付使用，“密码真谛就在于自立自强、自主创新”。数字化设计、数字化制造、仿真模拟等都体现着时代的技术进步和高质量发展。谈及未来的发展，唐长红表示在打造大国重器的征程上，探索创新的步伐不会停歇。

蒙曼委员
形成全民阅读浓厚氛围

作为全国妇联亲子阅读推广大使，中央民族大学教授蒙曼委员在“委员通道”回答记者关于全民阅读的提问时表示，“越是科学发展、技术进步，就越要重视读书”，读书让人有更敏锐的思维、更坚定的价值观，推动形成全民阅读的氛围有助于为中华民族伟大复兴奠定更深的基础、提供更强的动力。

如何推动全民阅读？蒙曼建议，通过亲子阅读、专业阅读和主题阅读加强交流。首先是在内心解决好“我要读”的问题；然后以最适合自己的方式，全身心读起来；还可以在阅读中结交朋友、以阅读带动他人。“我国一直大力推动全民阅读，我们的阅读产品也越来越丰富。我相信，有我们每个人的参与和推动，一定能够形成爱读书、读好书、善读书的浓厚氛围。”蒙曼说。

戴斌委员
旅游进入个性化多样性时代

“在刚刚过去的这个春节，有一组数据在网上刷屏，国内出游人数达到 3.08 亿人次，创造了 3758 亿元的旅游收入。”中国旅游研究院院长戴斌委员在“委员通道”上列出了一组数据，他说：“旅游已经进入了城乡居民的日常生活。”

“随着‘00 后’入场，以及适老化加速，中国的旅游正在进入个性化和多样性的时代。”戴斌说，红色旅游蓬勃兴旺，乡村旅游方兴未艾，文化和旅游深度融合。“我们不仅拥有丰富的自然类和人文类旅游资源，还拥有完善的基础设施和绿色智慧的出行服务。”戴斌表示，未来会有越来越多的人走出家门，感受山河壮丽、风雅多姿的中国。

张文宏委员
强化基层卫生体系建设

“过去三年，为了让人民群众的生命安全、身体健康最大程度地得到保障，党中央因时因势调整防疫政策，使我们避开了几波致病力较强、致死率很高的疫情的流行。”国家传染病医学中心主任、复旦大学附属华山医院感染科主任张文宏委员在“委员通道”上接受采访时说。

张文宏说，在抗击疫情的过程中，基层社区卫生中心的医生承担了非常多的工作，是抗击疫情的关键力量。张文宏还分享了自己通过线上会诊，参与上海市青浦区朱家角医院一名病患的诊疗工作，最终患者成功在除夕前出院的故事。张文宏建议，强化基层卫生体系建设，动员社区力量，让危重症患者在早期接受治疗、阻止疾病进展。未来要打造一个平急转换、张弛有度的基层卫生体系，让基层医疗卫生体系更具韧性。

顾学明委员
推动“一带一路”建设走深走实

“新时代以来，我们以自贸试验区建设为抓手，在制度创新方面不断取得新突破；以共建‘一带一路’为依托，在国际合作方面不断开辟新路径。”商务部国际贸易经济合作研究院院长顾学明委员在“委员通道”上接受采访时说，“这不仅是我国高水平开放生动实践的具体写照，同时还为世界经济发展提供了新机遇。”

回首这 10 年，“一带一路”建设始终保持旺盛的活力。顾学明介绍，“共建‘一带一路’回应了时代命题，彰显了中国理念，体现了中国格局、中国担当、中国贡献。”

“当前，国际社会需要寻求更强的政治互信、更好的合作机制、更多的互联互通。”顾学明表示，“这就需要我们更加努力，推动‘一带一路’建设走深走实，高水平开放行稳致远，为构建人类命运共同体、完善全球治理，不断贡献中国智慧、中国方案。”

杨洋委员
推动无障碍环境建设

“听力残疾是一种隐性且容易被误解的残疾。这些年来，助听辅具和信息无障碍环境得到了极大发展，国家推行的康复和融合教育取得巨大成效。”中国残疾人联合会理事杨洋委员在“委员通道”上接受采访时表示，如今绝大部分听力残疾学生在普通学校接受随班就读、接受融合教育。

杨洋回顾了自己的求学和就业历程。她表示：“终身康复和更新换代的辅具支撑我们前行，融合就业使我们成为更好的自己，这在过去是难以想象的。”

“被光照耀的我们，也能成为光照耀别人。”如今，杨洋为听障人士积极发声，参与推动无障碍环境建设立法，参与社会共建。“我们希望能够让这个社会更包容、更美好。”杨洋说。

（2023 年 3 月 5 日《人民日报》第 7 版）

回应关切，凝聚增进民生福祉共识

3 月 7 日上午，全国政协十四届一次会议第二场“委员通道”集体采访在北京人民大会堂新闻发布厅举行。8 位全国政协委员与现场记者面对面互动交流，就职业教育、民营企业发展、促进大学生就业、粤港澳大湾区建设等社会热点话题作出了回应。

苏华委员
职业教育前景广阔大有可为

“职业教育与经济社会发展紧密相连，对促进就业创业、增进人民福祉具有重要意义。”中华职业教育社副理事长苏华委员在“委员通道”上说。

苏华表示，发展职业教育就是要让接受职业教育的人能充分实现个人才干增长和价值提升，要推进职普融通、科教融汇、产教融合，优化职业教育类型定位，完善职教高考，扩大职教本科规模。

苏华说，职业教育既能顶天又能立地，工匠精神是职业教育的灵魂。“要让职业教育培养的人才既有水平，又有文凭，能有多元立交桥式发展路径和出彩的人生。职业教育前景广阔、大有可为。”

齐向东委员
民营企业要放开手脚轻装上阵

奇安信集团董事长齐向东委员在“委员通道”上表示，近年来从营造良好的舆论氛围到优化营商环境，从加强金融支持到持续减税降费，一系列政策措施有效回应了民营企业的期盼，大大提振了民营企业的发展信心。

作为一名民营企业家，齐向东说自己创新创业谋发展的干劲更足了，这股干劲来自党和国家对民营企业的支持和鼓励，来自中国经济充满韧性的坚实底盘。

“正是基于此，我们广大民营企业家才勇于担当、敢为人先。走在中国式现代化的大道上，我们要放开手脚、轻装上阵，专心致志搞发展。”齐向东说。

马怀德委员
千方百计助大学生顺利就业

中国政法大学校长马怀德委员在“委员通道”上表示，高校把就业工作作为重中之重，千方百计帮助大学生顺利就业。

怎样才能找到合适的工作？马怀德说，一方面要怀有平实之心，找适合自己的工作；另一方面，要从最基础的工作做起，为今后事业发展打下坚实的基础。

马怀德还分享了中国政法大学优秀毕业生响应号召、扎根基层服务群众的故事，并寄语广大大学生：“无论顺境逆境，我们都要守初心、担使命，把个人的理想融入新时代的奋斗之中，让青春之花绽放在祖国和人民最需要的地方。”

琼色委员
消防救援队伍永远竭诚为民

“天天救援、时时灭火、刻刻防范，已成为我们工作生活的常态。”国家消防救援局局长琼色委员在“委员通道”采访中说，消防救援队伍是为人民而建、为人民而战的，永远竭诚为民、保民平安是职责使命所在。

这支队伍中大多是“90后”“00后”。“从他们的身上我感受到了年轻人的家国情怀和时代担当，也看到了我们这支队伍的希望和未来。”琼色说。

琼色表示，国家综合性消防救援队伍将着力推动消防安全治理向事前预防转型，不断提升火灾预防和应急救援能力，更好地服务保障中国式现代化建设，为保护人民群众生命财产安全而英勇奋斗。

海尼扎提委员
用视频讲述中国新疆故事

“希望大家来新疆旅游，交个新疆朋友，跳一段新疆舞蹈，跟我们一起用视频记录新疆美好的一切，一起讲述中国新疆故事！”新疆新的社会阶层人士联谊会副会长海尼扎提委员在“委员通道”上向大家发出邀请。

海尼扎提喜欢用视频记录各民族交流交往交融的故事。几年前，为了向患有听力障碍的孩子传递快乐，海尼扎提花了很长时间研究并创作默剧。他说，孩子们看默剧欢笑的样子，让自己流下了眼泪。“从那天起，我开始更多地参与公益视频的创作。”海尼扎提说，“希望将来有更多年轻人能加入新媒体行业中，和我们一起创作优质内容，一起为正能量发声。”

何超琼委员
大湾区会成为香港发展大舞台

“有人说我是澳门人，有人说我是香港人，但我会说我是大湾区人。”信德集团董事长何超琼委员在“委员通道”上接受采访时说，在大湾区内大家同饮一江水，同享千年岭南文化，要用好国家支持政策，优势互补。大湾区具有庞大的市场、丰厚的人力资源以及无限的发展潜力，会成为香港发展的大舞台。

何超琼表示，香港应该担当大湾区引进来、走出去的“超级联系人”，抓紧大湾区发展的机遇，把优势赋能到国家建设当中。

“只要目标一致、同心协力、凝聚共识，我相信大湾区一定能为实现中国式现代化、携手共圆中国梦起到示范作用。”何超琼说。

马志毅委员
帮助澳门青年把握时代机遇

澳门中华总商会理事长马志毅委员在“委员通道”上接受采访时表示，澳门回归20多年来，在中央政府大力支持下，实现了经济、社会各个领域的蓬勃发展，取得了令人瞩目的成就。“我鼓励澳门青年到内地去走一走，亲自感受、目睹国家的发展与变化。”马志毅说，“从中央到广东地方各个层面都出台了有利于港澳人才发展的政策，为他们深度融入大湾区，提供了便利的条件和平台。”

“我会继续努力通过各种方式为澳门青年解读国家以及大湾区更多政策”，马志毅表示，“让他们把握时代机遇，积极融入国家发展大局，为新时代祖国发展贡献智慧和力量。”

江利平委员
国家统一是大势所趋、大义所在、民心所向

“民族复兴、国家统一是大势所趋、大义所在、民心所向。”台盟中央副主席江利平委员接受采访时说，“祖国大陆始终敞开胸怀，推动两岸深化经济文化交流合作和各领域融合发展。”

江利平生长在湖北，祖辈扎根在台湾。十几年前，他第一次回台南祭祖，“那里的山川地貌、风土人情让我倍感亲切。”几十年来，江利平在湖北武汉工作生活，每次步行至台北路，打卡宝岛公园、高雄社区，常让他深感两岸一家亲、同胞携手行。

江利平介绍，截至去年底，湖北连续出台多项促进对台经济文化交流合作的举措，取得了良好效果。在鄂3500多名常住台胞以及近3000家台资企业实实在在受益。

（2023年3月8日《人民日报》第17版）

共话未来发展　汇聚奋进力量

3月11日下午，全国政协十四届一次会议第三场“委员通道”集体采访在北京人民大会堂新闻发布厅举行。8位全国政协委员接受现场采访，就能源融合发展、促进消费、灵活就业等热点话题回答记者提问。

宋海良委员
能源融合发展前景无限广阔

中国能建集团党委书记、董事长宋海良委员在“委员通道”上介绍，截至2022年底，我国可再生能源的装机总量历史性超过煤电，占全国发电总装机的47.3%。2022年全年可再生能源发电量达到2.7万亿千瓦时。

宋海良表示，中国能建正大力推进四大融合发展：第一是产业间的跨界融合，新能源与传统能源的互补、协同与替补；能源与工业、交通、建筑等行业的深度融合。第二是产业链上下游之间深度融合，从而实现多侧、多能、多环节的联动发展。第三是实现要素间的融合发展。第四是区域间的融合，推动跨国、跨区域的融合，从而构建绿色低碳合作的新格局。

丁佐宏委员
中国消费市场大、活力足

月星集团董事局主席丁佐宏委员在“委员通道”上表示，2022年消费行业因疫情影响受到了冲击，国家及时出台了一系列促进消费政策，有力地稳住了市场基本面。

丁佐宏认为中国市场潜力巨大，前景广阔。他表示，中国有着巨大的消费市场，像汪洋大海一样，消费永远在，市场永远在，人们对美好生活的追求永远在。随着营商环境不断优化，经营主体活力不断释放，老百姓的口袋不断鼓起来了，相信消费市场会一路向好，越来越好。消费市场的活力一定能为我国经济发展添砖加瓦。

曹鹏委员
加强灵活就业群体权益保障

京东集团技术委员会主席曹鹏委员在“委员通道”上表示，党和政府一直非常关心灵活就业群体的权益保障问题。党的二十大报告提出，加强灵活就业和新就业形态劳动者权益保障。

曹鹏呼吁用工单位保障好灵活就业者的权益。灵活就业者背后是千千万万个家庭，他们可能就是一个家庭的“顶梁柱”。用工企业不管是大是小，都有义务把这些家庭“顶梁柱”扶稳。“用工企业要用好社保工具，社会要撑好保障伞，真正让灵活就业者做到老有所养、病有所医、伤有所赔，让灵活就业群体受关心、更安心。”曹鹏说。

范扎根委员
税收用于办大事要事和民生实事

江西省税务局党委书记、局长范扎根委员在“委员通道”上介绍，无论税制怎样调整，税收始终坚持人民至上，饱含民生温度，对困难企业和中低收入群众给予照顾。这些“真金白银”的政策支持，解了企业燃眉之急，提振了发展信心。

范扎根说，税收主要为了满足人民群众的公共需要，去办事关全局和长远的大事要事；税收还用于保障民生实事，解决老百姓的急难愁盼。“税收一头连着国计一头连着民生，作为税务工作者我们深感使命光荣、责任在肩，要兢兢业业做好每一项工作。”

皇甫宜川委员
以优秀作品满足人民文化需要

“《流浪地球2》《满江红》《无名》《深海》等一系列电影，在市场上都有非常好的表现，让我们再一次看到中国电影市场的活力。”中国电影艺术研究中心研究员皇甫宜川委员在“委员通道”上表示，今年春节档让我们看到中国观众对电影的需求和热情仍然存在。

皇甫宜川说，今年春节档的电影票房是67亿多元，春节假期有近1.3亿人次观众走进电影院。这再次证明有好电影，才会有观众；有观众，电影才能生存和发展。他表示，中国电影人接下来要拍更多好电影，以多样化的优秀作品来满足人民日益增长的文化生活需要，这是中国电影发展的硬道理和着力点。

周清委员
推进规范化分级诊疗制度

广东省人民医院肿瘤医院院长周清委员在“委员通道”上表示，党和国家高度重视人民群众的身体健康，已经发布了一系列重要文件，落实分级诊疗制度，推进规范化抗肿瘤诊疗。

周清说，国家卫健委启动了“千县工程”，加速推进县域肿瘤中心建设，实现恶性肿瘤的规范化、标准化、同质化治疗。周清调研了解到，四川省一个县级人民医院已经具备了相当齐全的多学科综合诊治人员、设备和技术实力，可以实现一站式筛查、诊断、治疗、随访以及健康管理。“随着规范化分级诊疗制度的进一步推进，我们一定会在更大范围内实现让恶性肿瘤成为可以在家门口医院诊治的慢性病。”周清说。

余静委员
发展最大底气来自党的好政策

“在大湾村8年，让我体会最深的是农村发展最大的底气来自党的好政策。”安徽省金寨县花石乡大湾村第一书记余静委员在“委员通道”上说。

“2016年4月24日，习近平总书记来大湾村考察，和我们面对面拉家常、算收入，嘘寒问暖，让我们备受鼓舞。”余静说，7年来我们牢记总书记的嘱托，努力把生态优势转化为发展优势，让绿水青山变成金山银山，蹚出一条茶旅融合发展的致富路子。

余静说，如今走进大湾村，闻着茶香，处处是景。“听说我来北京参加全国两会，乡亲们托我捎句话：我们的生活越来越好了，请总书记放心，我们一定会把大湾村建设得更美更好！”

韦朝晖委员
高水平共建西部陆海新通道

“西部陆海新通道运输网络是连接中国与东盟时间最短、价格最优的贸易通道。”广西壮族自治区国际博览事务局党组书记、局长韦朝晖委员在“委员通道”上介绍，借助这条通道，东盟商品在广西北部湾港上岸，迅速由海铁联运班列发往广阔的中国大市场。

“西部陆海新通道，是西部地区扩大开放、融入双循环的快车道，也是助力西部老百姓的致富道，为沿线千家万户增添更多欢声笑语。”韦朝晖说：“今年我们会迎来第二十届中国—东盟博览会。我们将推动西部陆海新通道深化合作，共同造福世界、共向美好未来。”

（2023 年 3 月 12 日《人民日报》第 11 版）

热点话题

一、中国式现代化

陈四清：金融现代化是中国式现代化的基本元素

中国工商银行党委书记、董事长陈四清委员说，以中国式现代化全面推进中华民族伟大复兴前途光明、任重道远。这更加需要全党全国各族人民在党的旗帜下团结成“一块坚硬的钢铁”，在任何时候任何情况下都坚持同以习近平同志为核心的党中央保持高度一致，深刻领悟“两个确立”的决定性意义，增强“四个意识”、坚定“四个自信”、做到“两个维护”，自觉用习近平新时代中国特色社会主义思想凝心铸魂。

“金融现代化是中国式现代化的基本元素，也是服务中国式现代化的重要力量。”陈四清委员说，必须坚持和加强党对金融工作的领导，紧紧围绕服务中国式现代化谋划推进金融工作，坚定不移走中国特色金融发展之路，在全面建设社会主义现代化国家新征程上更好发挥金融职能、展现金融担当。

（2023 年 3 月 4 日《人民日报》第 8 版）

谷树忠：建设人与自然和谐共生的现代化

“人与自然和谐共生，是中国式现代化的重要特征和本质要求之一。”国务院发展研究中心研究员谷树忠委员说，绵延五千多年的中华文明孕育着丰富的生态文化，生态文明建设是关系中华民族永续发展的根本大计。

尊重自然、顺应自然、保护自然，是全面建设社会主义现代化国家的内在要求。谷树忠委员表示，建设人与自然和谐共生的现代化，必须坚持节约资源和保护环境的基本国策，坚持节约优先、保护优先、自然恢复为主的方针，统筹产业结构调整、污染治理、生态保护、应对气候变化，协同推进降碳、减污、扩绿、增长，推动经济社会发展全面绿色转型，促进生态环境持续改善，实现中华民族永续发展。

（2023 年 3 月 4 日《人民日报》第 9 版）

韩保江：夯实中国式现代化的物质基础

“今年我带来了两份提案，一是建议‘推进中国式现代化需更加聚焦抓好经济建设’，二是建议‘组织召开全国民营经济大会’。”谈到中国式现代化，全国政协委员、中央党校（国家行政学院）经济学教研部主任韩保江开门见山。

韩保江委员认为，实现中国式现代化是有“及格线”的，这一及格线就是中国式现代化所要遵循的现代化一般规律，是各国现代化的共同特征。从已经实现现代化的发达国家实践来看，都基本完成了“四化”。一是工业化，发达国家基本都实现了工业化，现在又开始“再工业化”。二是城市化，现代化国家城市化率基本都达到 80% 至 85% 以上，我国还存在较大差距。三是高质量化，无论从产业结构衡量，还是看投入产出中的各种效率等，都实现了高质量发展。四是富裕化，到 2035 年，我国要达到中等发达国家水平，做大蛋糕是“硬任务”。我国要完成这“四化”，就必须把经济建设作为中心工作“聚精会神、一心一意”地抓好。

韩保江委员表示，实现中国式现代化不是“及格”就行了，中国式现代化呈现的 5 个基本特征是“高分线”。比如，“人口规模巨大的现代化”，未来要把 14 亿多人口带进中等发达国家的高收入水平，这个经济发展总量的规模要求和难度，是人类历史上前所未有的。再如，“全体人民共同富裕的现代化”，在市场经济条件下，公平和效率有时是对冲的，所有现代化国家都没有解决好“公平与效率相统一”的难题，我们要实现全体人民共同富裕绝非易事。再加上“物质文明和精神文明相协调”“人与自然和谐共生”“走和平发展道路”的现代化要求，如果不推进高质量发展，“高分数”的中国式现代化就难以实现。

“我们必须尊重现代化建设的一般规律，从中国实际出发，扎扎实实做好经济工作，夯实中国式现代化的物质基础。”韩保江委员说。

（2023 年 3 月 5 日《经济日报》第 7 版）

韩杰才：为中国式现代化提供人才支撑

“中国式现代化扎根中国大地，切合中国实际，体现了社会主义建设规律，也体现了人类社会发展规律，为人类实现现代化提供了新的选择。”哈尔滨工业大学校长韩杰才代表说。

韩杰才代表表示，党的二十大报告对教育、科技、人才作出统筹谋划和一体部署，凸显了教育、科技、人才在现代化建设中的战略定位。哈尔滨工业大学将全面贯彻落实党的二十大精神，坚持系统观念，在教育、科技、人才一体部署中精准定位，深化科教融合、产教融合，在锻造科技第一生产力中，培育人才第一资源，不断探索为中国式现代化提供有力人才支撑的重要路径。

（2023 年 3 月 4 日《人民日报》第 9 版）

金银墙：着力推进司法工作现代化

“人民法院是推进中国式现代化的重要力量，要把司法工作置于中国式现代化进程中考量，着力推进司法理念、司法职能、司法服务、司法体制、司法能力现代化，在法治轨道上推进中国式现代化。”福建省高级人民法院院长金银墙代表说。

金银墙代表建议，要持续深入推进一站式多元纠纷解决和诉讼服务体系建设，强化“一窗集成、一站通办、一号响应、一次办好”，用心用情解决好人民群众在司法领域的急难愁盼问题；深化司法体制改革和信息化建设，为司法赋能，不断提升司法质量、效率和公信力；围绕建设适应国家治理体系和治理能力现代化要求的高素质法院队伍，锻造忠诚干净担当的法院铁军。

（2023 年 3 月 10 日《人民日报》第 13 版）

孟振平：让中国式现代化成果为更多国家分享

“中国式现代化取得的非凡成就，不仅让中国人民对自身发展道路充满信心，也让‘坚持走自己的路’成为更多国家借鉴的发展经验。”中国南方电网公司党组书记、董事长孟振平委员表示。

孟振平委员说，南方电网在服从服务中国式现代化建设大局中推进世界一流企业建设，聚焦贯彻新发展理念、高质量发展，深化改革创新，全力保障电力安全可靠供应。中国现代化事业不断迈上新台阶，将为国际合作注入更强动力。“南方电网将继续加快推进与周边国家互联互通及电力贸易，持续做好中老铁路供电保障，积极分享能源电力技术设备标准，让中国式现代化成果为更多国家所分享。”

（2023 年 3 月 4 日《人民日报》第 10 版）

权衡：为推进中国式现代化作出新探索新贡献

“当今世界许多发展中国家正在积极探索如何既能加快自身发展，又能够保持自身独立性，希望避免一些发达国家在实现现代化过程中出现的收入不平等、社会犯罪率高、环境严重破坏等问题。”上海社会科学院党委书记权衡代表表示，中国式现代化坚持从自身历史文化和基本国情出发，统筹推进经济建设、政治建设、文化建设、社会建设、生态文明建设，推动物质文明、政治文明、精神文明、社会文明、生态文明协调发展，不断丰富和发展人类文明新形态，为广大发展中国家实现现代化提供了全新选择。

权衡代表表示，中国式现代化既不是对别国现代化模式的简单照搬，也不故步自封，而是坚持与时俱进、守正创新，不断拓展世界眼光，坚持对外开放，积极学习借鉴世界各国现代化的成功经验，在交流互鉴中不断拓展广度和深度，始终保持内在动力和活力。这是中国式现代化能够不断丰富和发展人类文明新形态、为人类实现现代化提供新选择的底气所在。

权衡代表说，上海将按照习近平总书记提出的“加快建设具有世界影响力的社会主义现代化国际大都市”重要要求，深入推动高水平改革开放，不断为推进中国式现代化作出新探索新贡献。

（2023 年 3 月 4 日《人民日报》第 10 版）

张颐武：为解决人类面临的问题提供更强大的文明力量

“中国式现代化是中国基于自身经济社会条件、历史文化传统、各国发展经验、世界发展趋势、人类文明进程开辟的现代化新路径，对正在探索自身现代化道路的广大发展中国家具有重要启示。”北京大学中文系教授张颐武委员表示。

张颐武委员说，在五千多年漫长文明发展史中，中国人民创造了璀璨夺目的中华文明，为人类文明进步事业作出了重大贡献。中国式现代化根植于独特的文化血脉，又以开阔的视野和包容的心态与世界各国互学互鉴。“在与各国文明交流互鉴中，我们将不断推动中华优秀传统文化创造性转化、创新性发展，为解决人类面临的问题提供更强大的文明力量。”

（2023 年 3 月 4 日《人民日报》第 10 版）

二、推动高质量发展

曹鹏：以数实融合助力高质量发展

党的二十大报告提出，高质量发展是全面建设社会主义现代化国家的首要任务。京东集团技术委员会主席曹鹏委员认为，在新一轮科技革命和产业变革趋势下，数实融合有助于进一步增强我国实体经济的韧性和活力，提升数字经济的发展质量，助力高质量发展。然而，当前我国还存在数实融合整体发展不充分、不均衡的问题。比如，数字技术尚未全面融入我国实体经济的全产业链；消费互联网发展快于产业互联网，农业数字化转型相对滞后。

曹鹏委员建议，加大政策力度，支持新型实体企业创新发展。同时，加快产业数字化转型，推动传统实体企业向新型实体企业跃升发展。此外，鼓励新型实体企业参与传统企业数字化转型，尤其是助力中小企业“上云用数赋智”。

（2023 年 3 月 5 日《人民日报》第 9 版）

常书铭：为高质量发展注入绿色动力

“推动经济社会发展绿色化、低碳化，是实现高质量发展的关键环节。”山西省晋中市委书记常书铭代表说，汽车是工业碳减排的重要抓手。据测算，同等功率的甲醇汽车比汽油车能效提高 20% 以上，减排二氧化碳约 26%，推进甲醇制备与甲醇汽车先进制造业协同发展，是实现双碳目标、保障能源安全、推动能源绿色低碳转型的有效举措之一。

“晋中市充分发挥煤炭高效转化甲醇的资源优势和技术优势，已初步形成甲醇研发、装备制造、燃料输配的完备甲醇产业体系。”常书铭代表建议，从战略发展和产业引导层面出台相关扶持政策，支持甲醇汽车市场推广。完善甲醇加注体系建设，制定出台加注站审批标准和流程，鼓励利用现有加油（气）站，改扩建完善甲醇加注和保障体系。加快绿色低碳甲醇产业布局，为高质量发展注入绿色动力。

（2023 年 3 月 10 日《人民日报》第 6 版）

高永文：发挥港澳优势　推动中医药产业高质量发展

高永文委员 3 月 7 日在全国政协十四届一次会议第二次全体会议上作大会发言时说，香港和澳门是国际著名自由贸易港，对中医药文化的认同感极高，中医药科研强、贸易发达，在国际市场开拓等方面处于领先地位。港澳可以发挥所长，服务国家所需。

高永文就此提出四点建议：一是高位推动中医药全产业链发展。探索“研发在港澳、产业化在内地、市场向海外”的中医药发展合作创新模式，加速优质中医药资源在粤港澳大湾区流动，打造具有强大产业内生动力和市场话语权的世界级中医药企业。二是推动中医药综合改革示范区建设。加速中医药医保支付改革，破解中医药全产业链的终端市场瓶颈；发挥香港国际金融中心的优势，建立以政府资金为引导、企业投入为主体、社会资金广泛参与的投入机制；探索建立中医药资源综合信息服务平台，推动中医药数据、资源共享，为国家中医药综合改革示范区建设探索新路径。三是强化科技引领，制定中医药国际标准。积极参与制定中医药国际标准化工作。发挥港澳地区中医药科研实力，推动内地各省区市与港澳地区建立中医药科研交流与协作机制。四是打造国际中医药贸易中心，推动中医药走向世界。积极争取与东盟著名药企和科研机构建立多种形式的合作关系。推进国家中医药服务出口基地建设，打造中医药文化国际传播窗口，持续推动中医药文化走向世界。

（新华网）

郝持胜：以工匠精神促进高质量发展

“促进露酒行业的高质量发展，需要传承工匠精神，始终保持匠心和品质追求。”作为竹叶青酒技艺传承人，汾酒集团高级技师、汾酒国家级技能大师工作室负责人郝持胜代表建议，要以传承为支撑，构建系统、有效的传统工艺应用和传承体系；要以保护为基础，加大对传统露酒酿造技艺申遗的支持力度。

“无论从事什么工作，都要干一行、爱一行、专一行。始终秉持工匠之心，创造高品质产品是我们的坚守与责任。”郝持胜代表说，把工匠精神融入技术创新，不懈努力、不断攻关，才能为中国传统养生酒配制工艺的继承和发展贡献应有之力。

（2023 年 3 月 5 日《人民日报》第 5 版）

何琼妹：促进休闲渔业高质量发展

政府工作报告提出，发展乡村特色产业，拓宽农民增收致富渠道。“海南省渔业资源丰富、渔业文化深厚，发展休闲渔业是培育乡村新产业新业态的重要抓手。”海南省农业农村厅厅长何琼妹代表说，近年来，休闲渔业不断发展，有效推动渔业升级、渔村振兴、渔民富裕。

何琼妹代表建议，要多措并举促进休闲渔业高质量发展。加强休闲渔业顶层设计，完善政策保障体系，一体化推进基础设施建设、人才队伍培育、产业项目落地，形成政府引导、市场主导、渔民主体、社会参与的休闲渔业发展格局。建立休闲渔业多元化投入机制，强化普惠金融支持力度，鼓励发展休闲渔业保险。

（2023 年 3 月 9 日《人民日报》第 6 版）

冷友斌：推动乡村产业高质量发展

“党的二十大报告提出，要‘全面推进乡村振兴’‘加快建设农业强国’。多年来，我们扎根黑土地，依托全产业链带动区域经济发展和农民增收，收获了许多经验。我今年提出的建议主要聚焦于黑土地保护及乡村产业高质量发展。”黑龙江飞鹤乳业有限公司董事长冷友斌代表说。

“目前部分地区缺乏全域系统性、区域优势性的特色产业发展规划，产业链条不清晰。”冷友斌代表建议，在黑龙江等黑土优势区域建立国家级先导区，以高品质乳制品加工、绿色有机农产品精深加工、绿色低碳等作为特色主导产业，遴选重点产品、重点项目，一体考虑黑土地保护和利用。系统编制乡村产业发展规划，整合用地、资金和技术，推动数字、生物、农业深度融合，推动乡村产业全链条提升。

（2023 年 3 月 5 日《人民日报》第 10 版）

李东生：推动制造业高质量发展

“制造业是实体经济的中坚力量。要巩固我国产业体系完整的优势，保持制造业占比基本稳定，通过锻长板、补短板、强基础，加快建设现代化产业体系。”TCL 科技集团股份有限公司董事长、首席执行官李东生代表说。

李东生代表介绍，过去 5 年，TCL 研发投入累计超 490 亿元，申请专利数超 10 万件，并投建了超高清新型显示器件生产线等多个重大项目，在智能终端等主要产品领域建立起领先优势。推动制造业高质量发展，要持续加大对科技制造企业的政策支持，改善融资环境，降低生产要素成本，进一步激发企业创新动能。

（2023 年 3 月 11 日《人民日报》第 10 版）

李兰祥：推进绿色低碳高质量发展

“落实黄河重大国家战略，既是泰安面临的重大历史机遇，更是义不容辞的责任和使命”。山东省泰安市委副书记、市长李兰祥代表说，近年来，泰安市以绿色低碳高质量发展为着力点，大力实施新型工业化强市战略，统筹抓好生态环境系统治理保护修复。

李兰祥代表表示，要紧扣生态保护和高质量发展两个关键，以泰山、大汶河、东平湖三大重点生态区域治理为核心，全力推进黄河流域保护、治理和发展，加快构建“山青、水绿、林郁、田沃、湖美”生态大格局。

（2023 年 3 月 7 日《人民日报》第 11 版）

李民吉：提供普惠性高质量金融服务

“今后我国财富管理行业的发展方向，将以不断满足人民日益增长的理财需求为出发点，以普惠性高质量金融服务促进共同富裕。”华夏银行党委书记、董事长李民吉委员表示，要坚持金融业务必须持牌经营的要求，维护国家金融体系稳定。相关部门应强化顶层设计，加快完善财富管理领域立法及监管体系。在服务居民财富管理需求的同时，着力服务实体经济，形成财富管理和资产管理的良性循环。

（2023 年 3 月 12 日《人民日报》第 10 版）

林其鑫：推动养殖业高质量发展

政府工作报告提出，“把恢复和扩大消费摆在优先位置。”这些年，我国经济发展水平迈上新台阶，老百姓生活水平不断提升，消费需求逐渐从“吃得饱”向“吃得好、吃得营养、吃得健康”转型。重庆琪金食品集团有限公司董事长林其鑫代表说，加快养殖业转型升级，加强优质肉类生产，保障老百姓肉食安全，是提高老百姓生活品质的必然要求。

林其鑫代表表示，应加大对地方特色养殖业的资金、人才和技术支持，重点培育龙头企业，大力发展绿色食品加工产业，以养殖业的高质量发展助力人民群众的高品质生活。

（2023 年 3 月 13 日《人民日报》第 8 版）

林毅夫：激发潜在优势　实现高质量发展

林毅夫委员 3 月 7 日在全国政协十四届一次会议第二次全体会议上作大会发言时说，要实现高质量发展，必须完整、准确、全面贯彻创新、协调、绿色、开放、共享的新发展理念，发挥创新作为第一动力的积极作用。

林毅夫说，着眼未来，应该看到我国具有创新和发展优势：一是后来者优势。作为发展中国家，除了原始创新，我国还拥有引进、消化、吸收、再创新作为创新来源的后来者优势。利用后来者优势进行技术创新、实行进口替代并转而出口的空间巨大。二是换道超车优势。在新能源、大数据、人工智能、生命科学等第四次工业革命相关的新经济领域，我国和发达国家站在同一起跑线，人力资源多、国内市场大、产业配套全。三是新型举国体制优势。当前，世界百年未有之大变局加速演进，一些可能被“卡脖子”的技术，可以通过新型举国体制攻关突破。四是超大规模国内市场优势。在人口规模巨大的同时，国民收入不断增长，形成了庞大的国内需求；基础设施建设成绩显著，交通运输设施不断完善，为形成统一大市场提供了便利；在商品市场发展的同时，生产要素市场迅速发展。

为推动经济实现质的有效提升和量的合理增长，林毅夫提出五点建议：一是积极稳定市场预期，二是充分挖掘创新潜力，三是大力开发人口质量红利，四是加快构建新发展格局，五是完整、准确、全面贯彻新发展理念。

（新华网）

吴小颖：人才支撑高质量发展

“近些年，福建通过各项引才工程，累计支持各类企业引进 1.4 万多名工科专业人才从事科研创新，引进的高层次人才中 90% 以上是主导产业和新兴产业紧缺的人才。”中国海峡人才市场总经理吴小颖代表说，要做好人才引进、人才创业和创新链产业链资金链人才链深度融合三篇文章，持续推进人才、项目、资本的有效对接，推进“政产学研用金”协同创新，打造各类创新创业载体平台，营造激发创新、释放创造的良好环境氛围，为高质量发展提供更好的人才支撑。

（2023 年 3 月 9 日《人民日报》第 5 版）

徐涛：稳增长 惠民生 推动健康产业高质量发展

徐涛委员 3 月 9 日代表农工党中央在全国政协十四届一次会议视频会议上作大会发言时说，健康产业贯穿一、二、三产业，产业链长、带动性强，发展空间和潜力巨大。推动我国健康产业高质量发展，对扩大健康消费需求，保障和改善民生，意义重大。

徐涛说，要以充分发挥超大规模市场优势为出发点，在新发展格局中促进国内国际双循环。发挥龙头企业优势，推动国企和有规模实力的民企做强做优做大。发挥自贸区、海南自贸港优势，培育产业发展增长极。发挥现有合作机制优势，加快走出去的步伐。

徐涛说，要构建现代化健康产业体系，提供高质量产品和服务。强化生命健康国家战略科技力量，推动企业主导的产学研深度融合。强化健康制造业现代化能力，提升产业链供应链韧性和安全水平，健全产业体系。强化健康服务效果，依托健康大数据、人工智能，实现多元化的健康服务应用。

徐涛说，要加强顶层设计，推进制度创新。完善健康产业规划，提升战略层级，补短板、强弱项；完善国家统筹协调机制，加强医药、健康管理服务、保险、养老、健康食品、健身休闲运动领域的协同；完善政策环境，优化健康产品审批；完善国际化创新创业环境，加快聚集国际英才。

（新华网）

杨长利：为高质量发展注入绿色动力

“推动经济社会发展绿色化、低碳化是实现高质量发展的关键环节。要坚定不移推进能源革命，加快构建新型能源体系，助力高质量发展。”中国广核集团有限公司党委书记、董事长杨长利委员表示，积极安全有序发展核电，对保障我国能源安全、构建新型电力系统具有重要意义。

杨长利委员认为，经过多年发展，我国已经跻身世界核电大国行列，成功研发出具有自主知识产权的三代核电技术“华龙一号”，实现了核电技术由“二代”向“三代”的跨越，我国核电具备了实现更大目标、更高质量发展的扎实基础。要加快推动能源消费结构调整，构建风电、太阳能发电、核电、水电等多种清洁能源协同发展的格局。

（2023 年 3 月 5 日《人民日报》第 6 版）

张宝亮：着力打造高质量发展新优势

“深化新旧动能转换、建设绿色低碳高质量发展先行区，是山东加快建设新时代社会主义现代化强省的重大战略机遇。”山东省临沂市委副书记、市长张宝亮代表表示，临沂市将加力提速绿色低碳高质量发展，改造升级传统产业，巩固提升优势产业，培育壮大新兴产业，前瞻布局未来产业，着力打造高质量发展新优势。

张宝亮代表说，临沂将牢牢把握高质量发展这个首要任务，加快推动工业经济高端化提升、智能化发展、绿色化转型、生态化集聚，努力实现质的有效提升和量的合理增长，力争 2024 年全市规模以上工业产值突破万亿元，为山东建设绿色低碳高质量发展先行区贡献力量。

（2023 年 3 月 10 日《人民日报》第 7 版）

张壮：推动工业高质量发展

政府工作报告提出，加快建设现代化产业体系。“要坚持把发展经济的着力点放在实体经济上，推动工业高质量发展。”广西壮族自治区柳州市委副书记、市长张壮代表说，柳州要奋力在推动工业高质量发展上闯出新路子。

张壮代表说，要稳存量，推动汽车、钢铁、机械等主导产业做大做强，轻工、化工等传统优势产业提档升级，柳州螺蛳粉等特色产业发展壮大；要抓增量，扶持一批专精特新企业做大做强，积极引进一批建链延链补链强链项目，培育完善新能源新材料产业链，打造国际新能源汽车产业高地；要破变量，加大资源要素保障，除了土地、资金外，大力实施新时代人才强市战略，为工业高质量发展提供人才智力支撑。

（2023 年 3 月 13 日《人民日报》第 6 版）

郑德雁：推动绿色低碳高质量发展

“新旧动能转换的目标和方向是绿色低碳高质量发展。”山东省烟台市委副书记、市长郑德雁代表说，烟台将以推进绿色低碳转型为抓手，构建协同发展的新型能源体系，提升石化、汽车、海工装备、生物医药等产业高端化、智能化、绿色化水平，统筹推进低碳园区、低碳厂区、低碳校区、低碳社区建设，建设国际领先的智能低碳城市。郑德雁代表建议，应全面提升我国绿色电力证书的国际认可度，增加绿电交易品种，使绿电赋能产品在国际市场中具备更大竞争力。

（2023 年 3 月 11 日《人民日报》第 11 版）

三、实现高水平科技自立自强

陈雨露：发挥科技创新驱动力作用

科技是第一生产力、人才是第一资源、创新是第一动力。南开大学校长陈雨露代表认为，我国产业链供应链韧性持续提升，创新链不断发展壮大，但在科技自立自强方面还存在短板弱项，这就要求我们必须充分发挥科技创新的驱动力作用。

陈雨露代表建议，必须突破“卡脖子”的技术问题，要加快新能源、人工智能等前沿技术研发和产业化应用。要发挥新型举国体制的优势；发挥企业在创新中的主体地位；发挥高校作为科研主力军作用。

（2023 年 3 月 12 日《人民日报》第 13 版）

谌志华：协同发力推动科技创新

“软件和信息技术服务业是关系发展全局的基础性、战略性、先导性产业，对于支撑经济社会发展、提升国家安全保障能力具有重要意义。”麒麟软件有限公司党委书记、董事长谌志华委员说，我国基础软件产业不断迈向高质量发展，但操作系统、工业软件等底层核心技术仍一定程度上依赖国外。

谌志华委员表示，当前新一代信息技术日益融入经济社会各领域全过程，软件产业做大做强正当其时。我国拥有集中力量办大事的制度优势、超大规模市场优势和较为完备的工业体系，产业创新发展底气足、潜能大。从关键技术研发、产业生态建设和市场政策支持等方面协同发力，自主基础软件发展与应用一定能再上新台阶。

（2023 年 3 月 8 日《人民日报》第 13 版）

李毛：提升国有企业科技创新能力

“国有企业更应该增强自主创新的紧迫感和危机感，充分发挥在创新活动中的引领作用，扎实推动科技自立自强。”中国平煤神马控股集团党委书记、董事长李毛代表说。

李毛代表建议，应加快制定国有企业科技创新扶持保障条款，进一步完善容错免责机制，最大限度保证重要科技人才承担的重大创新课题具有延续性、持久性和有效性，进一步提升全社会尤其是国有企业的创新积极性和主动性。

“建议尽快构建符合国有企业创新特点、成果产出方式的人才评价体系，让创新导向上升为规章制度，使科研人员在收入、奖励等方面得到制度保障，真正在国有企业中形成崇尚创新、尊重创新的良好生态。”李毛代表说。

（2023 年 3 月 11 日《人民日报》第 13 版）

李蓬：强化使命担当加强基础研究

“加强基础研究，是实现高水平科技自立自强的迫切要求。”中国科学院院士、郑州大学校长李蓬代表表示，当前，新一轮科技革命和产业变革突飞猛进，学科交叉融合不断发展，科学研究范式发生深刻变革，科学技术和经济社会发展加速渗透融合，迫切需要加强基础研究，从源头和底层解决关键技术问题。

“高校是基础研究的主力军和创新源头，创新人才培养和汇聚的主阵地在高校。必须强化使命担当，发挥自身优势，强化基础研究前瞻性、战略性、系统性布局。”李蓬代表说，接下来要持续深化基础学科建设，加强基础理论研究，重点支持基础学科发展壮大，建设一批具有世界一流水平的基础研究人才队伍，布局交叉前沿领域基础研究，推动多学科深度融合，解决重大前沿科学问题。

（2023 年 3 月 7 日《人民日报》第 6 版）

李永胜：打造世界一流磁悬浮产业集群

“工业是碳减排的重要领域，而工业用电量的一半用于旋转机械。磁悬浮动力装备节能效果好，是促进实现‘双碳’目标的重要技术创新。”山东天瑞重工有限公司党委书记、董事长李永胜代表说，经过不懈努力，我国突破了磁悬浮动力装备领域一系列“卡脖子”技术，行业发展迎来新的机遇。

为增强我国产业国际竞争力，李永胜代表建议，加强磁悬浮动力技术基础研究，建设高水平国家级创新平台；推进磁悬浮动力技术标准化体系建设，占领国际标准化制高点；加大对磁悬浮产业政策支持力度，打造世界一流磁悬浮产业集群。

（2023 年 3 月 12 日《人民日报》第 10 版）

李云：推进科技创新制度创新

“我国科技事业发生了历史性、整体性重大变化，创新支撑发展能力不断增强，开启了实现高水平科技自立自强、建设科技强国的新阶段，让我们倍感振奋、备受鼓舞。”四川省绵阳市市长李云代表说。

李云代表表示，近年来，绵阳始终心怀“国之大者”，积极服务国家战略，牢记嘱托、勇担使命，推动创新驱动发展取得明显成效，为国家提供了一批高质量的科技创新供给。

“科技创新是绵阳的城市基因和鲜明底色。”李云代表表示，“绵阳将深入实施科技立市战略，推进科技创新和制度创新双轮驱动，全力保障国家重大科技专项、重大工程实施，着力培育具有全国影响力、核心竞争力的创新产业集群，更好服务国家高水平科技自立自强，为国家建设现代化科技强国贡献更多力量。”

（2023 年 3 月 11 日《人民日报》第 13 版）

卢建军：全面提高人才自主培养质量

党的二十大报告提出，以国家战略需求为导向，集聚力量进行原创性引领性科技攻关，坚决打赢关键核心技术攻坚战。西安交通大学党委书记卢建军委员介绍，近年来，西安交通大学深入实施产教融合协同育人工程，对接企业需求，培育创新生态，全面提高人才自主培养质量。

“作为‘双一流’建设高校，应该在全面提高人才自主培养质量上下更大功夫。”卢建军委员建议，进一步加强基础研究投入力度，突出原创，鼓励自由探索，增强自主创新能力。同时，坚持面向世界科技前沿和国家重大需求，不断加强产学研深度融合，提高科技成果转化和产业化水平，为实现高水平科技自立自强贡献力量。

（2023 年 3 月 5 日《人民日报》第 10 版）

路红波：为科技自立自强提供人才支撑

“我国正处在推进实现高水平科技自立自强的关键期，急需培养一批创新能力强、引领产业变革的高端创新人才，通过自主培养卓越工程师，为科技自立自强提供人才支撑。”中国航天科工集团三院科技委常委路红波代表说。

路红波代表建议，要进一步发挥企业培养主体作用，健全校企协同机制，企业与重点高校共建多学科交叉创新联合体，联合进行工程硕博士企业实践课程开发，将工程实践案例纳入现有课程体系，以“卡脖子”的问题与前沿难题为基点明确科研联合攻关项目。此外，要以政策创新和激励体系建设为突破口，激发中央企业参与卓越工程师培养的积极性，推进人才培养与工程实践、科技创新的有机结合。

（2023 年 3 月 5 日《人民日报》第 6 版）

吕爱辉：着力攻关“卡脖子”技术

新时代十年，我国坚持自主创新，科技成果不断涌现，为推动高质量发展提供了有力支撑。吉林省延边畜牧开发集团有限公司董事长吕爱辉委员说，创新是引领发展的第一动力，应进一步深化体制机制改革，激发科技创新活力。

吕爱辉委员建议，构建以企业为主体的多层次产学研协同创新机制，围绕核心技术研发、产业链上下游对接等关键环节，加大科企合作力度。同时，深化科技人才体制机制改革，赋予科研人才更大技术路线决定权、更大经费支配权、更大资源调度权，鼓励他们静心做学问、搞研究，着力攻关“卡脖子”技术，多出成果、出好成果。

《人民日报》（2023 年 3 月 4 日第 14 版）

孙志：财政政策助力科技创新

创新是引领发展的第一动力。通过财政政策精准施策促进高水平科技自立自强，具有重要意义。宁夏回族自治区财政厅厅长孙志代表认为，要优化财政资金投入结构，充分发挥财政政策在各产业科技创新、提质增效中的效用。

孙志代表建议，加大“撬动性”财政资金的投入力度，统筹产业科技的政策资金，有效与社会资本联合联动，在企业或项目资金紧缺的前期给予“雪中送炭”式支持，实现政策资金滚动和放大使用。同时，在产业发展中，优化财政工具使用方式，加强财政贴息、融资担保等市场化手段运用，盯住重点领域和关键环节的科技创新，狠抓传统产业改造升级和战略性新兴产业培育壮大，以财政政策牵引各产业沿高质量发展“快车道”加速前行。

（2023 年 3 月 11 日《人民日报》第 14 版）

王桂林：发挥科技骨干企业引领作用

“企业处于市场最前线，是新技术需求的最先捕获者和最终应用者。”广东省广州市科技局局长王桂林委员说，应充分发挥新型举国体制优势，培育一批研发投入高、全球化布局、品高价优的科技龙头企业、骨干企业，以它们为引领支撑，推进创新链产业链资金链人才链深度融合。

王桂林委员认为，我国一些科技龙头企业研发投入相对较低，产业链带动能力不强。“高强度的研发投入是塑造企业核心技术优势的根本保障。”他建议鼓励企业从逆向创新向正向创新转变，推动创新资源向企业集聚，统筹财政、税收等多种工具，将更多金融“血液”引向企业。

（2023 年 3 月 7 日《人民日报》第 11 版）

王华：发挥高校科技创新引领作用

高校是人才培养的摇篮、科技创新的重镇、创新驱动发展的重要策源地。昆明理工大学校长王华代表建议，持续为人才营造激发创新潜力的环境，吸引高水平科学家与优秀青年人才投身到重点领域关键核心技术攻关研发中来；调整优化学科结构、专业设置，为创新型、复合型、应用型人才的成长提供肥沃土壤；推动科研方式由“单兵作战”向“集团作战”转变，满足不同领域、不同层面科技创新的需求。

（2023 年 3 月 11 日《人民日报》第 9 版）

徐佐：打造全产业链竞争优势

政府工作报告提出，科技政策要聚焦自立自强。中信集团党委委员、副总经理、总工程师徐佐代表认为，要进一步完善新型举国体制，推动政府、市场、社会等力量有机结合，建立健全高效、协同、开放的创新体系。

徐佐代表建议，进一步强化科技发展顶层设计，深化“放管服”改革，为构建创新联合体“牵线搭桥”，促进产学研用联合、上中下游贯通，形成各领域、各层次、各环节协同攻关、合力创新的发展局面，有效推动创新成果落地转化，打造全产业链竞争优势，保障产业体系自主可控和安全可靠。同时，应着力提升人才自主培养质量和能力，建立健全以质量、效益、贡献为导向的科研评价与容错体系机制，持续吸引更多高水平人才围绕国家战略需求加强科技创新工作。

（2023 年 3 月 7 日《人民日报》第 6 版）

印娟：聚力科技创新接续奋斗

“推进中国式现代化，是一项前无古人的开创性事业，需要我们不断探索创新。”合肥国家实验室量子通信部研究员、中国科学技术大学合肥微尺度物质科学国家研究中心教授印娟代表说，从脱贫攻坚到乡村振兴，从“神舟”问天、“嫦娥”探月到“祝融”探火，在中国共产党的坚强领导下，我们不断攻坚克难，从胜利走向胜利，一定能将建设社会主义现代化强国的宏伟蓝图变成现实。

“作为一名量子信息科技工作者，我和量子通信打交道已有 21 年。”印娟代表说，多年来，通过一代一代地接力推进，我国在量子信息领域从跟跑、并跑到部分领跑，量子通信的研究和应用水平处于国际领先地位。科研工作者将聚力科技创新接续奋斗，进一步扩大量子卫星的领先优势。

（2023 年 3 月 4 日《人民日报》第 8 版）

张平文：完善导航拔尖创新人才培养体系

“目前，我国北斗产业人才培养存在两个问题。”中国科学院院士、武汉大学校长张平文委员说，一是复合型导航技术人才尤其是拔尖创新人才培养体系不健全、人才储备不足；二是面向北斗产业的空天科技战略力量和自主创新能力依然薄弱。

“建议完善导航拔尖创新人才培养的战略布局。”张平文委员说，在“交叉学科”门类增设“导航技术”一级学科，鼓励高校设置“导航工程”本科专业及学位点，建立完整学科体系。同时，布局建设导航领域的国家实验室和国家技术创新中心。以北斗重大工程任务为牵引，整合国家科研机构、高水平研究型大学、科技领军企业的优势力量，汇聚一批导航领域的战略科学家和杰出青年人才。

（2023 年 3 月 5 日《人民日报》第 5 版）

张希：勇做科技自立自强的开拓者

“加快实现高水平科技自立自强，是推动高质量发展的必由之路。”吉林大学党委副书记、校长张希代表说，高校要充分发挥科教资源丰富的优势，面向国家战略需求，主动承担重大科技攻关任务，加强基础性、前瞻性、交叉性创新研究，勇做高水平科技自立自强的引领者和开拓者。

“基础研究是创新的源泉，决定了一个国家科技创新的底蕴。”张希代表认为，高校既要加强好奇心驱动的基础研究，又要积极推动基于问题导向和目标导向的有组织科研，更好服务国家重大战略需求。东北地区科教资源丰富、产业特色鲜明，建议进一步加大在东北地区布局重大科技创新平台的力度，强化人才引育政策支持，推动形成更高水平创新高地。

（2023 年 3 月 8 日《人民日报》第 13 版）

赵祥模：完善政策促进科技成果转化

“随着国家一系列重大改革举措落地生效，科技事业发生了历史性、整体性变化，持续向好。下一步，应该进一步完善政策，促进科技成果转化。”西安工业大学校长赵祥模代表表示，科技工作者要以关键共性技术、前沿引领技术、现代工程技术、颠覆性技术创新为突破口，努力实现关键核心技术自主可控，并切实转化为现实生产力，推动产业发展，提升核心竞争力。

赵祥模代表表示，要在创新体系建设、政策体系构建、区域协同机制等层面做好文章，让科技成果转化更有制度保障；围绕创新链、产业链打造人才链，多措并举引导科技人才服务企业一线，让科技成果转化更有人才保障；设立项目孵化专项基金，有条件的地方可以调整资金集成度和单个项目强度，让科技成果转化更有经费保障。

（2023 年 3 月 13 日《人民日报》第 9 版）

朱永繁：坚定不移走科技强企之路

“近年来，智能、绿色、低碳、高效已经成为钢铁行业发展的主要趋势，对相关企业的创新能力、技术水平也提出了更高要求。中国五冶集团坚定不移走科技强企之路，持续完善创新体系，不断加大科技投入，专职科技人才数量占员工总数比重处于行业领先地位，为企业和行业高质量发展提供了有力支撑。”中国五冶集团党委书记、董事长朱永繁代表说。

朱永繁代表介绍，为努力突破关键核心技术难题，在重点领域、关键环节实现自主可控，近年来，中国五冶集团瞄准冶金建设“卡脖子”领域强化自主创新，攻关研发了一批高端冶金建造技术，形成了一批独家技术成果。

“下一步，中国五冶集团将在企业内部深化科技制度改革，大力培育创新文化，健全科技评价体系和激励机制，为创新人才脱颖而出、尽展才华创造良好环境。”朱永繁代表说。

（2023 年 3 月 10 日《人民日报》第 9 版）

四、构建新发展格局

杜汇良：构建现代化产业体系

“在转型过程中，鄂尔多斯必须牢牢把握重大战略机遇，立足地区资源禀赋、产业基础和比较优势，系统重塑产业体系，深入转变发展方式，积极调结构、转功能、提质量，以效率变革、动力变革促进质量变革。”内蒙古自治区鄂尔多斯市委副书记、市长杜汇良代表说。

杜汇良代表表示，鄂尔多斯要深入贯彻新发展理念，在提升传统能源产业的同时，积极做强现代煤化工、新材料产业，打造集能源生产、装备制造、示范应用为一体的新能源全产业链，壮大智能制造、生物医药、数字经济、生态环保等战略性新兴产业，构建新的现代化产业体系。

（2023 年 3 月 13 日《人民日报》第 7 版）

郭永航：推进新型基础设施建设

“适度超前部署新型基础设施建设，是稳步实施扩大内需战略、持续释放经济增长潜力的重要内容，对加快推动高质量发展具有重要意义。”广东省广州市委副书记、市长郭永航代表说，目前广州已构建了以重大科技基础设施为引领、以产业技术创新基础设施为根基的基础设施集群。

郭永航代表说，下一步将一体推进信息基础设施、融合基础设施、创新基础设施建设，促进产业数字化、融合化、高端化发展，破除基础设施投资中的体制机制障碍，增强新型基础设施领域对社会资本的吸引力，形成产业可持续发展的良性模式。

（2023 年 3 月 10 日《人民日报》第 6 版）

黄兰茜：加强长三角与大湾区交流互鉴

“粤港澳大湾区建设和长三角一体化发展都是国家重大区域战略。助力两地在资源整合、激发要素活力、推动制度创新等方面交流互鉴，有利于探索完善促进区域协调发展和推动高质量发展的体制机制，更好地服务于创新驱动发展战略。”香港侨福建设集团主席黄兰茜委员说，通过加强高等院校、科研院所和高新技术企业之间的交流与合作，有利于取得关键核心技术突破，加快科研成果转化，完成产业升级转型，提升区域国际竞争力。

（2023 年 3 月 12 日《人民日报》第 10 版）

黄群慧：扩大高技术和战略性新兴产业投资

“扩大高技术产业和战略性新兴产业投资是建设现代化产业体系的重要内容，是当前扩大内需的一项重要举措。”中国社会科学院经济研究所所长黄群慧委员说。

黄群慧委员建议，一方面，要注重推进产业融合发展，着重推进现代服务业与高技术产业和战略性新兴产业的深度融合，推进实体经济与数字经济的深度融合，推进产业向高级化、智能化、绿色化和服务化方向优化升级。另一方面，要聚焦新一代信息技术、生物技术等战略性新兴产业的集群化发展，构建产业体系的现代化新支柱，为不断拓展培育新产业新业态新模式、抢占产业竞争制高点提供新路径。

（2023 年 3 月 10 日《人民日报》第 6 版）

李明远：建设西北经济发展增长极

为在西北地区加速形成经济发展的重要增长极，陕西省西安市市长李明远代表建议以西安、兰州、西宁、银川 4 个城市为依托，在西北地区协同联动推进黄河流域生态保护和高质量发展。实施生态环境保护基础设施补短板和能源结构调整，联合打造黄河旅游文化带，布局国家级新能源新材料、光伏产业基地，创建国家制造业高质量发展试验区。建设国家级创新平台和大科学装置，鼓励共同开展前沿技术和产业技术研发，打造区域科技创新合作示范。

（2023 年 3 月 11 日《人民日报》第 9 版）

刘会英：提升物流自动化智能化水平

“加快建设现代流通体系，需要聚焦关键环节靶向发力。”四川省遂宁市委副书记、市长刘会英代表说，要做实基础设施“硬支撑”，促进交通设施一体化；要提升产业配套服务力，加强物流与工业园区、商品交易市场等统筹布局；要推动商贸流通数字化，提升物流自动化、智能化水平。

刘会英代表说，近年来，遂宁市紧扣建设陆港型国家物流枢纽，建成西部流量最大的公共物流信息平台。“我们正加速构建现代化综合立体交通运输体系，将再创建一批国家骨干冷链物流基地、粮油物资保供基地，提升成渝地区双城经济圈物流一体化发展能级。”

（2023 年 3 月 7 日《人民日报》第 6 版）

钱克明：坚定实施扩大内需战略　着力恢复和扩大消费

钱克明委员3月9日在全国政协十四届一次会议视频会议上作大会发言时说，今年以来，消费市场总体呈现稳步恢复、持续回暖态势。要坚持以人民为中心，促进消费持续恢复、提质升级，增强消费对经济发展的牵引带动作用，更好满足人民对美好生活的需要。

钱克明建议：

一是增加居民收入，提高消费能力。强化就业优先政策，健全就业促进机制。完善收入分配制度，优化收入分配结构。加快健全覆盖全民、统筹城乡、公平统一、安全规范、可持续的多层次社会保障体系。

二是优化市场供给，契合消费需求。推进产业创新与转型升级，增强供给体系对需求的适配性。加快先进制造业和现代服务业融合。推动生活性服务业向高品质和多样化升级。鼓励直播电商、即时零售等消费新业态新模式发展。继续办好中国国际进口博览会。

三是健全商贸流通体系，改善消费条件。加快构建全国统一大市场，完善现代商贸流通体系。深化国际消费中心城市培育建设。积极发展智慧商圈、智慧街区。建立健全以县城为中心、乡镇为重点、村为基础的县域商业体系。加快农产品流通体系建设。

四是丰富消费场景，激发消费意愿。开展目标群体细分、形式灵活多样的促消费活动，有序推进现有商业步行街设施改造和业态升级。支持原创品牌做大做强，促进中华老字号创新发展。

五是改善消费环境，释放消费潜力。强化消费信用体系建设。建立健全适应消费新业态新模式发展特点的新型监管机制。加强消费领域产品和服务标准体系建设。推动形成绿色低碳的生产生活方式。

（新华网）

王连增：更好畅通城乡经济循环

“城乡经济循环是国内大循环的题中应有之义。”华裕农业科技有限公司董事长王连增代表说，要充分发挥乡村作为消费市场和要素市场的重要作用，推进以县城为重要载体的城镇化建设，增强城乡经济联系，畅通城乡经济循环。

“畅通城乡经济循环离不开城乡基础设施的互联互通以及城乡产业的融合发展。”王连增代表建议，在农村道路、物流、信息网络建设上加大投入，实现城乡基础设施互联互通，为促进城乡产业融合发展提供保障；要发展乡村特色产业，畅通农产品进城和工业品下乡双向流通渠道，促进生产与消费有效对接。

（2023 年 3 月 7 日《人民日报》第 6 版）

王强：以产业转型增强发展内生动力

“把增强首府城市包容性、承载力、吸引力作为构建现代产业体系的基础支撑，全面提升拉萨产业发展的规模效应和集聚效应。”西藏自治区拉萨市市长王强代表说，拉萨将以实施“强中心”战略为抓手，不断提升区域辐射作用。

王强代表表示，拉萨将加快推进清洁能源、数字经济等战略型产业破题，推动清洁能源项目投资开发和抽水蓄能电站规划建设，积极争取大型金融企业、通信企业将数据存储业务和算力中心向拉萨转移。促进高原农牧业、文化旅游业等传统产业全面升级，提高农产品商品化率和加工转化率，增加附加值；促进文化、旅游、体育深度融合，多元化开发就业岗位和增收渠道，健全农牧民参与、市场化运营、收益共享的特色产业利益联结机制。

（2023 年 3 月 11 日《人民日报》第 13 版）

吴秀玲：建设高标准市场体系

“建设高标准市场体系是对接融入全国统一大市场、构建新发展格局的重要途径。”山西省朔州市市长吴秀玲代表说。

吴秀玲代表表示，朔州着力打造“无差别、无障碍、无后顾之忧”“可预期、可信赖、可发展”营商环境，深化“证照分离”改革，提升经营主体登记便利度。积极推动物联网、工业互联网等通信基础设施建设。严格执行抽查事项清单，建立行业监管部门和综合监管部门协调配合机制。

“下一步，朔州将立足资源型地区转型发展实际，以建设统一开放、竞争有序、制度完备、治理完善的高标准市场体系为目标，深化要素市场化改革，推动经营性土地、劳动力等要素协同配置，完善‘互联网 + 监管’，营造安全稳定公平有序的法治环境。”吴秀玲代表说。

（2023 年 3 月 13 日《人民日报》第 9 版）

余先河：加快建设现代化产业体系

“加快建设现代化产业体系，是政府工作报告提出的今年工作重点之一。”四川省泸州市市长余先河代表表示，要完整、准确、全面贯彻新发展理念，坚持把发展经济的着力点放在实体经济上，持续优化产业结构，提升产业现代化水平。

余先河代表建议，聚焦最具特色的产业和最具活力的企业，深入实施重点工业产业链链长制，推动先进制造业加快发展；持续推进区域商贸物流中心、医药健康中心等建设，高水平打造新型消费场景，推动现代服务业高效发展。推进现代农业园区和特色产业集群发展，积极发展绿色农业、生态农业、景观农业，推动现代农业稳步发展。

（2023 年 3 月 10 日《人民日报》第 13 版）

袁爱平：加快健全商品质量体系

“推进商品和服务市场高水平统一，对加快构建新发展格局具有重要意义。”湖南启元律师事务所首席合伙人袁爱平委员表示，要破除妨碍生产要素市场化配置、商品和服务流通的体制机制障碍，提高商品质量安全和消费者权益保护水平。

袁爱平委员建议，进一步发挥法治的引领、规范和保障作用，加快健全商品质量体系，完善标准和计量体系；加强和改进反垄断和反不正当竞争执法，提高标准制定修订的透明度和开放度；在住房、教育培训、医疗卫生、养老托育等重点民生领域，推动形成消费者权益保护事项清单，完善纠纷协商处理办法。

（2023 年 3 月 7 日《人民日报》第 6 版）

张振丰：抢占新兴产业赛道

浙江省温州市委副书记、市长张振丰代表表示，温州坚定不移走好创新驱动发展之路，全力跑出新旧动能转换加速度，不断夯实高质量可持续发展的“硬支撑”。抢抓产业变革机遇，大力发展以数据安全、软件信息为重点的数字经济。抢占新兴产业赛道，做强做大新能源产业“核风光水蓄氢储”全链条，着力打造全国新能源产能中心和应用示范城市。

张振丰代表表示，温州将强力推进创新深化、改革攻坚、开放提升，高水平建设国家创新型城市、全国民营经济示范城市、中国营商环境标杆城市。扎实推进全国青年发展型城市建设试点，加快打造更有吸引力、更具竞争力的创新创业友好环境，吸引更多青年人才“来温州·创未来”。

（2023 年 3 月 13 日《人民日报》第 7 版）

郑海涛：抢抓全面深化改革的历史机遇

“改革开放是决定当代中国前途命运的关键一招。必须坚定不移深化改革开放。”广东省汕尾市委副书记、市长郑海涛代表说，汕尾唯有抢抓全面深化改革的历史机遇，顺势而为、革新求变，才能推动效率变革、动力变革，促进质量变革。

“将发展‘洼地’变成发展‘热地’，需要我们把握机遇找准定位。”郑海涛代表介绍，当前，汕尾正借力广东省委省政府推动“百县千镇万村高质量发展工程”的东风，在承接珠三角先进产业转移的同时，加快实施与产业发展相适应的制度机制和政策；结合自身资源禀赋优势和基础设施建设，共同推动引入产业的升级、重构，延伸拓展本地产业链。

（2023 年 3 月 13 日《人民日报》第 7 版）

周超男：系统优化算力基础设施布局

“目前，京津冀、长三角、粤港澳大湾区等地区周边已经形成了数据要素资源聚集区，已具备良好的数据资源底座和综合服务能力。”润泽科技发展有限公司董事长周超男委员建议，相关部门充分发挥数据资源优势，夯实数字基础设施和数据资源体系，系统优化算力基础设施布局，促进东西部算力协同联动。

“推动优化算力资源配置，优化数字化发展环境，是数字中国建设整体布局的重要基础。”周超男委员说，考虑到建设周期长，建议率先充分发挥在线运行的大数据中心和数据资源底座作用，以满足数字中国高速发展的急时之需。

（2023 年 3 月 7 日《人民日报》第 11 版）

五、建设农业强国

范振喜：为推进乡村振兴提供人才支撑

河北省滦平县周台子村党委书记、村委会主任范振喜代表说，今年的政府工作报告指出，稳定粮食生产和推进乡村振兴。全面推进乡村振兴，离不开人才的支撑。

要落实好高素质农民培育计划，实施实用人才素质提升计划。大力发展面向“三农”的职业教育，创建更多农村实用人才培训基地，培养一批产业带头人。同时建立农村人才数据库，解决临时用工、技术服务、资金拆借等问题。

要加强优秀人才在农村创业的政策支持。针对回乡能人创业发展，在土地、金融、税收等方面加大扶持力度；鼓励大学生毕业后回家乡发展，为他们创业提供良好的外部环境和政策激励。

要培育和树立乡村振兴“领头雁”。选拔政治素质高、道德品行好、致富能力强、公道正派的优秀人才进入村“两委”班子，培养造就一支守信念、讲奉献、有本领、重品行的农村基层干部队伍。

要整合资源，搭建平台，多渠道引进人才。大力促进农业与二、三产业融合发展，实现本地人才本地创业、就业。建立健全人才向乡村自由流动的机制，鼓励高等院校、科研院所等单位的专业技术人员到乡村挂职、兼职兼薪和离岗创业，保障其在职称评定、工资福利、社会保障等方面的权益。

（2023 年 3 月 10 日《光明日报》第 6 版）

高春艳：夯实粮食安全根基

全国人大代表、黑龙江省穆棱市农业技术推广中心主任高春艳认为，保障粮食安全，实现重要农产品稳产保供，耕地是基础。耕地稳量、提质，关键要从土壤入手。

要加大综合配套投入，发挥协同治理效应。统筹土壤改良、培肥地力、农田防护与生态环境保护、农业科技服务等综合配套措施的资金政策投入，科学联动，形成合力，系统推动“藏粮于地、藏粮于技”。

要支持农业主体发展，做强绿色有机农业。加大对农民专业合作社、家庭农场等场地化造肥的支持。秸秆资源和畜禽粪尿资源是发展绿色有机农业的重要有机肥源，要支持新型农业经营主体因地制宜探索应用秸秆腐熟还田、粪肥堆沤还田等技术模式，带动耕地质量改善。支持种养大户带动多方实施农牧结合、种养循环，探索过腹还田、过腹增值技术模式，开拓农业资源有效利用的新途径。

要优化财政补贴模式，撬动金融社会资本。应进一步明确耕地地力保护补贴对象为实际种植者，包括种粮大户、家庭农场、农民合作社等经营主体，让真正承担耕地地力保护责任的种植者得到政策实惠。设立专项财政补贴，加大施用有机物料入田补贴力度，有效撬动金融社会资本，鼓励支持农民将有机物料投入作为自觉的生产行为，让农民自愿做到用地、养地相结合。

（2023 年 3 月 16 日《人民日报》第 18 版）

高亚：推动乡村产业高质量发展

全国人大代表，湖南省益阳市桃江县三堂街镇赤塘村党总支书记、村委会主任高亚认为，乡村不仅要宜居，还要宜业。扎实推进宜居宜业和美乡村建设，就必须加快农村基础设施建设，全面改善生产生活条件，吸引年轻人返乡，推动乡村产业高质量发展。

大力发展“产业路”。因地制宜推进农村交通建设与农村地区资源开发、产业发展有机融合，加大农村特色旅游道路等特色产业道路建设力度，发展交通运输新业态、新模式，为产业发展提供坚强的交通运输支撑。

统筹规划“产业地”。科学统筹、分类规划村庄建设，通盘考虑土地利用、产业发展、居民点布局、人居环境整治、生态保护和历史文化传承等。重视村庄个性和特点，合理保障农村新产业新业态发展用地，确保规划落地。

培育吸引“产业人”。不断拓展农村就业空间，对乡村人才引进、使用、激励等作出制度性安排。加大农业农村人才创业扶持力度，在进修培训、项目审批、信贷发放、税费减免等方面，向产业带头人倾斜，吸引更多年轻人返乡创业。

乡村振兴，关键在人、关键在干。随着农业生产条件不断改善，乡村对人才的吸引力将逐步增加。今后，应进一步完善“大学毕业生到乡、能人回乡、农民工返乡、企业家入乡”的思路和措施，引导各类人才投身乡村，带动资金、技术等更多流向农村。

（2023 年 3 月 16 日《人民日报》第 18 版）

古正举：党建引领乡村振兴

全国人大代表、四川省南充市委书记古正举认为，全面推进乡村振兴，要把党建引领作为乡村治理的重要抓手，强化农村基层党组织功能，提升乡村治理效能，重点是要健全体制机制、配强骨干队伍、完善工作格局，把农村基层党组织建设成为有效实现党的领导的坚强战斗堡垒。

要健全党领导乡村治理的体制机制。准确把握县、乡、村在乡村治理中的职能定位，深化管理体制改革提高乡镇统筹能力，整顿软弱涣散村党组织增强村级落实能力，坚持把党建引领内嵌于乡村治理各环节、全过程。

要配强党领导乡村治理的骨干力量。选好人、用好人、育好人，选优配强乡村党组织书记队伍，壮大乡村人才队伍，加大全覆盖培训力度，增强党员干部参与乡村治理的意识和能力，打造具有现代治理意识和能力的农村基层干部队伍。

要完善党领导乡村治理的工作格局。坚持县级领导班子成员包乡走村、乡镇领导班子成员包村联户、村干部经常入户走访；健全农村网格化管理和精准化服务机制，畅通农民利益诉求表达渠道，引导乡村各类组织和广大群众参与乡村治理。

（2023 年 3 月 16 日《人民日报》第 18 版）

姜明：科技护卫黑土地

护卫“黑土粮仓”，离不开高水平科技创新平台。中国科学院东北地理与农业生态研究所所长姜明委员建议，要积极推进黑土地保护与利用全国重点实验室优化重组，加快“黑土生态舱”科教基础设施建设进程。同时，要加强并完善黑土地保护与可持续利用技术推广网络建设、联网并高效利用黑土地野外观测（监测）站、加快实施黑土地高端人才引领战略等，让“黑土粮仓”稳稳屹立。

（2023 年 3 月 10 日《人民日报》第 5 版）

李成贵：促进农业高质高效发展

“农业是基础性、战略性的产业，实现中国式现代化，必须实现农业现代化。加快推进农业现代化需要加强战略谋划，进一步完善相关政策措施。”北京市农林科学院院长李成贵代表说，从中国式现代化的领域来看，农业现代化仍需加强农业关键核心技术攻关，持续不断解决建设农业强国中遇到的新问题。

李成贵代表表示，农业现代化关键是农业科技现代化。更好发挥科技人才的作用，加快实现高水平农业科技自立自强，为更好地促进农业高质高效发展作出贡献。

（2023 年 3 月 4 日《人民日报》第 13 版）

廖和明：推动蔗糖全产业链优化升级

“作为全国蔗糖主产区之一，广西来宾市持续推进糖业高质量发展。目前，已建成较为完整、科技含量较高的糖业循环经济产业链。”广西壮族自治区来宾市市长廖和明代表说，“为进一步提升蔗糖战略性资源供应保障能力，希望能够出台常态化良种良法推广和规模种植补贴政策，提振蔗农信心，保障食糖安全。”

廖和明代表建议，持续延伸蔗糖精深加工、糖蜜综合利用、蔗渣和蔗叶综合利用等产业链。坚持绿色发展，实施糖业“优加工程”，推进糖企优化重组，加大技术改造，提升现代化生产水平，推进种业振兴，培育突破性新品种。

（2023 年 3 月 7 日《人民日报》第 11 版）

刘劲松：保护和发展地标农产品

“保护和发展地标农产品，是增加绿色优质农产品供给、促进农业高质量发展的重要举措。”河北省贸促会会长刘劲松委员说，近年来，我国通过实施一系列保护工程，优质地标农产品综合生产能力明显增强，一大批地标农产品走进超市、摆上餐桌，有效带动农民增收。

刘劲松委员建议，各地积极开展地标农产品资源普查工作，摸清家底，建立申报项目储备库，积极培育和申报优势产品。加大地标农产品管理力度，促进培育、申报、保护、利用工作。同时，加强对地标农产品市场违法违规行为的监管，提升地标农产品的美誉度。

（2023 年 3 月 10 日《人民日报》第 7 版）

司富春：发挥农村电商体系在乡村振兴中的作用

“习近平总书记在陕西考察调研时强调，电商不仅可以帮助群众脱贫，而且还能助推乡村振兴，大有可为。”来参加全国两会前，致公党河南省委主委、河南中医药大学省重点实验室主任司富春代表经过考察调研，整理了一份关于完善农村电商体系助推乡村振兴的建议。在他眼中，要推动乡村振兴，数字技术是重要抓手。

司富春代表说，近年来，电子商务已成为农产品销售的重要渠道，直播电商在农村加速普及，新业态新模式助力农产品进城更方便，“新农人”电商创业就业持续升温，农村电商助力乡村振兴的作用越发强劲。而受限于现代农业技术支撑不足、产业融合较差等，以农村电商来推动县域产业经济发展、带动农村致富方面，还有一些突出问题尚待解决，尤其是物流体系不完善、缺少规模特色农产品导致网络销售创收能力弱等现象，在不少地方仍然存在。

对此，司富春代表建议出台“数字经济助力乡村振兴”一揽子扶持政策，通过完善农村电商公共服务体系、打造农特产品区域品牌、拓宽农产品网络上行通道等方式，加快把农村电子商务培育成新的经济增长点。

（2023 年 3 月 9 日《光明日报》第 5 版）

苏少洪：以组织振兴引领乡村振兴

办好农村的事，实现乡村振兴，关键在党。海南省三亚市吉阳区博后村党总支部书记、村委会主任苏少洪代表说，党的十八大以来，全面从严治党不断向基层、向农村延伸，广大基层党员、干部团结带领群众挖掘自身优势和资源禀赋，发展特色产业，积极探索长期稳定增收的路子。

苏少洪代表建议，坚持以组织振兴引领乡村振兴，进一步发挥“领头雁”作用，党员、干部带着群众一块干，汇聚起干事创业的合力；不断加强基层党组织阵地建设，认真开展组织生活，组建村民议事的日常平台，进一步健全农村基层党组织领导的自治、法治、德治相结合的基层治理体系，为乡村振兴提供坚强组织保障。

（2023 年 3 月 5 日《人民日报》第 9 版）

孙东伟：多措并举抓好油料生产

政府工作报告提出，稳定粮食播种面积，抓好油料生产，实施新一轮千亿斤粮食产能提升行动。山东鲁花集团党委书记、董事长孙东伟代表说，过去一年，我国粮食产量 1.37 万亿斤，增产 74 亿斤，中国人把饭碗牢牢端在自己手中。“米袋子”充盈，还要拎好“油瓶子”，扩种大豆油料，深入推进大豆和油料产能提升工程。

孙东伟代表说，要充分重视花生产业对于国家粮油安全的作用，加强制度顶层设计，加大对基地、育种、种植、贮运、加工等全产业链的政策支持力度。同时，推进优质花生产业规模化、专业化和标准化发展，带动更多农民增收致富，助力全面推进乡村振兴。

（2023 年 3 月 10 日《人民日报》第 7 版）

孙中岭：发展基层民主推动乡村振兴

“全面推进乡村振兴，农民是主体。要通过发展全过程人民民主，充分激发农民的主人翁精神。”河南省中牟县官渡镇孙庄村党支部书记孙中岭代表说，这几年，村党支部坚持“发展的事齐商量，群众的事大家办”，建立党员联系户制度，带动村民成立专业合作社，发展起有机蔬菜、水果种植等特色产业，乡村振兴之路越走越宽广。

孙中岭代表说，接下来要进一步加强基层组织建设，完善基层直接民主制度体系和工作体系，增强乡亲们自我管理、自我服务、自我教育、自我监督的实效，进一步提高全过程人民民主制度化、规范化、程序化水平。

（2023 年 3 月 4 日《人民日报》第 8 版）

王雄飞：延伸拓展农业产业链

“全面推进乡村振兴，要完善强农惠农政策，持续抓好农业生产，加快推进农业农村现代化。”广东省茂名市委副书记、市长王雄飞代表说，要以高标准农田建设、高产示范创建等综合措施促进粮食生产提质增效，切实提高粮食综合生产能力。

王雄飞代表说，要把产业振兴作为乡村振兴的重中之重，积极延伸和拓展农业产业链，培育发展农村新产业新业态，不断拓宽农民增收致富渠道。接下来，茂名将推动荔枝等特色优势产业集聚成势，进一步深加工促转化、拓市场融三产，推动特色优势产业全链发展，加快构建现代农业产业体系、生产体系、经营体系。

（2023 年 3 月 13 日《人民日报》第 6 版）

谢文辉：以金融力量助力乡村振兴

“在全面推进乡村振兴进程中，金融力量不可或缺。”重庆农商行党委书记、董事长谢文辉代表认为，农村金融机构“农”字当头，应当更好发挥作用，助力乡村振兴。

谢文辉代表表示，农村金融机构应切实聚焦城乡融合发展重点任务，加快探索金融服务城乡融合发展新路子，提高普惠金融可得性、便利性，更好满足乡村振兴多样化、多层次的金融服务需求。大力发展数字普惠金融，加快运用大数据、云计算等信息技术，提升普惠金融服务现代化、数字化、均等化水平。

（2023 年 3 月 13 日《人民日报》第 10 版）

张百顺：扛牢粮食稳产保供重大责任

“作为农业大市，聊城将坚决扛牢粮食和重要农产品稳产保供重大责任，加快推进农业大市向农业强市转型跨越。”山东省聊城市市长张百顺代表说。

张百顺代表表示，我们要始终严守耕地红线，加快乡村基础设施和公共服务体系提升，积极延伸和拓展农业产业链，全面发展新型农业经营主体和社会化服务，打造一批高品质、有口碑的农业“金字招牌”，为端稳中国饭碗、保障粮食安全贡献力量。

“充分调动地方重农抓粮积极性，支持农村土地流转发展规模经营。”张百顺代表建议，要持续加强对主产区粮食产业的培育支持力度，努力形成一二三产业融合发展的现代农业产业体系。

（2023 年 3 月 10 日《人民日报》第 9 版）

张合成：推进高质量发展　加快建设农业强国

张合成委员 3 月 7 日在全国政协十四届一次会议第二次全体会议上作大会发言时说，强国必先强农，农强方能国强。

围绕高质量发展主题，就农业强国建设的政策创设问题，提出四点建议：

一是以农民种粮不吃亏为目标，夯实保供动能。农民种粮能挣钱，粮食生产才有保障。必须统筹用好市场和政府两类政策工具，保障农民种粮经济上不吃亏、政治上有荣誉、社会上受尊重。

二是以产业深度融合为抓手，夯实增收导向。脱贫地区要防止扶贫设施荒废、帮扶功能弱化、精准程度降低，坚决守牢不发生规模性返贫的底线。推动农户在三产融合发展中分享产业链增值收益，可将涉及企业与小农户收益权的相关政策固定下来，规范各类主体与农户的利益联结机制，保护农户的基本收益和长远利益。要真金白银帮扶乡村产业，发展“土特产”产业集群，打造五谷丰登、六畜兴旺、宜居和美乡村场景。

三是以科技与人才为先导，夯实牵引动力。要用“养兵千日，用在一时”的恒心耐心，保障一线农业科技研究和推广经费，稳定县乡农业科教体系。以“十年之计，莫如树木，终身之计，莫如树人”战略眼光，推动农业教育面向农村农民多招生，基层职业教育面向乡村产业、面向农民就业创业开展培训。

四是以低碳绿色生态为底色，夯实资源底盘。应在资源承载力和环境容量许可范围内安排生产，持续推进减肥控药、清洁绿色投入品、废弃物资源化利用、节水节地农业等技术研发与生产应用，使资源节约、环境友好、守住绿水青山成为时代担当。

（新华网）

张婧婧：职业教育助力乡村振兴

“充分发挥职业教育在全面推进乡村振兴中的作用，培养一批爱农业、懂技术、善经营的人才。”江西景德镇陶瓷大学国际学院院长张婧婧代表建议，依托职业院校加强乡村工匠人才技能培训、提升乡村社会服务供给、强化乡村青年人才定向培养。探索开展“乡村工匠”和职业农民职称评审，将乡村工匠及农业专业人员纳入乡土专家库管理，发挥乡土专家作用，提升职业农民社会地位和社会认可度。

（2023 年 3 月 10 日《人民日报》第 5 版）

六、完善基层治理

房灵敏：坚决整治群众身边的腐败问题

群众身边的“蝇贪”“蚁腐”，侵害群众利益，破坏党同人民群众的血肉联系。广西壮族自治区党委常委、纪委书记、监委主任房灵敏代表说，广西各级纪检监察机关把整治群众身边的腐败问题作为重中之重，深入开展扶贫和乡村振兴领域腐败专项治理，坚决惩治插手项目、吃拿卡要等问题，抓典型案件，抓整改整治。

房灵敏代表说，下一步，要着力纠治工作中的形式主义、官僚主义问题，确保党的政策在基层落地落实。要持续深化不敢腐、不能腐、不想腐一体推进，全面深化清廉乡村建设，以正风肃纪反腐的实际成效赢得群众信任。

（2023 年 3 月 12 日《人民日报》第 13 版）

冯帆：用法治手段提升社区治理成效

江西省新联会常务副会长、国浩律师（南昌）事务所主任冯帆代表说，在平时的生活和工作中，我听到过不少居民“吐槽”物业管理。比如，批评小区没有物业导致居住环境差、批评小区有物业但服务不好且更换难，批评小区业委会成立难以及公共维修资金使用提取难等等，这些声音来自不同社区以及不同城市。

近些年，我走访过南昌很多社区了解物业管理的情况，发现老旧小区在推动物业管理上阻力比较大。而随着人们生活水平的提高，对美好生活越来越期待，老旧小区引入优质物业管理成为许多市民的心声。

今年全国两会期间，我提出了关于修改物业管理条例的相关建议。社区是社会治理的最小单元，也是城市发展的“最后一公里”，而物业管理工作正是社会治理不可或缺的部分。建议用法治手段来提升社区基层治理成效，切实解决群众在物业管理方面遇到的困难。

（2023 年 3 月 13 日《光明日报》第 9 版）

李肖娜：推动物业管理融入社区治理

“小物业关乎大民生。”江苏省连云港市海州区新海街道海连社区党委书记、居委会主任李肖娜代表说，物业管理与居民生活关系密切，是基层社会治理的重要方面，将物业管理更好地融入社区治理，及时发现和解决群众问题，有助于将各种矛盾化解在基层，更好地推进为民服务。

李肖娜代表建议，应从法制层面完善物业管理参与社区治理架构，明确物业管理在社区治理中的地位、作用，细化业主委员会、物业服务企业等在社区治理工作中的职责。同时要优化物业管理市场环境，推行物业服务收费标准第三方评估机制，完善相关监管措施，促进物业管理市场良性竞争，使物业服务企业更好地参与社区治理，不断提升人民群众的获得感、幸福感、安全感。

（2023 年 3 月 5 日《人民日报》第 6 版）

明东：完善分级诊疗运行机制

“目前，各地加快推进分级诊疗、开展远程数字医疗、推进医保支付方式改革，切实方便了群众就医。”天津大学副校长明东委员说。

明东委员建议，在坚持“保基本、强基层、建机制”的基本原则上，进一步深化分级诊疗运行机制。强化政策引导，加快分级诊疗落地实施；加大倾斜支持，提升基层分级诊疗能力，对符合资质的诊疗行为纳入医保报销，夯实分级诊疗承接基础。

“要完善制度创新，提升分级诊疗运行能效，建立覆盖医疗行业全链条的数据信息共享平台，促进分级诊疗机构之间医疗数据互通共享。”明东委员建议，继续做好试点示范，促进“三医联动”规范实施，提升分级诊疗效率和质量。

（2023 年 3 月 10 日《人民日报》第 9 版）

倪邦文：严格治理“网络水军”

“‘网络水军’不仅污染网络生态，更暗藏意识形态风险，给维护社会稳定和国家安全埋下隐患，必须持续实施集群打击、进行有效整治。”中央团校（中国青年政治学院）党委书记倪邦文委员表示。

倪邦文委员建议，进一步完善打击网络虚假信息的法律法规，发挥法律应有的震慑力和约束力。加强源头治理，压实网络平台主体责任，持续净化网络生态，铲除“网络水军”滋生土壤。不断强化技术能力，对“网络水军”账号进行识别分析和行为监测，加大违法违规账号查处力度，筑牢网络与信息安全防护墙。加大网络安全宣传力度，提高网民的媒介认知水平，引导网民理性看待网络内容，让“网络水军”没有立足之地。

（2023 年 3 月 10 日《人民日报》第 13 版）

钱海军：引导公众参与公益

国家电网浙江慈溪市供电公司客服中心社区经理钱海军代表建议，完善公益类社会组织注册审批机制和专业领域社会组织管理制度，按照专业资历、项目经验、用户评价等综合维度评定等级，建立退出机制。鼓励更多个人参加社会工作职业资格评价或相关专业教育培训，积极参与公益慈善事业。搭建专业数智化公益慈善平台，引导爱心企业、社区工作者、志愿者入驻，从教育、养老、心理健康等民生关切发力，服务基层治理。

（2023 年 3 月 6 日《人民日报》第 13 版）

王丽萍：加强新就业群体权益保障

“近年来，我国新产业、新业态、新模式发展迅速，新就业群体规模日益壮大。”浙江省宁波市政协副主席王丽萍委员说，“这类群体职业伤害风险较高，职业伤害保障尚不健全。”

王丽萍委员建议，进一步构建适应新就业形态特性的机制，优化结付模式，实现新就业形态职业伤害保障的快保快办快结；推动商业保险与职业伤害保险科学衔接，丰富人身意外、雇主责任、工会互助等多险种产品供给，推动提升新就业形态劳动者的职业伤害保障力度；构建多主体协同的企业用工责任监管体系，加强新就业群体权益保障。

（2023 年 3 月 10 日《人民日报》第 13 版）

魏青松：完善公共法律服务　加快法治社会建设

魏青松委员 3 月 9 日在全国政协十四届一次会议视频会议上作大会发言时说，公共法律服务是政府公共职能的重要组成部分，是全面依法治国的基础性、服务性和保障性工作。

针对公共法律服务体系建设实践中面临的困难，魏青松提出建议：

一是加强公共法律服务立法。目前，我国尚未制定有关公共法律服务的统一法律法规，各方面对公共法律服务概念存在不同认识。亟待构建一整套规范公共法律服务运行的政策法规制度体系。

二是壮大公共法律服务队伍。建立省级统一服务组织和志愿者信息库，充分依靠律师、基层法律服务工作者、公证员、司法鉴定人、仲裁员等法律服务人员。拓宽人才引进途径，从高校内招募法律专业人才参与公共法律服务。

三是均衡城乡公共法律服务配置。降低法律援助门槛，扩大法律援助范围，加强公共法律服务实体、热线、网络等平台基础设施建设。加强乡镇司法所、普法阵地、人民调解组织建设。

四是提高公共法律服务质量。加强公共法律服务的规范化、标准化和便利化建设，加强质量监管，提升服务水平。建立公共法律服务竞争机制、首问负责机制、群众评价机制、专业评估机制、监督机制等制度。

五是强化公共法律服务资金保障。加大政府购买公共法律服务力度，拓宽公共法律服务资金筹集渠道，通过设立基金会、捐赠等方式，引导社会资金投向公共法律服务领域。

（新华网）

夏锡璠：推进政务服务事项集成化办理

过去五年，“放管服”改革深入推进，特别是在政务服务事项上，材料、环节、时限大幅压减。湖北省恩施土家族苗族自治州州长夏锡璠代表说，今后，应进一步推进关联性强、办事需求量大的跨部门、跨层级事项集成化办理。

夏锡璠代表建议，要加强政务服务事项清单集成管理，让同一事项在不同地区无差别受理。要实现线下“一窗受理”，让群众只排一次队，在一个窗口把事办完；实现线上“一端受理”，让更多事项能够“全程网办”“掌上办”。

（2023 年 3 月 12 日《人民日报》第 13 版）

许洪斌：坚定不移推进自我革命

勇于自我革命，是我们党最鲜明的品格，也是我们党最大的优势。党的十八大以来，经过革命性锻造，我们党变得更加坚强有力。重庆市南岸区委书记、重庆经开区党工委书记（兼）许洪斌代表表示，新征程上，持之以恒推进全面从严治党，一定能确保我们党始终成为中国特色社会主义事业的坚强领导核心。

许洪斌代表建议，进一步健全完善党和国家监督体系，促进党内监督与人大监督、民主监督、行政监督、司法监督等贯通协同，促进广大党员、干部讲政治、勇担当，讲规矩、守底线。同时，进一步完善基层监督体系，构建基层公权力大数据监督平台，畅通群众监督渠道，持续整治群众身边的不正之风和腐败问题，不断增强群众获得感、幸福感、安全感。

（2023 年 3 月 4 日《人民日报》第 14 版）

杨恒俊：加快司法执法数据共享

数据承载着社会运行方方面面的记录和表达，司法办案、行政执法、法律监督活动皆产生数据。江苏省靖江市新桥镇德胜中心村党委书记杨恒俊代表说，通过对基层一线案件数据进行系统整理、分析，有利于进一步总结提炼规律，研究行之有效的社会治理对策。

杨恒俊代表建议，有关部门加强顶层设计，建立高效统一的执法司法信息数据库，大力提升行政执法机关、公安机关、检察机关、审判机关等的信息共享水平。同时，紧密结合行政执法权、司法权运行规律，着力推动互动式、立体化、即时性、信息化的行政执法与刑事司法衔接机制。

（2023 年 3 月 5 日《人民日报》第 9 版）

游劝荣：强化司法活动监督制约

公正司法是维护社会公平正义的最后一道防线。湖北省高级人民法院院长游劝荣代表认为，要实现司法的公正高效，必须在行使司法权过程中做到公正廉洁合法，而有效的监督制约至关重要。

游劝荣代表建议，全面准确落实司法责任制，从明晰权责边界、规范程序运作、强化配套保障入手，进一步规范司法权力运行；自觉接受人大监督、纪检监督、群众监督等，让各项监督贯通协同，最大程度减少权力寻租和司法腐败空间；不断提升监督智能化水平，完善在线司法流程规则，优化节点监控、风险提示、瑕疵错误预警等监测功能，更好地维护司法公正。

（2023 年 3 月 5 日《人民日报》第 9 版）

张海波：提高解决群众纠纷的能力水平

解民忧、纾民困、暖民心，是我们的职责使命。广东省高级人民法院院长张海波代表说，广东法院坚持“关口”前移，增设一批诉讼服务站、巡回审判点、网上巡回法庭，实现基层法院、人民法庭与基层治理单位、网格员、调解员等有效集成，为群众提供分层递进、多元可选的纠纷解决方案。

张海波代表说，今后要坚持和发展新时代“枫桥经验”，把加强人民法庭建设、服务全面推进乡村振兴和基层社会治理作为工作重点，注重纠纷的系统治理、综合治理和源头治理，不断提高解决群众纠纷的能力水平。

（2023 年 3 月 12 日《人民日报》第 13 版）

七、加强民生保障

白涛：持续完善养老服务体系

党的二十大报告提出，发展多层次、多支柱养老保险体系。“近年来，我国努力构建以基本养老保险为基础、以企业（职业）年金为补充、与个人储蓄性养老保险和商业养老保险相衔接的养老保险体系，加快健全居家社区机构相协调、医养康养相结合的养老服务体系。”中国人寿保险（集团）公司党委书记、董事长白涛委员说，适应我国老龄化发展趋势以及人民群众养老需求，养老事业和养老产业要加快高质量发展。

白涛委员建议，更好发挥市场机制作用，扩大养老金规模，放宽企业建立年金计划条件，有序扩大个人养老金制度试点范围。支持社会力量投资参与养老服务产业，加大对养老机构政策扶持力度，降低养老机构经营成本。

（2023 年 3 月 10 日《人民日报》第 7 版）

蔡秀军：健全积极生育支持措施

党的二十大报告提出，优化人口发展战略，建立生育支持政策体系，降低生育、养育、教育成本。“我国新出生人口减少，与生育意愿下降、婚育时间推迟、育龄妇女人口的减少等有关系。健全和完善积极生育支持措施很有必要。”民进中央常委、浙江大学医学院附属邵逸夫医院院长蔡秀军委员表示。

蔡秀军委员建议，加大力度普及科学备孕和优生优育相关知识，降低女性对生育安全的恐惧心理；建议有条件的地方适当延长婚假、产假、护理假，鼓励和支持用人单位在相关期限内允许女职工开展线上办公；生育二孩三孩家庭给予更多政策支持；加快发展普惠托育服务体系，让家长能放心地把婴幼儿送到托育机构。

（2023 年 3 月 4 日《人民日报》第 13 版）

冯涛：不断提升供电服务水平

“公共服务行业关乎民生，也连接着民心。多样化、差异化的服务能够给予人民群众更多获得感、幸福感。”国家电网山东电力聊城供电公司数字化与通信工作部信息运检班班长冯涛代表表示，公共服务有着普惠性特点，面对日新月异的生活和发展格局，需要不断提升服务水平和创新服务形式。

冯涛代表说，近年来，企业持续优化电力供应，改善营商环境，主要围绕“用上电、用好电、不停电”3 个社会关注的焦点，实施了“物流式办电”“24 小时电管家”“先接入后改造”“链长负责制”等 40 个服务项目，通过专业高效协同、链条高效运转、需求精准把握、质量实时监测等措施，办电效率显著提升，保证了服务质量。

（2023 年 3 月 13 日《人民日报》第 9 版）

格西王姆：提供更优质的养老服务

“党的十八大以来，我国养老服务事业实现了跨越式发展，最美‘夕阳红’的图景照进现实。我们敬老院的条件不断改善，每天都会开展手工课、手指操、下棋等活动，让老年人真正感受到老有所依、老有所乐。”四川省马尔康市敬老院护理员格西王姆代表说。

“我国养老服务体系不断健全，养老服务机构和设施也不断增加。但一些养老服务机构存在从业人员不够稳定、配套设施尚不完善等情况。”格西王姆代表建议，应进一步增强养老服务供给能力，推进养老护理服务人员培养计划，多渠道扩充养老护理服务人员数量，加强养老职业教育专业能力建设，提高养老服务整体水平，为老年人提供更优质的服务。

（2023 年 3 月 5 日《人民日报》第 6 版）

季加孚：加强癌症筛查管理

当前我国规范化的癌症筛查多以国家主导的大规模人群筛查项目开展，机会性癌症筛查的临床服务提供方以公立及商业体检机构为主，国家尚未对癌症筛查临床服务的提供方开展统一有效的规范化管理。

北京大学肿瘤医院大外科主任、胃肠肿瘤中心主任季加孚委员建议，由国家牵头制定癌症机会性筛查指南，对主动寻求防癌筛查的个体进行筛查项目引导，对承担癌症筛查医疗机构的合规化和资质进行认证，对承担癌症机会性筛查从业人员进行规范化培训并对其进行从业资质认证。同时，还要加强癌症筛查供给侧改革，整合癌症筛查服务提供方源头资源，建立完善的癌症筛查长效管理及健康信息互联互通机制，避免重复筛查、过度筛查，促进癌症精准预防。

（2023 年 3 月 6 日《人民日报》第 13 版）

焦祺森：让中医药更好服务健康中国

“中医药对疾病预防和治疗发挥了重要作用。”启迪药业集团股份公司董事长焦祺森代表表示，推动中医药高质量发展，能更好满足人民群众健康服务需求，更好服务健康中国。

焦祺森代表认为，推动中医药高质量发展，一方面，要做好野生中药材资源保护，加大育种育苗技术研究投入，对疗效确切、应用广泛的中药大品种、古代经典名方等加大保护力度，创建国家中医药资源信息数据库；另一方面，要推动中医药科普和文化传承，支持科研院校、中医药企业等建设特色中医药博物馆，强化社会教育、科普展览、文化服务功能，提升全民中医药文化认同感和自豪感。

（2023 年 3 月 9 日《人民日报》第 6 版）

李紫微：关爱特殊儿童健康成长

“党的二十大报告提出，完善残疾人社会保障制度和关爱服务体系，促进残疾人事业全面发展。”辽宁省辽阳市特殊教育学校班主任、高级教师李紫微代表说，近年来国家不断提升对特殊儿童的待遇和保障水平，作为特殊教育学校的一线教师，倍感振奋。

李紫微代表建议，在关心关爱未成年自闭症儿童的同时，也要对大龄自闭症群体实行分类救助，在就业、康复等方面给予相关支持政策。此外，通过设立自闭症家庭康养中心，引导社会力量开办康复劳动机构，为该群体提供治疗、培训、康复等服务。

（2023 年 3 月 9 日《人民日报》第 6 版）

刘林林：创新服务模式方便老年人就医

“近年来，国家大力推进‘互联网 + 医疗健康’发展。随着老年群体对自身健康越来越重视，各地纷纷创新服务模式，开通互联网问诊，方便老年人就医。”吉林大学白求恩第三医院院长刘林林委员说。

“我们应该整合资源，探索推进智慧社区医疗惠民举措。”刘林林委员说，未来需要加快互联网医院资源全面下沉，推动大型三级甲等综合医院的互联网医院资源面向二级及社区医疗卫生服务中心开放，建立老年人互联网就医绿色通道。“特别需要完善远程诊疗服务收费标准，有条件的地方可以将服务费纳入医保报销体系，这样才能更好调动医护人员积极性，减少老年人群体看病就医成本。”刘林林委员说。

（2023 年 3 月 5 日《人民日报》第 10 版）

刘庆峰：利用人工智能提升百姓幸福感

“人工智能技术的发展，可以在守护百姓身心健康、提升百姓幸福感上发挥重要作用。”科大讯飞董事长刘庆峰代表表示。

刘庆峰代表建议，面向独居老人和空巢老人，鼓励开展软硬件一体化研究，形成智能化兜底服务体系，提升老年人生活质量和幸福指数。

刘庆峰代表说，青少年时期是个体成长和心理发育的重要阶段，建议推广人工智能技术，关怀青少年心理健康。搭建信息平台，建立从筛查预警到干预追踪的全流程管理机制；加强人工智能技术在青少年心理问题分层干预方面的研究和应用，通过精准评估和预测，帮助青少年解决心理问题。

（2023 年 3 月 10 日《人民日报》第 9 版）

吕国悦：促进优质医疗资源下沉

“精准推进医联体建设是促进优质医疗资源下沉、完善分级诊疗体系的有效路径。”吉林大学白求恩第一医院党委书记吕国悦代表表示，近年来，吉林省完善分级诊疗体系，积极推进医联体建设，推动优质医疗资源、专业技术和管理人才逐步向基层流动，带动区县医疗水平提升。

吕国悦代表建议，医联体建设布局要目标精准，三级医院应综合考虑自身优势、帮扶医院的短板弱项、服务区域百姓的健康需求等因素，做到精准部署规划。同时要进一步完善双向转诊制度。此外，还需要创新紧密型医联体协作模式，促进临床、科教、管理和服务的标准化建设，加快推进医学远程会诊服务。

（2023 年 3 月 12 日《人民日报》第 10 版）

孙剑：鼓励公众有规律地健康体检

南方医科大学南方医院副院长孙剑代表认为，有规律地进行健康体检，不仅可以早期发现慢性病高危人群和危险因素，尽早干预，还可以帮助慢性病的早期诊断和治疗，避免疾病恶化加重。近年来，我国居民体检意识逐年提高，但健康体检覆盖率仍然不高。

目前，我国 65 岁及以上老年人每年可开展一次包含基础项目的免费体检，这些人群的体检覆盖率较高，但其他人群的情况并不乐观。一方面是由于居民健康意识薄弱，慢性病的早筛早治和规律健康体检的观念还有待加强；另一方面是由于缺少对居民开展规律健康体检的政策引导，健康教育工作也还不够。

建议加强健康宣教，提高公众对规律健康体检的认知水平。设立公共卫生服务健康体检专项基金，形成鲜明的政策导向，引导公众有规律地健康体检。健康体检专项基金可通过投入“种子基金”，引导全社会形成规律健康体检的良好习惯，预防或延后慢性病的发生发展，减轻医保支出和全社会疾病负担。此外，还需要完善政策法规，规范健康体检行业资质。

（2023 年 3 月 11 日《光明日报》第 10 版）

王建安：健全应急医疗救治体系

“健全应急医疗救治体系，是健全公共卫生体系的重要内容，也是推进国家治理体系和治理能力现代化的内在要求。”浙江大学医学院附属第二医院党委书记王建安委员说，当前我国院前医疗急救人才队伍数量不足、农村急救资源不足、急救网络不健全等问题依然存在，应急医疗救治体系亟待完善。

王建安委员建议，应进一步健全应急医疗救治体系，依托国家紧急医学救援基地，建设国家级应急医疗救治中心。同时建立省、市、县、乡四级联动医疗救治中心，健全紧急救治联动机制。另外，要将院前医疗急救专业纳入住院医师规范化培训范围，探索专业职称评定体系，加强院前医疗急救人才队伍建设。

（2023 年 3 月 5 日《人民日报》第 6 版）

王丽娟：促进教育公平和质量提升

政府工作报告提出，推进义务教育优质均衡发展和城乡一体化，大力发展职业教育，推进高等教育创新。河南省郑州市教育局局长王丽娟代表说，要坚持为党育人、为国育才，推动人民群众关心的教育热点难点问题得到有效解决。

王丽娟代表建议，精准发力，促进教育公平和质量提升。推动学前教育更加普及普惠，义务教育迈向优质均衡，普通高中更加特色发展，职业教育向类型教育转换，加强高等教育内涵建设，不断深化教育领域综合改革，让教育评价体系更加科学合理，让每个孩子都能享受到公平而有质量的教育。

（2023 年 3 月 11 日《人民日报》第 14 版）

王威东：多措并举提升罕见病救治能力

“罕见病防治关系到许多家庭的幸福。”荣昌生物制药（烟台）股份有限公司董事长王威东代表说，我国高度重视罕见病防治工作，罕见病诊疗水平不断提高。未来，要进一步完善罕见病医疗保障体系，多措并举提升罕见病防治能力。

王威东代表建议，要强化罕见病研究、科普等工作，制定罕见病诊疗规范标准和治疗临床路径，完善多学科会诊、多检测手段联动的诊疗机制；通过成立药物研发基金、财政补贴、税收优惠、优先审评审批等措施，鼓励高校、科研院所、医院、药企参与罕见病药物研发；完善配套医疗保障制度，进一步做好罕见病防治能力建设。

（2023 年 3 月 5 日《人民日报》第 6 版）

谢子龙：提供全方位全周期健康服务

“政府工作报告提出，‘鼓励支持民营经济和民营企业发展壮大’。这为我们民营企业进一步发挥专业优势、助力健康中国建设注入了信心。”老百姓大药房连锁股份有限公司董事长谢子龙代表说。

谢子龙代表说，党的十八大以来，我国医疗体制改革不断深化，国家卫生健康事业快速发展壮大。作为医药企业，今后要始终以健康事业为核心，打造创新驱动的健康服务平台，为人民群众提供全方位全周期的健康服务；持续打造高水平的专业人才队伍，不断提升药事服务水平；积极下沉县域、乡镇市场，保障老百姓的健康需求；积极联合行业企业，推动医药行业向规范高效、公平竞争的方向发展，共促发展新格局，共推健康中国行动更上层楼。

（2023 年 3 月 10 日《人民日报》第 6 版）

郁瑞芬：守护儿童成长路上的食品安全

“今年，我重点关注儿童食品安全问题。当前，许多家长倾向于给孩子购买标有‘儿童’字样的食品，但我国尚无专门的‘儿童食品’分类，也缺乏专项的法律法规，‘儿童食品’有待规范。”上海来伊份股份有限公司总裁郁瑞芬委员说。

“全社会应高度重视儿童食品的安全健康，从立法、标准、产业、教育等层面多措并举，呵护儿童健康成长。”郁瑞芬委员建议，填补“儿童食品”分类分级及相关法律法规空白，明确儿童食品的专门分类，制定儿童食品国家标准；制定“儿童营养膳食指南”，开展儿童健康食品领域的创新研究；加大监管力度，重点加大对标称“儿童食品”的产品质量、违规添加、虚假夸大宣传等的监管力度；动员研究机构、学校、社会公益机构等，开展儿童食品安全健康教育。

（2023 年 3 月 5 日《人民日报》第 10 版）

姚建红：持续深化医改增进民生福祉

“党的十八大以来，我们全面深化改革，坚定不移扩大开放，着力破解深层次体制机制障碍，不断增强社会主义现代化建设的动力和活力，把我国制度优势更好转化为国家治理效能。”中国医学科学院北京协和医学院党委书记姚建红委员说。

近年来，我国持续深化医疗体制改革，不断完善基本医疗卫生制度，医疗服务能力和医疗保障水平不断提升。姚建红委员说，深化医疗体制改革，要进一步构建以人民健康为中心的发展机制，提高卫生健康政策协同性。构建面向人民生命健康的科技和人才发展机制，更好地为群众提供全方位全生命周期健康服务。

（2023 年 3 月 4 日《人民日报》第 8 版）

周云杰：加快推动中国特色适老服务体系建设

两会期间，“养老”话题成为代表委员的关注焦点。全国人大代表，海尔集团董事局主席、首席执行官周云杰认为，目前我国在适老服务体系建设和适老产业发展方面仍存在适老产品供给不足、长护险体系受益人群有限、老年健康数据应用发展落后等问题，为此，周云杰代表建议加快推动中国特色适老服务体系建设。

近年来，社会各方对于养老问题关注也持续加大，长护险被寄予厚望。周云杰代表建议在前期各地试点的基础上，加快完善长期护理险的制度设计、服务体系、管理流程，优化灵活多元的筹资渠道，并加快在全国的推广步伐，让老人“老有所依”。

周云杰代表认为，应将适老数据平台化，让老人“老有所医”。加快搭建统一的适老化大数据平台，在保障个人隐私和数据安全的前提下，实现数字为老、智慧养老。

此外，周云杰代表还建议出台鼓励政策，引导企业针对不同生活场景，重点开发适老化的日用产品，智能轮椅等辅助产品以及老年益智类等休闲陪护产品。

（中国经济网）

八、实现民营经济健康发展

李世杰：优化专精特新企业发展环境 提高竞争力和创新力

李世杰委员3月9日代表民建中央在全国政协十四届一次会议视频会议上作大会发言时说，专精特新企业在中小微企业中最具市场竞争力和创新活力。近些年，我国涌现出一大批深耕细分领域、具有相当竞争实力的优秀企业。但专精特新企业数量、规模、发展速度还比较有限，需要进一步优化环境。

李世杰就此提出建议：一是优化政策体系，完善系统设计和长效支持。要建立机制，加强部门之间、中央与地方之间协同配合，国家政策和地方政策相互衔接，企业支持政策与产业政策、区域政策相互一致，普惠性政策与专项性政策相互补充。完善梯度培育体系，建立企业运行监测机制。支持各地改革探索，细化扶持领域白名单。加大传统领域培育力度，带动产业转型升级。二是厚植创新沃土，构建充满活力的创新生态。加快大中小企业融通发展，推动专精特新企业"卡位入链"。引导大企业向中小企业开放资源，统一产业链利益。发挥企业在创新中"站前排、挑大梁、唱主角"的主体作用。优化专利审查机制。加强中小微企业公共服务平台建设。三是强化金融支持，为中小微企业发展"引足活水"。拓宽直接融资渠道。建立专精特新企业上市培育库。鼓励市场化资本通过战略投资、财务投资提供融资支持。四是筑牢人才基础，推动高质量创业就业。开展重点企业管理层培训。完善校企、院企科技人员"双聘"机制。引育结合，支持企业与高校院所联合设立产业学院。建立灵活用工平台与企业对接机制。

（新华网）

吕建中：促进民营经济高质量发展

党的二十大报告就促进民营经济发展壮大作出重要部署，提出依法保护民营企业产权和企业家权益。丝绸之路国际总商会主席吕建中代表认为，要从制度和法律等方面把对国企民企平等对待的要求落下来，支持、鼓励、引导民营企业发展壮大。

吕建中代表建议，从立法上进一步推进各种所有制经济权利平等、机会平等、规则平等，全面落实公平竞争审查制度，在市场准入、审批许可、经营运行等方面营造公平竞争环境；出台平等对待国企民企的相关条例或政策性文件，提振市场信心；加强对民营经济产权的司法保护，强化各类经营主体诉讼地位平等、法律适用平等，努力营造公平公正的市场环境；化解民营企业融资难、融资贵的问题。

（2023 年 3 月 8 日《人民日报》第 11 版）

盛蕾：坚定民营企业发展信心

“民营经济是构建新发展格局、实现高质量发展的重要力量。”江苏省常州市委副书记、市长盛蕾代表说，要坚持“两个毫不动摇”“三个没有变”，充分发挥民营经济在稳定增长、促进创新、深化改革、增加就业、改善民生等方面的重要作用。

盛蕾代表认为，良好的营商环境是民营企业发展的沃土。近年来，常州出台了“创新 20 条”“产业 30 条”等政策，今年推出助力经济全面复苏 20 条政策，着力构建“一窗通办、一网通办、就近能办”为主要内容的政务服务体系，切实解决民营企业在用工、融资、出口等方面的实际困难，帮助民营企业坚定发展信心、降低经营成本。

（2023 年 3 月 13 日《人民日报》第 6 版）

万正峰：以更实举措优化营商环境

“近年来，濮阳市提升政策精准性，放管结合、优化服务，为各类所有制企业创造公平竞争、竞相发展的环境。”河南省濮阳市市长万正峰代表说。

万正峰代表介绍，濮阳市认真落实“一件事一次办”“有诉即办”等事项，着力抓好企业关心、群众关注的“身边事、麻烦事”，让企业、群众办事更便捷。全面推行“一枚印章管审批”，精简审批环节，压缩审批时限，努力实现“清单之外、大厅之外、平台之外”无审批。打造市场化营商环境，坚持市场化改革方向，让市场在资源配置中起决定性作用，加快建立健全统一开放、竞争有序的现代市场体系。持续优化市场准入，以加强公正监管促进公平竞争，以优化公共服务便利投资兴业，把经营主体的活力激发出来。

“濮阳市着力创新，多措并举，依法保护民营企业和企业家权益。”万正峰代表说，推广信用承诺和告知承诺制，健全守信联合激励和失信联合惩戒机制，进一步厚植法治意识、规则意识、契约意识，依法保护各类所有制企业合法权益，让经营主体放心安心发展。

（2023 年 3 月 9 日《人民日报》第 9 版）

王坚：加快中小企业数字化转型

以数字化转型更好激发中小企业创新活力，有利于充分发挥企业的创新主体作用，助推经济社会高质量发展。中国工程院院士、阿里巴巴集团技术委员会主席王坚委员建议，要不断营造良好的数字化发展环境，充分调动中小企业创新积极性。政府部门的相关政策、中小企业创新的内生动力，以及全社会数字化转型的服务能力，三者需要良性互动，形成促进中小企业数字化转型合力。

（2023 年 3 月 10 日《人民日报》第 5 版）

王煜：切实落实“两个毫不动摇”续写民营经济发展新篇章

王煜委员 3 月 7 日代表全国工商联在全国政协十四届一次会议第二次全体会议上作大会发言时说，民营企业是中国式现代化建设的有生力量。预期稳、信心足，企业就会敢于扩大投资、勇于开拓市场，优秀企业家精神就会有效激发，市场活力和发展动能就会充分释放。

王煜说，我们在练好内功的同时，也期待相关部门协同发力，以务实行动优化环境，激励民营企业高质量发展。

一是解难题办实事。稳预期、强信心，要从解决企业急难愁盼问题入手。当前，企业在账款清欠、融资借贷、市场准入等方面还有很多期盼，不少中小企业刚缓过劲来，迫切需要拉上一把。为此，要建立专门、统一、常态化的营商环境问题投诉处理机制，把反映诉求的渠道固定下来，把解决困难的办法完善起来。

二是正导向除杂音。舆论友好，企业安心；舆论纷扰，企业闹心。我们民营企业家要坚定不移听党话、跟党走，慎终如始走正道、做好事，聚精会神办企业、谋发展，自强不息补短板、迎挑战。

三是设路标优政策。要鼓励企业发力使劲，就要让企业知道向何处发力，朝哪里使劲。要支持和鼓励民营企业创新转型、完善现代企业制度、参与国际竞争，引领企业在高质量发展和高水平开放中争创世界一流。

四是重法治保权益。法治是最好的营商环境，良法善治是企业家信心之源。把党中央关于促进民营经济发展壮大的政策精神“落下来”是一项系统工程，要依靠稳定、成熟的法律和制度体系。

（新华网）

吴城：以高质量发展为首要任务

实现高质量发展是中国式现代化的本质要求。“坚持高质量发展，是遵循经济发展规律、保持经济持续健康发展的必然要求，是适应我国社会主要矛盾变化、解决发展不平衡不充分问题的必然选择，也是应对外部环境挑战、化解重大风险的必由之路。”全国政协委员、国城控股集团有限公司董事长吴城告诉记者，“党的二十大对坚持高质量发展作出战略部署、提出明确要求，作为来自民营企业的政协委员，我备受鼓舞。”

吴城委员认为，坚持高质量发展的重要意义不仅体现在经济领域，还体现在激发全社会发展的动力和活力、创造更多有效需求、促进欠发达地区更平衡更充分发展等方面。

吴城委员介绍，国城控股集团有限公司和全国许多民营企业一样，搭乘经济社会高质量发展的快车逐步发展壮大，产业链向下游延伸，价值链向上游攀升，企业竞争力得到有效提升。“坚持高质量发展可能带来短暂阵痛，但好处是更加明显、更加长远的。”吴城委员说，一是倒逼企业转型升级，使企业发展后劲更足、前景更宽；二是促使企业不断练好内功，增强抗击市场风险能力；三是推动企业完善可持续发展架构，切实节能降耗减排；四是提供企业发展的良好营商环境，自觉强化依法经营、诚信经营，更好维护市场经济秩序。

“我们要坚持以高质量发展为首要任务。”吴城委员建议，坚持生态优先为前提的高质量发展，发挥好资源比较优势、发展特色经济。同时，坚持以共同富裕为导向的高质量发展，立足自身优势，将企业发展融入到国家战略里去。

“我们将在党的二十大精神指引下，坚持高质量发展方向，努力做到生态效益、经济效益、社会效益有机统一，奉献国家、造福社会。”吴城委员说。

（2023 年 3 月 5 日《经济日报》第 7 版）

吴贤德：发挥好政府投资引导作用

“着力扩大国内需求，需要通过政府投资和政策激励改善社会心理预期、提振发展信心。”福建省福州市委副书记、市长吴贤德代表说，福州持续加大制造业投资、传统产业技改投资力度，促进投资规模稳步增长。2022 年全市固定资产投资总量保持较高水平，2023 年力争增长 6% 以上。

吴贤德代表说，今年福州将继续弘扬“马上就办、真抓实干”优良作风，深入落实省委、省政府部署开展的“深学争优、敢为争先、实干争效”行动，强化用地、用海、用工等要素保障，落实落细各项惠企政策，及时协调解决企业发展遇到的难题，营造良好营商环境，增强企业发展信心。

（2023 年 3 月 9 日《人民日报》第 6 版）

徐冠巨：引导支持民企参与乡村振兴

“全面建设社会主义现代化国家，最艰巨最繁重的任务仍然在农村。”浙江传化集团有限公司董事长徐冠巨代表表示，中央一号文件部署全面推进乡村振兴重点工作。应健全配套机制，引导支持民营企业参与乡村振兴。

徐冠巨代表建议进一步完善政策机制，开展民营企业参与乡村振兴案例研究，引导更多社会资源共同参与到乡村振兴当中。通过设计好“村集体经济有收益、村民有受益、企业有效益”的可持续利益联结分配机制等，让民营企业投身乡村振兴更有底气。同时，建立健全风险分担机制，让民营企业参与乡村振兴更可持续，打造出可推广、可复制、有未来的示范和标杆。

（2023 年 3 月 5 日《人民日报》第 5 版）

余淼杰：推动营商环境一体化发展

“近年来，我国市场监管持续发力，市场环境公正有序，经营主体的满意度不断提高。”辽宁大学党委副书记、校长余淼杰代表说，当前，区域间营商环境水平仍有一定差异，要加快推动营商环境一体化发展，缩小区域差异，为建设全国统一大市场创造有利条件。

余淼杰代表建议，通过加强数字化手段推动营商环境一体化发展，大力推动数字要素、数字技术和数字人才的体系建设，实现更多领域、环节办事流程数字化，越来越多事项“马上办、网上办、一次办”。同时统筹推进阳光政务和阳光商务建设，提升管理透明度和可预期性，持续打造市场化、法治化、国际化的营商环境。

（2023 年 3 月 12 日《人民日报》第 10 版）

袁爱平：为民企发展提供有力法治保障

法治是最好的营商环境。党的十八大以来，法治中国建设迈出坚实步伐，推动各类经营主体创造活力充分迸发。湖南启元律师事务所首席合伙人袁爱平委员举例说，民法典明确了民事主体在民事活动中法律地位一律平等，各种所有制经济平等获取生产要素、平等参与市场竞争、受法律平等保护，为发挥市场在资源配置中的决定性作用提供了重要制度保障。

袁爱平委员说，党的二十大报告提出要坚持两个“毫不动摇”，依法保护民营企业产权和企业家权益就是两个“毫不动摇”的法律表现。要继续健全以公平为原则的产权保护制度，依法保护民营企业产权和自主经营权。各级领导干部要为民营企业解难题、办实事，构建亲清政商关系，让民营企业专心创业、放心投资、安心经营。

（2023 年 3 月 5 日《人民日报》第 9 版）

周曙光：营造支持民营经济发展的良好氛围

良好的营商环境是民营经济健康发展的重要基础。陕西省工商联副主席、西安科为航天科技集团董事长周曙光代表说，要进一步出台支持民营经济发展的政策、法规，在全社会营造支持民营经济发展的良好氛围。

周曙光代表建议，政府部门要在民营企业遇到困难的时候给予支持，在民营企业遇到困惑的时候给予指导；进一步完善产权保护、市场准入、公平竞争、社会信用等市场经济基础制度，落实责任主体，明确监管机构，依法保护民营企业产权和企业家权益，打造市场化、法治化、国际化营商环境；树立民营企业家正面典型，弘扬新时代企业家精神，在全社会营造支持民营经济健康发展的良好氛围。

（2023 年 3 月 11 日《人民日报》第 14 版）

九、推进全体人民共同富裕

郭建华：提升油脂油料品种产能

政府工作报告提出，保障国家粮食安全，大力实施乡村振兴战略。“油脂油料安全是粮食安全的重要组成部分。”河南省开封市祥符区电影发行放映公司党支部书记郭建华代表建议，出台针对花生品种的农业种植补贴政策，稳定花生种植面积，鼓励各地探索开展花生种植收入保险，更好保障农户种植收益。把农民的花生产品通过深加工打造成花生品牌，让农民的花生不但有个好收成，还能卖个好价钱。

（2023 年 3 月 12 日《人民日报》第 10 版）

李楚源：构建“时尚中药乡村振兴联盟”，振兴中药材产业

全国人大代表、广药集团党委书记、董事长李楚源表示，发挥道地中药材产业的优势，将道地药材种植加工产业与乡村振兴有机结合，形成系统的中药材产业体系，提高道地中药材经济效益，有效增加农民收入，推动我国中医药产业的高质量发展，是实现我国种业振兴和乡村振兴的重要出路。

李楚源建议：

一是由政府牵头，联合企业和高校，依据道地药材的分布特点，分区域建立国家级的药用植物种质资源库，并以此为产业源头逐步形成当地系统的中药材种植产业链，加强中药材种质资源的应用及产业化，带动农户增收。

二是建议以中药材产地区域优势为依据，建立国家鼓励和保护性政策设定中药产业重点龙头企业标准，以龙头企业做示范，联合地方、高校、科研机构，积极带动当地中小企业的发展，促使道地药材产业成为乡村振兴的重要抓手。广药集团作为全国最大中成药生产基地和首家以中医药为主业进入世界500强的企业，近年来针对淫羊藿、板蓝根、北柴胡等重点中药材，在全国建设了69个GAP中药规范化种植基地，采用“公司+合作社+基地+农户”合作模式，并积极推动药材基地数字化管理，全方位提高中药材基地建设水平，促进农户增加收入。

三是建议构建“时尚中药乡村振兴联盟”，设立时尚中药乡村振兴基金，引导龙头企业按照市场规律，与中药材产地政府、科研机构开展紧密合作，为中药材产地注入品牌资源、研发资源、销售渠道资源，共同助力乡村振兴。近年来，广药集团开发出刺柠吉系列饮品，推动贵州刺梨种植面积超200万亩，刺梨种植受益农户21.7万人，户均增收7000元。

李楚源建议，通过中药材产地政府搭台、龙头企业引领带动、当地企业落实配合的方式，可以进一步利用广大乡村的特色资源打造消费者喜闻乐见的“时尚中药”产品，带动大健康产业在全国遍地开花，助力乡村振兴。

李依娲娜：助力农村劳动力多渠道就业

“推进巩固拓展脱贫攻坚成果同乡村振兴有效衔接，要在农村劳动力转移就业上持续发力。”云南省临沧市沧源佤族自治县人社局副局长李依娲娜委员说，2022年，沧源县农村劳动力转移就业6.58万人，农村脱贫户和监测对象人均纯收入超过1.52万元，增长16.6%。

稳步推进农村劳动力转移就业，是巩固拓展脱贫攻坚成果的重要途径。李依娲娜委员建议，要持续做好脱贫群众和农村低收入群体帮扶工作，从就业招聘、组织输出、技能培训等方面出台措施，促进农村劳动力多渠道就业，全力拓宽增收渠道，切实增强脱贫群众致富能力。

（2023 年 3 月 9 日《人民日报》第 6 版）

祁美文：探索强县富民新路子

“推进共同富裕，要培育能直接提升农民收入和壮大集体经济的复合型产业。”重庆酉阳土家族苗族自治县委书记祁美文代表说，当地立足资源优势，找准“山的价值”，用好“绿的优势”，打造“酉阳 800”区域公用品牌，构建现代产业体系，探索组建“共富乡村合作社”，培养农村职业经理人，用好乡村自有资源打造新业态，发展“海拔经济”，积极探索山区强县富民的现代化新路子。

（2023 年 3 月 10 日《人民日报》第 5 版）

乔进双梅：加快发展传统手工业　促进民族地区妇女创业就业

今年的政府工作报告提出，发展乡村特色产业，拓宽农民增收致富渠道。全国人大代表、四川省级非物质文化遗产代表性项目彝族手工刺绣省级代表性传承人乔进双梅表示，民族地区手工制品有着独有的民族特色和文化内涵，深受国内外消费者的喜爱，而手工制品行业又具有投资少、风险小、就业门槛低、方式灵活的特点，是促进广大乡村妇女创业就业的一个有效途径。

“我是连任的代表了，为了让更多人了解我们彝族的刺绣，我每次都是穿着彝族刺绣服饰来参会，很多代表也会好奇，和我聊一聊彝族的刺绣手工。”乔进双梅表示，虽然现在很多乡亲加入传统手工行业，并通过自己的劳动获得了收益，但是民族地区的传统手工业仍存在经营模式较为单一、操作设备普遍陈旧、设计研发不够、缺乏有效的指导培训等问题，很难形成行业特点和规模。

为此，乔进双梅建议，一是税务部门进一步加大非遗生产企业差异化的税收扶持政策，更好地发挥税收的调控作用。二是建议出台激励政策，鼓励文创企业和高等院校到民族地区、传统工艺项目所在地、文化生态保护实验区设立工作站，帮助企业提高产品品质，合作开发体现非遗元素的衍生品。三是建议加大非遗衍生产品的版权、商标的保护力度，形成一批拥有自主知识产权的非遗知名品牌。探索推出标识认证，提高传统工艺从业者的荣誉感，扩大品牌效应。

（光明网）

权衡：在高质量发展中实现共同富裕

上海社会科学院党委书记权衡代表认为，全体人民共同富裕是中国式现代化的重要特征，必须注重在高质量发展中实现共同富裕。从实践来看，实现共同富裕，必须聚焦解决几个关键问题：

要逐步解决财富差距扩大对共同富裕带来的新影响。党的十八大以来，我国收入差距总体格局有了明显改善，尤其是城乡、区域之间相对收入差距扩大态势得到有效控制。但随着城乡居民财产累积，财富的存量因素逐渐成为影响共同富裕的关键问题。因此，要依法规范财富积累机制，规范收入和财富分配秩序，防止财产性因素对总体收入分配甚至代际传递等带来不合理的影响，制约共同富裕和高质量发展。

要更加关注收入流动性，积极畅通向上流动通道，促进共同富裕。逐步缩小收入差距很重要，但加快不同收入群体间的收入流动性也十分有意义。快速的收入流动性意味着不同收入群体之间上下流动的通道畅通、生产要素流动自由和资源配置高效。因此，实现共同富裕必须畅通向上流动通道，为更多人创造致富机会，形成人人平等参与、人人共享发展的机会和权利，为实现共同富裕注入源源不断的动力。

要加快先富带动后富的机制设计，更好更快实现共同富裕。共同富裕不是“消灭先富”，而是从体制机制设计入手，加快先富带动后富，逐步有效有序实现全体人民共同富裕。防止出现把先富与后富、初次分配与再分配等诸多问题对立甚至割裂开来的现象。必须在创新创造、提高劳动生产率和全要素生产率等高质量发展过程中，发挥先富带动后富的机制作用，逐步实现共同富裕。

（2023年3月7日《光明日报》第6版）

陶勋花：乡亲们的日子越来越红火

"中国式现代化是全体人民共同富裕的现代化，这让我们深受鼓舞。"四川省成都市温江区寿安镇岷江村党委书记陶勋花代表说，实现全体人民共同富裕是中国式现代化的本质要求，岷江村的发展就是生动见证。

"我们村依托生态资源禀赋，积极探索乡村产业转型新路径，引进一批创意农业与乡村旅游项目，资源变成了资产，绿水青山变成金山银山，村民人均收入大幅提高，乡亲们的日子越来越红火。"陶勋花代表表示，为了带动更多人走上致富路，岷江村还发展了小微盆景、蜀绣和手工编织项目，帮助村民灵活就业。如今，越来越多村民参与其中，拓展了增收渠道。

（2023年3月4日《人民日报》第9版）

田锦华：以产业振兴助推乡村发展

"我们大力提升乡村人居环境，实施农村危房改造、庭院硬化等多项工程，村容村貌明显改善。"贵州省兴仁市屯脚镇鲤鱼村党委书记、村委会主任田锦华代表说，"同时，我们因地制宜，发挥自然人文资源禀赋，发展特色旅游产业、水产业、蚕桑产业、传统种养业，取得良好效益，以产业振兴助推乡村发展。"

田锦华代表表示，在国家好政策的支持下，鲤鱼村将继续整合资源，推动一二三产业融合发展，做大产业、做强村集体经济，依靠产业进一步促进生态和谐，以人文景观吸引游客游览，接续奋斗、真抓实干，走好乡村振兴之路，努力带领乡亲们继续增收致富，过上更加美好的新生活。

（2023 年 3 月 13 日《人民日报》第 9 版）

万广明：推动物质文明和精神文明协调发展

“中国式现代化是努力实现全面发展、全面进步的现代化，必须推动物质文明和精神文明协调发展。”江西省南昌市委副书记、市长万广明代表说，南昌市将全面贯彻落实党的二十大精神，全面建设社会主义现代化都市，以更大决心、下更大力气推动“两个文明”相互促进、协调发展。

“物质文明与精神文明协调发展是我们党领导中国式现代化建设不变的追求。”万广明代表表示，南昌市将坚持更高质量、更有效率、更加公平、更可持续、更为安全的发展，不断厚植现代化的物质基础。同时，大力发展社会主义先进文化，加快构建现代公共文化服务体系，更好满足人民群众对美好生活的需要。

（2023 年 3 月 4 日《人民日报》第 9 版）

肖军：充分调动国有企业投身乡村振兴积极性

“相较于一般经营主体而言，国有企业具有良好的资源禀赋和市场前景，是保障和改善民生的重要力量。”贵州省毕节市纳雍县库东关乡陶营村党总支书记、村委会主任肖军代表表示，“今年的政府工作报告提出，巩固拓展脱贫攻坚成果，坚决防止出现规模性返贫。国企有基础、有条件、有义务在推动拓展脱贫攻坚成果同乡村振兴有效衔接的发展战略中发挥作用。”

“目前，我国一些地方，特别是贵州等西部欠发达地区，在实施农业产业项目时，常是依靠相关部门切块到县级的资金投入建设，国有企业投入的资金有限。”肖军代表认为，近年来，陆续出台加强中央衔接资金用于经营主体农业产业项目贷款贴息的政策措施，这有利于企业降低债务风险，激发内生动力。然而，由于缺乏行之有效的实操细则，各地目前还未进行充分推广运用。

对此，肖军代表建议，探索出台支持国有企业在县级层面实施农业产业项目贷款贴息的指导意见和实施细则，充分调动国有企业投身乡村振兴的积极性，支持国有企业撬动更多资金，推进国有企业转型升级，带动农业优势特色产业发展。

（2023 年 3 月 12 日《光明日报》第 11 版）

扎西江村：铆足干劲奔向共同富裕

“实现全体人民共同富裕是中国式现代化的本质要求。党的十八大以来，以习近平同志为核心的党中央准确把握新发展阶段，把逐步实现全体人民共同富裕摆在更加突出的位置。”全国人大代表、西藏自治区山南市隆子县斗玉珞巴民族乡乡长扎西江村说，近年来，在党和国家政策的支持下，斗玉珞巴民族乡无论是基础设施还是人民生活水平都得到了极大改善。

“从土路到油路，又从普通油路到标准更高的油路，通往斗玉的路一年比一年好。”扎西江村代表说，现在乡亲们出行更方便了，能更便捷地享受到各种公共服务，各种物资也能顺畅地进入斗玉。水电路讯网通到了家家户户，美丽乡村越来越宜居宜业，大家的获得感、幸福感与日俱增。去年斗玉乡农牧民年人均可支配收入达到 2.5 万元。在腰包鼓起来的同时，大家积极投入到乡村旅游产业发展之中，干事创业的劲头更足了。

“今年，西藏提出要做优‘旅游 +’，补齐短板弱项，丰富产业形态，联动发展高原观光、边境游、乡村游、文化游等，增强了斗玉乡做好乡村旅游的信心和决心。”扎西江村代表说。

产业兴则乡村兴，这也为扎实推动共同富裕奠定了坚实基础。扎西江村代表认为，全体人民共同富裕的中国式现代化扎根中国大地，符合中国实际，展现出光明前景和勃勃生机。

（2023 年 3 月 5 日《经济日报》第 7 版）

十、推动发展方式绿色转型

陈安伟：更好推动形成绿色低碳生产生活方式

全国人大代表，国家电网公司安徽省电力有限公司董事长、党委书记陈安伟建议，加大全社会《节约能源法》贯彻执行力度，把节约战略落实到经济社会发展的各领域和全过程，围绕能源消费、能效水平、节能效果等方面，完善市场机制和配套政策，包括价格、补偿、补贴、财税、交易、市场准入及退出等各方面机制和政策，强化源端管控，推广"亩均论英雄"评价，有效遏制落后型高耗能项目投产；加强过程监管，节约用能方案与项目同期设计、同期实施、同期投运；健全事后评价，科学考核兑现，引导企业主动实施节能升级改造。加快形成基于统一标准的碳排放、碳核算能源消费评价体系，形成企业高效执行、社会广泛参与的节约用能价值引导，助力绿色节能、低碳发展。

陈安伟建议，推动建立健全涵盖综合能源服务、碳交易、用能权交易的节能服务市场，丰富参与主体、交易产品、市场机制等要素，重点为工业、交通、公共建筑等领域提供全周期节能服务解决方案，研发提供技术先进、路径可行、成本可控的节能服务产品。

陈安伟建议，充分发挥科技创新作用，在节能领域大力开展创新应用。加快建立统一集约的能效监测平台，科学合理的监测全社会、全行业能效水平。制定覆盖全行业的基准能效标准，客观评价企业能耗水平。加强物联网、大数据应用，推动节能服务由精益化管理向数字化核算升级，通过用能智慧调节全面提升能效水平。

丁世忠：让绿色消费蔚然成风

“促进绿色消费是推动经济高质量发展的内在要求。”全国工商联副主席、安踏集团董事局主席丁世忠委员说，近年来，我国绿色消费理念深入人心，绿色消费需求持续增加。相关行业企业应把握绿色消费转型机遇，丰富绿色产品供给。

丁世忠委员表示，让绿色消费蔚然成风，不仅是消费领域的一场深刻变革，更是生产生活方式的全面绿色转型。应通过激励政策引导企业提升绿色创新水平，大力推行绿色设计和绿色制造，扩大绿色低碳产品供给。同时，大力宣传普及绿色低碳消费理念，通过宣传教育引导，让人们更好理解绿色消费的内涵。

（2023 年 3 月 7 日《人民日报》第 7 版）

金彦江：以技术创新促绿色发展

“随着石化产业加快绿色低碳转型步伐，新能源新材料发展日新月异，炼化行业迎来前所未有的新机遇，要乘势而上，不断减油增化、减油增特、减碳增绿。”中国石油吉林石化公司党委书记、执行董事金彦江代表说。

金彦江代表认为，大力促进绿色低碳发展，要坚持立足实际、统筹谋划、先立后破、稳中求进，以技术创新为驱动，着力构建绿色产业结构和特色产品结构，推动实现炼油向化工、化工向材料、材料向高端“三个转化”，推动实现单位生产总值能源消耗量、碳排放量稳步下降，为产业转型升级和高质量发展创造条件。

（2023 年 3 月 8 日《人民日报》第 11 版）

冷伟青：推进能源与工业领域协同降碳

“做好能源与工业领域的协同降碳工作，对加快经济社会发展绿色转型、如期实现‘双碳’目标至关重要。”上海电气集团股份有限公司党委书记、董事长冷伟青委员说，能源领域和工业领域是我国节能降碳的“主战场”，推进源网荷储一体化，是促进绿色低碳转型的重要举措。

冷伟青委员调研发现，在项目推进过程中，一定程度上存在“碎片化”问题，导致源端和荷端的匹配程度不高。对此，冷伟青委员建议，加快建立健全能源与工业协同降碳的体制机制，打通源端与荷端之间的政策壁垒，形成“降碳”合力。要积极开展“协同降碳”产业园区试点工作，国家级或省级开发区要先行先试，在全国形成可复制可推广的建设和运营模式。同时，加快出台鼓励创新协同的产业政策，大力培育提供系统优化解决方案的龙头企业，在绿色信贷、税收减免、人才引进等方面综合施策，促进绿色低碳领域科技自立自强。在这方面，上海电气集团发挥能源装备和工业装备的融合优势，积极打造“立体式”零碳产业园区整体解决方案，助力经济社会发展绿色转型。

（2023 年 3 月 6 日《人民日报》第 17 版）

李生权：助力长江大保护 推动“电化长江”高质量建设

全国人大代表，国网湖北省电力有限公司党委书记、董事长李生权表示，在长江大保护实践中，开展以船舶电动化、港口岸电建设、港口电气化为主要内容的“电化长江”建设，通过“以电代油”提升船舶和港口电气化水平，能极大助力长江流域减污降碳增效。

对于推动“电化长江”，李生权代表建议：

一是加强机制协同。构建“长江大保护”大协同体系，推动沿江省、市成立“电化长江”工作组织机构，进一步落实各地、各部门工作职责，明确港口、船舶、岸电等相关方主体责任，建立统一政府监管服务平台，加强岸电设施建设运营、船舶受电改造、岸电使用、港口碳排放监测等工作的日常监督执法，形成政企协作合力。

二是加强政策引导。在电动船舶产业发展规划、港口岸电建设规划、船用动力电池标准制定、岸电建设运营管理、港口电气化等方面出台相关政策和指令性文件，适时将岸电建设、岸电使用、船舶受电设施改造等指标纳入港口和船舶年检内容，引导和支持传统燃油船舶电动化替代、岸电建设运营、港口绿色转型，不断完善配套基础设施建设，推广普及电动船舶应用。

三是加强市场激励。充分发挥市场机制作用，推行贴息贷款、低息贷款、设立产业发展投资基金等措施，推动港口和船舶参与碳市场交易，激励各类投资主体主动参与，深入探索电动船舶租赁、船电分离、岸电设施代运营等商业模式，推动产业快速健康发展。研究出台电动船舶制造、运营，充换电设施建设、运营，港口电气化改造方面资金补贴、税收优惠等一揽子产业扶持政策，帮助电动船舶、岸电等产业迅速发展，形成规模效应。

（新华网）

梁金辉：转型升级推动企业迈向高质量发展

习近平总书记在党的二十大报告中强调，“加快构建新发展格局，着力推动高质量发展”，提出“实施产业基础再造工程和重大技术装备攻关工程，支持专精特新企业发展，推动制造业高端化、智能化、绿色化发展。”

全国人大代表，古井集团党委书记、董事长梁金辉表示，古井集团以提升“智能制造、绿色酿造”水平为方向，通过开展智能化、节能化技改，强化节能分析与考核、建立独具特色的品质表达体系等方式，逐步将公司打造成更加绿色、低碳、经济、高效的酿酒企业，多措并举实现企业高质量发展。

梁金辉说，在实现高质量发展过程中，古井集团通过新技术、新工艺、新设备，以数字赋能实现生产管理智能化转型，加快建设白酒生产智能化“灯塔工厂”。“近年来，古井集团持续推进能源管理系统建设，逐步打破数据壁垒，将生产运营数据、设备数据、能源数据从线下转变为线上，提升大数据分析能力及能源使用效率。”梁金辉说，在确保污染物达标排放、废弃物合规处置的大前提下，古井集团深入探索酿酒副产物综合利用，提高能源使用效率，提升新型能源比例。

梁金辉表示，古井贡酒建立了相对完整的品质表达体系，架起了“四梁八柱”。“四梁八柱”作为独具古井特色的品质表达体系，不仅体现了企业“绿色酿造、智能制造”的理念和目标，同时还通过建立从内部到外部、从制度到文化、从“一粒粮”到“一瓶酒”的全流程多维度品质管控体系，为品质管理“立柱架梁”，助力企业发展行稳致远。

蒙媛：提升充电基础设施保障能力

“为支撑新能源汽车产业发展，促进交通绿色低碳转型，建议进一步加强政策支持力度，引导各方形成合力，提升充电基础设施服务保障能力。”国家电网四川电力（广安）连心桥共产党员服务队总队长蒙媛代表说。

蒙媛代表表示，应加快公共充电基础设施规划落地，建立“省级统筹指导、地市具体实施”的规划责任体系，保障建设条件。保障居住区充电桩建设，研究出台全国性存量小区充电基础设施建设改造标准规范，推动配套政策落地，合理布局公共车位充电桩。

（2023 年 3 月 13 日《人民日报》第 10 版）

缪汉根：系统化推进产业绿色发展

“政府工作报告提出，加快传统产业和中小企业数字化转型，着力提升高端化、智能化、绿色化水平。这为制造业企业转型升级指明了方向。”盛虹控股集团有限公司董事长、党委书记缪汉根代表说。

缪汉根代表说，民营企业要坚守主业、做强实业，加快研发生产一批国家战略急需、科技含量高、产业带动力强的产品。盛虹集团加快构建“绿色、低碳、循环”的制造体系，深入推进智能化改造、数字化转型，用创新的“劲”实现高质量发展的“进”。目前集团已经搭建起覆盖全产业链的创新平台体系，取得了超细纤维、再生纤维等一批关键技术创新突破。

（2023 年 3 月 12 日《人民日报》第 10 版）

彭寿：加快基础材料绿色转型

“加快基础材料绿色转型，对加快建设现代化产业体系，实现高质量发展具有重要战略意义。”中国工程院院士、中国建材集团总工程师彭寿代表说，要进一步强化基础材料产业与碳达峰碳中和统筹布局，不断优化产业结构，实现基础材料从高碳向低碳、从制造到智造的根本性转变。

彭寿代表说，要加强顶层设计，统筹开展基础材料产业双碳转型的系统化布局，加快淘汰落后产能，倒逼传统产业转型升级；加大龙头企业引领，加速技术创新和产业迭代；建立完善基础材料全过程碳交易市场，加速实现基础材料产业的高质量发展。

（2023 年 3 月 13 日《人民日报》第 6 版）

钱智民：大力支持清洁能源基地建设

政府工作报告提出，加快建设新型能源体系。“利用戈壁、荒漠发展新能源产业，有助于生产更多清洁能源，推动绿色发展。”国家电投党组书记、董事长钱智民委员表示，近年来，相关部门、各地区和企业积极规划建设清洁能源基地，在沙漠、戈壁、荒漠地区加快规划建设大型风电光伏基地，对保障我国能源安全、推进绿色低碳转型起到重要作用。

钱智民委员建议，对参与风沙源地光伏治沙等项目的企业，在沙化土地流转、税收减免等方面给予政策支持。国家电投在产业布局、开发模式及技术研发上具有先发优势，下一步将继续开展清洁能源基地建设，牵头开展技术、产业、金融等方面的国际合作。

（2023 年 3 月 7 日《人民日报》第 6 版）

宋海良：推动交通和新能源融合发展

“交通与新能源融合发展是加快交通强国建设的重要举措，有利于推动交通运输用能的清洁替代与低碳转型，提高综合交通运营效益。”中国能源建设集团有限公司党委书记、董事长宋海良委员说。

宋海良委员建议，尽快编制交通网和新能源融合发展的规划与指导意见，结合相关领域产业链发展情况、技术成熟度、经济可行性等要素，明确融合发展的方向、目标和路径，加强跨行业、跨部门、跨领域协调联动。同时，加快技术创新和示范工程推广，大力支持关键技术和核心装备的研发创新；加大对交通网和新能源融合示范工程建设的政策支持力度，在绿色港口、绿色船舶、绿色航道等发展前景广阔、深耕价值明显的领域开展一批企业主导的试点示范。

（2023 年 3 月 7 日《人民日报》第 6 版）

王永胜：加快发展方式绿色转型

“高质量发展是全面建设社会主义现代化国家的首要任务。在高质量发展过程中，必须牢固树立和践行绿水青山就是金山银山的理念，在发展过程中统筹好经济发展和生态环境保护建设的关系，让绿色成为高质量发展的鲜明底色。”山东泰山钢铁集团董事长、党委书记王永胜代表说，钢铁行业要加快发展方式绿色转型，在新时期的绿色低碳发展中展现新担当新作为，研发和生产更多更好的绿色新材料，并积极在公共设施、医疗卫生、海洋工程、城市建设和日常生活等领域推广和应用，助力高质量发展。同时，持续开展环境治理工作，加快推进超低排放改造，不断提升环保绩效水平，切实将绿色发展落到实处。

（2023 年 3 月 4 日《人民日报》第 13 版）

温菲：加大低碳技术研发与推广

“绿色低碳发展是钢铁行业转型升级发展的重中之重，越来越多的钢铁企业正在开展具体行动。”江西萍乡萍钢安源钢铁有限公司安源炼铁厂技术员温菲代表认为，钢铁行业走向碳达峰碳中和的重要途径是低碳技术进步，核心是技术创新、技术突破和技术推广。

温菲代表表示，应加大低碳技术研发力度，推进钢铁工业更好地节能降碳。优化用能效率，提高钢铁企业自发电量。在低碳冶炼等方面研发新技术，真正做到协同减污降碳。

（2023 年 3 月 13 日《人民日报》第 10 版）

杨立强：助力实现“双碳”目标

统筹各类能源资源，推进能源全产业链高质量发展，新疆油田公司执行董事、党委书记杨立强代表建议，要进一步加大油气勘探开发力度，不断提高稳产上产和储备能力，持续攻坚深层、超深层、非常规油气资源，保持超稠油油田等特色资源稳定供给；坚持“油气热电氢”一体化发展，加大推动能源结构绿色低碳转型力度，构建零碳负碳产业链，支撑区域全产业链减碳降耗增效、拓展升级和“双碳”目标实现。

（2023 年 3 月 10 日《人民日报》第 5 版）

俞培根：构建绿色低碳产业结构

“绿色低碳是能源行业发展的必然趋势。”中国东方电气集团有限公司党组书记、董事长俞培根委员建议，能源企业要牢牢把握高质量发展这个首要任务，以掌握全球领先的高端装备研制技术为目标，以维护国家能源安全为战略导向，加快能源领域关键核心技术和装备的研发攻关，加快构筑支撑能源转型变革的先发优势；立足我国能源资源禀赋，有计划、分阶段地向行业用户提供高质量的高端装备及系统解决方案，助力能源转型跑出“绿色加速度”。

（2023 年 3 月 12 日《人民日报》第 10 版）

张定超：推动煤电产业高端化绿色化发展

“能源安全关系我国经济社会发展全局，是最重要的安全之一。保障能源安全，六盘水市责无旁贷。”贵州省六盘水市委书记张定超代表说。

六盘水煤炭储量占贵州近 1/3，全市已初步形成以煤炭、电力、钢铁、建材为支柱的现代工业体系。张定超代表认为，六盘水要持续做大做强能源及能源化工两个产业，依托资源优势和产业基础，打通全产业发展链条，推动资源开发利用向下游延伸发展。同时推动煤电产业高端化、智能化、绿色化发展，加强能源产供储销体系建设，打造“风光水火储”一体化综合能源基地。

为贯彻落实中央要求，贵州省委、省政府作出打造新型综合能源基地和西南地区煤炭保供中心的安排。为此，张定超代表建议提升政策措施的针对性，支持矿产资源富集和产业基础扎实的地区，打造能源安全建设示范城市。

（2023 年 3 月 11 日《人民日报》第 13 版）

张恩迪：构建现代能源体系 统筹推进碳达峰碳中和

张恩迪委员3月7日代表致公党中央在全国政协十四届一次会议第二次全体会议上作大会发言时说，我国实现碳达峰碳中和需要深入推进能源革命、科技革命和经济转型。

张恩迪说，在发展目标上，要通过一次能源的多样化，摆脱化石能源的地缘限制，维护能源战略安全；通过利用高效低碳的二次能源，保护气候环境；通过能源科技创新，带动产业转型升级，实现经济社会可持续发展。在发展核心上，要聚焦来源多样化、驱动高效率和运行零排放的绿电、绿氢等清洁低碳能源载体；最大限度利用本土可再生能源，减少化石能源价格波动影响；适应数字经济和智能化科技进步，带动各类产业转型升级。在发展路径上，要发展以清洁能源为核心的综合能源体系，打破原有能源体制壁垒，实现多异质能源统筹协调、互补互济，形成涵盖电力交易、碳交易等多类型绿色交易市场机制。

构建现代能源体系，需要从供给、需求、流通各环节多管齐下、优化布局。为此，张恩迪提出六点建议：以先立后破推进能源供给侧改革，以绿色低碳引领能源需求侧转型，以协同高效增强能源流通效能，以深化改革释放能源发展活力，以科技创新驱动能源技术升级，以开放合作推动全球能源转型。

（新华网）

张水波：统筹推进能源绿色低碳转型

“积极稳妥推进碳达峰碳中和，要立足我国能源资源禀赋，有计划分步骤实施，规划建设好新型能源体系。”天津大学管理与经济学部教授张水波代表说，推进双碳工作是一项长期任务，必须立足国情，稳扎稳打、循序渐进，在减碳降碳的同时保持经济社会稳步发展。

张水波代表认为，要加强顶层设计，发挥制度优势，处理好发展和减排、整体和局部、短期和中长期的关系，处理好转型各阶段不同能源品种之间的互补、协调、替代关系，推动煤炭和新能源优化组合，统筹推进各地区能源绿色低碳转型。在保障能源安全的前提下，坚持全国“一盘棋”，在加快形成清洁低碳能源可靠供应能力基础上，逐步对化石能源进行安全可靠替代。

（2023 年 3 月 7 日《人民日报》第 6 版）

国际反响

高质量发展的中国为世界带来更大机遇

“高质量发展是全面建设社会主义现代化国家的首要任务。”中共中央总书记、国家主席、中央军委主席习近平3月5日下午在参加他所在的十四届全国人大一次会议江苏代表团审议时强调，“必须完整、准确、全面贯彻新发展理念”“必须更好统筹质的有效提升和量的合理增长”“必须坚定不移深化改革开放、深入转变发展方式”“必须以满足人民日益增长的美好生活需要为出发点和落脚点”，为中国沿着高质量发展之路阔步前行指明方向。

国际社会热切关注习近平主席在中国两会上的重要讲话释放的积极信号，高度评价中国扎实推动高质量发展取得的成效，一致认为迈向高质量发展的中国将为各国实现共同繁荣发展带来更大机遇。

“这是一个具有引领性的风向标”

“中国两会正在热烈举行。习近平主席在参加江苏代表团审议时强调，牢牢把握高质量发展这个首要任务。”埃及外交事务委员会委员赫尔米表示，中国多次强调要坚持不懈推动高质量发展，这不仅给中国经济社会发展带来积极影响，对保障全球产业链供应链稳定、促进全球贸易发展、拉动世界经济增长都具有显而易见的益处。

经过多年持续奋斗，中国如期完成新时代脱贫攻坚目标任务，全面建成小康社会。中国经济发展从量的扩张转向质的提高，发展成果将更多体现到改善民生上。马来西亚“一带一路”委员会秘书长梁志华表示，习近平主席强调牢牢把握高质量发展这个首要任务，这表明，作为世界第二大经济体的中国将持续推动高质量发展，“这是一个具有引领性的风向标，将为东南亚国家发展提供有益借鉴”。

“今年中国两会是中共二十大后又一重大政治议程，为中国经济社会发展明确路径，具有非凡意义。”哥伦比亚哥中友好协会主席普亚纳长期关注中国两会。他表示：“习近平主席指出，加快构建新发展格局，是推动高质量发展的战略基点。这对拉美国家来说是利好消息，将进一步推动国际合作，促进各国共同发展。”

今年开年以来，国际组织和投资机构纷纷上调中国经济增长预期，看好中国经济光明前景。柬埔寨柬中关系发展学会会长谢莫尼勒说，中国经济社会发展综合表现亮眼，有助于拉动区域经济增长，为世界经济的稳定和繁荣注入强大动力。

波兰前副总理格热戈日·科沃德科说，中国具有庞大的经济规模、国内市场和全球影响力。中国经济在过去几年经受住一系列考验，显示出了强大的内生动力，尤其是新发展理念的提出与实践，让世界看到了中国经济的巨大潜力。

“中国对世界科技创新的贡献得到广泛认可”

习近平主席指出，加快实现高水平科技自立自强，是推动高质量发展的必由之路。

德国柏林普鲁士协会名誉主席福尔克尔·恰普克对中国两会召开表示热烈祝贺。他认为，中国持续深入实施创新驱动发展战略，取得了非凡的科技成就。在很多方面，中国已成为全球科技发展的先行者。“四通八达的高速公路，快捷方便的高速铁路，崭新的机场，还有在海外建设的共建‘一带一路’项目……中国采用了众多全球领先技术，推动科技创新更好造福人类。”恰普克说。

“近年来，中国依靠自力更生和自主创新，科技实力跃上新的台阶。”尼日利亚和平与冲突解决研究所研究员巴巴图恩德表示，中国站在增进全人类福祉的高度，在发展高科技、现代化产业体系的同时，为促进国际科技合作发挥了重要作用。通过非中合作论坛、共建“一带一路”等国际合作平台，中国与非洲国家分享技术与经验，为非洲带来实实在在的好处。

“中国加快实现高水平科技自立自强，实现了许多新的科学发现和技术突破。在人工智能、5G、电动汽车、新能源等领域，中国均取得了显著成绩，相关技术突破对全球产生了深远影响。”赫尔米表示，“中国对世界科技创新的贡献得到广泛认可。科技进步带来的经济增长和社会进步，不但促进中国自身发展，也为全球提供了更多增长机遇。”

阿尔巴尼亚全球化研究所执行主任马尔塞拉 · 穆萨贝留表示，中国一直高度重视以创新驱动发展，在新能源、数字技术等领域的发展达到世界先进水平。中国在提高本国民众生活水平的同时，也拓展了与其他国家的合作，助力世界各国共同进步。

科沃德科认为，在未来，随着中国经济高质量发展，中国将更加重视科技创新，新产业新业态新模式将不断引领中国经济持续向前。

“繁荣的中国将助力全球可持续发展”

“习近平主席在参加江苏代表团审议时提到推进高水平对外开放，我由此想到了柬中共建的柬埔寨西哈努克港经济特区（以下简称‘西港特区’）。中国高水平对外开放给包括柬埔寨在内的东南亚国家带来了重要发展机遇。”谢莫尼勒说，如今，西港特区已成为当地经济增长的“发动机”。随着中老铁路等共建“一带一路”项目投入使用，老挝、柬埔寨等东南亚国家与中国的贸易往来越来越密切，并不断造福当地民众。

在赫尔米看来，中国持续推进高水平对外开放将为世界经济和各国繁荣发展带来广阔机遇，推动全球合作与发展，并将有助于推动形成更加紧密稳定的全球经济体系。

“中国加快构建以国内大循环为主体、国内国际双循环相互促进的新发展格局，有助于推动周边国家可持续发展。”梁志华说，通过高质量共建“一带一路”，中国与共建国家的互利共赢合作将更加深入。

普亚纳表示，中国已成为拉美第二大贸易伙伴国，双方经贸往来持续提升。中国坚持高水平对外开放，推动共建“一带一路”高质量发展，为拉美国家创造了合作共赢平台。他以中企承建的哥伦比亚波哥大地铁一号线项目举例说，拉中合作为拉美国家带来了新机遇，更多造福当地民众。

墨西哥国立自治大学国际关系中心研究员伊格纳西奥 · 马丁内斯认为，高质量发展已成为中国未来发展的关键词。在许多发展中国家遭遇发展逆风的时候，中国推动高质量发展比以往任何时候都更加重要。

“一个繁荣的中国将助力全球可持续发展。”穆萨贝留表示，在世界面临前所未有挑战的背景下，中国不断深化改革、扩大内需，经济继续实现稳定增长，同时提出全球发展倡议，呼吁各方携手合作并推动可持续发展，共同创造更加美好未来。

（2023 年 3 月 7 日《人民日报》第 4 版）

“中国实现高质量发展对世界经济具有重要积极意义”

3月5日提请审议的中国政府工作报告引起国际社会广泛关注。外国媒体和国际人士表示，在世界经济复苏乏力、全球通胀高企的背景下，政府工作报告中提出的一系列举措将进一步推动中国高质量发展，为世界带来更多发展机遇。

“处处可以感受到中国经济的复苏”

中国经济发展再上新台阶。政府工作报告指出，国内生产总值增加到121万亿元，五年年均增长5.2%，十年增加近70万亿元、年均增长6.2%，在高基数基础上实现了中高速增长、迈向高质量发展。

“政府工作报告内容全面翔实，客观总结了过去一个阶段的工作，在此基础上提出了今年预期目标和科学务实的工作建议。”日本帝京大学教授露口洋介认为，过去五年，地区冲突、新冠疫情等给全球带来挑战，中国经济仍取得了年均5.2%的增长，十分不易。

法国席勒研究所研究员、国际问题专家塞巴斯蒂安·佩里莫尼表示，过去几年，面对新冠疫情严重冲击，中国统筹推进疫情防控和经济社会发展。“中国发展成就的取得殊为不易。今年政府工作报告提出要加快构建新发展格局，着力推动高质量发展，中国经济运行将实现整体好转。”

“街道人流如织，电影院人来人往，餐馆座无虚席……从线上到线下，处处可以感受到中国经济的复苏。”巴西《论坛杂志》在报道中表示，最新数据表明，外国对华投资正在增加，月度银行贷款增幅超出预期，“作为世界第二大经济体，中国将在2023年实现更高质量的发展”。

墨西哥《普埃布拉地区报》报道称，中国在维持总体通胀水平稳定情况下突出做好稳增长、稳就业、稳物价工作。今年2月中国制造业采购经理指数（PMI）升至52.6%，连续两个月位于扩张区间，“凸显经济活动正在快速回升”。

波兰普罗夫迪夫农业大学经济系主任迪莫·阿塔纳索夫表示：“受新冠疫情影响，全球经济前景尚不明朗。中国经济韧性强、潜力大、活力足，经受住了新冠疫情的冲击，正走在稳步复苏的轨道上。”

政府工作报告中关于如期打赢脱贫攻坚战，巩固拓展脱贫攻坚成果的内容吸引了南非约翰内斯堡大学非中研究中心研究员西佐·恩卡拉的关注。他表示：“打赢脱贫攻坚战是中国特色社会主义的胜利，这证明各国的政治制度和发展道路并没有统一标准，应根据自身国情来确定。中国在实践中积累了丰富的减贫发展经验，这些经验分享给包括南非在内的其他国家，将推动全球减贫事业朝着更加积极的方向发展。”

“这样的目标是理性务实的”

国内生产总值增长5%左右；城镇新增就业1200万人左右，城镇调查失业率5.5%左右；居民消费价格涨幅3%左右……政府工作报告中提出的今年中国发展主要预期目标，为处于阴霾下的世界经济增添了信心和力量。

今年1月，国际货币基金组织将今年中国经济增速的预测上调至5.2%，较去年10月的预测调高0.8个百分点。

“政府工作报告中提出今年经济增长目标，充分考虑了当前中国国内和国际经济环境。”露口洋介表示，“国际机构调高对中国经济增长的预测，表明国际社会对中国经济发展抱有信心。中国积极扩大内需、推动消费升级、培育更多经济增长点，高质量发展持续推进。”

“政府工作报告中提出国内生产总值增长5%左右的目标，符合当下中国经济运行走势和经济发展规律。”俄罗斯莫斯科国立大学亚非学院院长阿列克谢·马斯洛夫表示，“这样的目标是理性务实的。”

阿联酋《海湾新闻》网站在报道中说，中国经济长期向好的基本面没有改变。“今年，中国经济开局良好，制造业、服务业等快速反弹。在此基础上，中国设定的5%左右经济增长目标符合实际，政府工作报告还强调要有效防范化解重大风险，这将推动经济更强劲增长。”

泰国参议院外交委员会顾问、泰国法政大学经济学院副教授阿颂西表示："中国经济有着巨大的潜力和发展动力。随着中国疫情防控平稳转段，物流更加畅通，工业企业生产转好，经济呈现企稳向好的发展势头。"

"中国将在扩大开放中与各国实现共同发展"

政府工作报告提出，今年工作重点包括：着力扩大国内需求，加快建设现代化产业体系，切实落实"两个毫不动摇"，更大力度吸引和利用外资，有效防范化解重大经济金融风险，稳定粮食生产和推进乡村振兴，推动发展方式绿色转型，保障基本民生和发展社会事业。

"政府工作报告增强了外资对华投资的信心。"巴西瓦加斯基金会金融专家夏华生说，"从政府工作报告中，我们可以看到中国将继续扩大对外开放。中国仍将是国际投资的热土。"

菲律宾专栏作家李天荣表示，近年来，国际局势持续动荡，经济形势不容乐观。在此背景下，中国坚定扩大对外开放，深化互利共赢的国际经贸合作，为中国经济社会发展注入动力。中国进一步加强与周边国家在内的世界各国的合作，有助于增强全球经济复苏的信心。

"在中国，民众更加直观地感受到天更蓝、山更绿、水更清。"尼泊尔中国学会主席马萨姆·欧哈表示，政府工作报告把推动发展方式绿色转型作为今年工作的一个重点，中国的高质量发展突出体现在绿色发展和生态文明建设方面。

"中国经济是世界经济增长的重要引擎。"古巴国际政治研究中心中国问题专家爱德华多·雷加拉多认为，中国是全球产业链供应链价值链的重要一环，是包括古巴在内的大多数拉美国家的重要贸易伙伴，"许多拉美国家积极拓展对华出口，中国经济成就对这些经济体的发展至关重要"。

佩里莫尼认为，政府工作报告提出，中国今年工作重点之一是更大力度吸引和利用外资。"不断优化营商环境，继续推进高水平对外开放，将吸引更多外资企业来中国投资、建厂，中国将在扩大开放中与各国实现共同发展。"

"中国实现高质量发展对世界经济具有重要积极意义。"马斯洛夫认为，中国着力保持经济运行在合理区间，有利于进一步提振市场信心，为稳定全球经济发挥重要作用。

“中国仍将是全球经济增长的主要动力源。”恩卡拉认为，“中国在实现中高速增长的同时，着力推动高质量发展、加强生态保护、持续扩大开放，在世界舞台上发挥更大作用，这对世界意味着更多机遇。”

（2023 年 3 月 9 日《人民日报》第 3 版）

“我们看到中国积极的发展势头”

中国全国两会正在召开，世界关注这场“春天之约”对中国以及世界的重要意义。外国驻华使节和联合国机构官员表示，中国全国两会是观察和读懂中国的一个窗口，中国与世界互为机遇，中国新征程的发展事业将为世界注入稳定性和正能量。

“以务实的方案和改革举措落实中共二十大确定的宏伟蓝图”

今年的中国全国两会意义非凡。在取得疫情防控重大决定性胜利后，作为世界第二大经济体的中国，未来发展前景备受世界瞩目。

“这是中共二十大后的第一次全国两会，具有特殊意义。”巴基斯坦驻华大使莫因·哈克今年是第三次现场旁听全国两会开幕会，他表示：“两会是中国政治生活中的大事，对中国乃至世界的发展都具有重要意义，将为中国全面建设社会主义现代化国家发挥重要作用。”

老挝驻华大使坎葆·恩塔万表示，这是中国取得疫情防控重大决定性胜利后的第一次全国两会，“从全国两会的议程，可以观察中国内外政策走向，对驻华外交官而言，是理解中国外交的重要参考”。

尼泊尔驻华大使比什努·施雷斯塔认为，全国两会上讨论的议题，关乎中国的政治经济民生发展，特别是一系列改革举措对国家发展至关重要。

旁听中国全国两会的阿联酋驻华大使阿里·扎希里表示，对于阿联酋而言，重要的是如何与中国实现战略对接，看准中国的发展方向，并为两国发展进步搭建沟通的桥梁。

卢旺达驻华大使詹姆斯·基莫尼奥表示，中国全国两会议题广泛，涵盖从国内民生到国际合作的方方面面。“让我感受最深的是，中国全国两会确定的任务目标都能得到很好的落实，切实推动了中国国家发展和民生改善。”

厄瓜多尔驻华大使卡洛斯·拉雷亚今年是第六次现场旁听中国全国两会。他认为，国际格局正在发生深刻变化，作为中共二十大后召开的第一次全国两会，“会议以务实的方案和改革举措落实中共二十大确定的宏伟蓝图，将对中国和世界产生广泛深刻的影响”。

联合国发展系统驻华协调员常启德表示，中国是世界第二大经济体，是全球商品和服务的主要生产国和消费国。中国政府工作报告中关于优化调整疫情防控措施、积极应对人口老龄化等内容令人关注，联合国期待与中国继续合作，让更多发展中国家从中国的发展中受益。

“中国式现代化是基于中国自身国情探索出来的”

“扎实推进中国式现代化，坚持稳中求进工作总基调，完整、准确、全面贯彻新发展理念，加快构建新发展格局，着力推动高质量发展”……政府工作报告关于中国式现代化和高质量发展的相关内容备受关注。以全国两会为契机，驻华使节希望深入了解中国高质量发展将对全球发展产生的积极影响。

哈克表示，中国式现代化是中国共产党领导的社会主义现代化。“中国式现代化是基于中国自身国情探索出来的，发展中国家进行现代化建设也应从自身国情出发”。

“我高度赞赏中国过去 10 年来取得的辉煌成就。”坎葆说，“全国两会将推进中国式现代化取得新的发展。中国式现代化具有重要世界意义，启发所有渴望发展的国家，探索如何在互相尊重、互利共赢的基础上实现发展。”

施雷斯塔注意到，今年以来，多个国际机构上调对 2023 年中国经济增长的预期。“今年全国两会释放了中国着力推动高质量发展和实现经济整体好转的积极信息。对处于低迷状态的世界经济来说，这无疑将产生进一步的提振作用。”

在基莫尼奥看来，过去 5 年，有更多的尖端科技和绿色技术在中国的制造业、农业、能源等领域应用。随着高质量发展的推进，中国将为世界发展作出更大贡献。

“一个发展壮大的中国将继续为解决全球性问题提供智慧和方案”

“全面深化改革开放，大力提振市场信心”“加快传统产业和中小企业数字化转型，着力提升高端化、智能化、绿色化水平”“扩大市场准入，加大现代服务业领域开放力度”……透过中国全国两会的窗口，外国驻华使节看到中国开放和转型升级带来的广阔机遇。

哈克注意到，中国政府工作报告中提到推动高质量共建“一带一路”。他表示，10 年来，共建“一带一路”成果丰硕。巴基斯坦曾面临能源危机，中巴经济走廊的建设为巴基斯坦提供了能源供应保障，缓解了电力短缺等问题。

菲律宾驻华大使吉米表示，菲律宾期待引进更多中国投资、中国技术，菲中可以在农业、新能源及互联互通方面展开合作。

纳米比亚驻华大使凯亚莫表示，面对全球性挑战，任何国家都不能独善其身。中国坚持开放发展，在推动自身经济发展的基础上，为世界经济复苏注入动力。

基莫尼奥认为，中国扩大对外开放，为外国企业提供了宝贵的发展机遇。以非洲为例，中国已给予很多非洲国家 98% 税目产品零关税，对非洲国家经济发展产生了积极影响。

“通过全国两会，我们看到中国积极的发展势头。”拉雷亚表示，“一个发展壮大的中国将继续为解决全球性问题提供智慧和方案，为促进世界和平与发展作出贡献。”

（2023 年 3 月 10 日《人民日报》第 4 版）

走出一条中国特色社会主义民主之路

民主是全人类的共同价值，是中国共产党和中国人民始终不渝坚持的重要理念。中国全国两会是全过程人民民主的生动实践，也是国际社会观察中国推进国家治理现代化的重要窗口。国际人士普遍认为，中国全国两会把民主选举、民主协商、民主决策、民主管理、民主监督贯通起来，充分证明全过程人民民主是最广泛、最真实、最管用的民主。

“追求民主、发展民主、实现民主的伟大创造”

保加利亚“一带一路”全国联合会主席扎哈里耶夫长期关注中国政治生活，对全过程人民民主给予高度评价。“一年一度的全国两会是中国政治生活中的一件大事，也是观察全过程人民民主的一个重要窗口。”扎哈里耶夫说，各行各业的代表委员齐聚一堂，畅所欲言，充分讨论接下来一年关乎中国经济社会发展的诸多事项。全过程人民民主贯穿立法全过程，充分体现了民主的内涵，真实反映了民意。

十三届全国人大期间，代表们提出大会期间建议 42675 件、闭会期间建议 1075 件，目前已全部办理完成。十三届全国政协以来，共收到提案 2.9 万余件，立案约 2.4 万件。去年全国两会前的网民建言征集活动中，1100 多条有代表性的建言被转给《政府工作报告》起草组，人民智慧融入治国理政的鸿篇巨制。全过程人民民主不仅有完整的制度程序，而且有完整的参与实践，保障最广大人民的广泛持续参与，使人民当家作主更加真实，人民创造活力竞相迸发，有效团结各党派、各团体、各民族、各阶层、各界人士，增强民族凝聚力，激发中国人民奋进新征程的磅礴力量。

柬埔寨柬中关系发展学会会长谢莫尼勒认为，全过程人民民主是“中国共产党团结带领人民追求民主、发展民主、实现民主的伟大创造，是人民当家作主的生动实践，顺应时代潮流，也适合中国国情”。

喀麦隆国民议会副议长泰奥多尔·达图奥说，中国的全过程人民民主令人印象深刻。中国人口众多，地域辽阔，全过程人民民主保障了广大人民能有效参与决策。他表示，中国的全过程人民民主适合本国国情，有利于国家发展进步，值得研究借鉴。

“中国的民主实践注重集思广益、构建共识、推动落实”

在上海虹桥街道古北市民中心，人们常常能看到土耳其担保银行上海代表处首席代表诺扬·罗拿的身影。在上海生活多年，让罗拿对中国的全过程人民民主有着独到的见解。2016 年开始，罗拿每年都参加上海市政协召开的外籍人士建言会。从外籍人士个税缴纳，到社区完善无障碍设施等议题，罗拿都积极出谋划策。罗拿说：“中国的民主实践注重集思广益、构建共识、推动落实，让社会治理更加完善，人民生活更加美好。”

英国巴斯市副市长余德烁曾在中国农村广泛调研，并旁听了浙江温岭的民主恳谈会。村民们带着小板凳围坐在大树下，就村子发展畅所欲言的场景让他记忆深刻。“民众的参与度关系着民主的程度，影响着决策意愿的表达。从这个意义上看，中国的全过程人民民主有着更为丰富与深刻的内涵。”

巴西全球南方研究所所长亚历山大·菲格雷多认为，民主恳谈会是中国全过程人民民主的典型实践。这一模式调动起民众的参政议政热情，让大家充分表达自己的意愿。

澳大利亚时政评论人士戴若·顾比曾到中国基层深入调研。他感叹说，中国的全过程人民民主把真正的民主融入公众生活中，保证人民依法行使民主选举、民主协商、民主决策、民主管理、民主监督的权利，能更有效地解决民众所面临的各类难题。

全过程人民民主践行以人民为中心的发展思想，是人民当家作主的生动实践。美国库恩基金会主席罗伯特·劳伦斯·库恩评价：“中国共产党领导下的全过程人民民主，真正把发展为了人民、发展依靠人民、发展成果由人民共享落到实处，具有显著优势。”

乌兹别克斯坦世界经济与外交大学国际关系系主任乌卢格别克·哈桑诺夫

表示，中国的全过程人民民主具有广泛、坚实的民意基础，保障了社会主义民主政治和经济社会发展的蓬勃生机，是中国快速发展、取得举世瞩目伟大成就的重要原因。

“为人类民主事业发展探索新的路径”

实现民主的形式是丰富多样的，不能拘泥于刻板的模式，更不能说只有一种放之四海而皆准的评判标准。全过程人民民主深深扎根于中国社会土壤中，具有全链条、全方位、全覆盖的显著特征。

巴西里约热内卢州立大学国际关系学院副教授瑞奈·霍兰达·蒙特内格罗表示，中国之所以能够取得举世瞩目的发展成就，一个重要原因在于中国根据自身国情和历史文化特点，走出了一条中国特色社会主义民主之路。中国历史性地解决了绝对贫困，全面建成小康社会，这是践行全过程人民民主取得的积极成果。

库恩强调，世界上不存在适用于一切国家的政治制度模式。中国努力提高全体人民的生活水平，这涉及改革、法治、公众参与、人权保障等各方面。“14亿多中国人民真正实现当家作主，为人类民主事业发展探索新的路径，这是中国对人类政治文明作出的重大贡献。”

俄罗斯圣彼得堡国立经济大学校长伊戈尔·马克西姆采夫认为，各国都应当选择符合本国国情的民主模式和政治制度，以保障和实现本国人民的利益和全面可持续发展。中国的全过程人民民主坚持以人民为中心，契合中国国情和实际，为人类政治文明贡献了中国智慧。他强调，用单一的标尺衡量世界丰富多彩的政治形态，用单调的眼光审视人类五彩缤纷的政治文明，本身就是不民主的。各国应当尊重彼此的民主模式，加强彼此间的交流互鉴，共同推动人类文明不断向前发展。

白俄罗斯共产党中央委员会第一书记索科尔表示，中国坚持以人民为中心的发展思想，积极发展全过程人民民主，保障人民当家作主，这一成功探索和实践对丰富和发展马克思主义民主理论具有重要意义。中国提供的范例为其他国家探索和完善自身民主制度，实现政治稳定、社会和谐、经济可持续发展带来宝贵启示。

（2023年3月13日《人民日报》第3版）

推动开放发展　共享市场机遇

“国内生产总值增长5%左右”“稳步扩大制度型开放”“加快实现高水平科技自立自强”……今年中国全国两会释放出一系列重要信息，让国际社会再次读出中国发展蕴含的理性、韧性和确定性。国际人士表示，随着中国高效统筹疫情防控和经济社会发展，中国的生产生活秩序加快恢复，经济增长内生动力不断积聚增强，经济社会活力进一步释放，将持续为世界经济复苏和稳定发展作出贡献。

“超大规模市场为世界提供稳定需求”

中国坚定不移全面扩大开放，打造国际合作和竞争新优势，外贸韧性不断展现，新业态新模式蓬勃发展。

“中国超大规模市场为世界提供稳定需求。”塞内加尔经济学家萨姆巴认为，中国经济高质量发展的重要特征是兼顾国内与国际，将中国国内大市场与全球贸易网络相衔接。多年来，中国货物贸易规模不断扩大，更加紧密地同世界经济联动。

东盟已连续3年成为中国第一大贸易伙伴。中国东盟全面战略伙伴关系新动能不断释放，双方经贸往来更加密切。柬埔寨商业部副国务秘书兼发言人宾索维吉表示，中国是东盟亲密的贸易伙伴，也是巨大的消费市场，得益于中国—东盟自贸区的良好运转，包括柬埔寨在内的东盟国家都从具有强大购买力的中国市场中获益。柬中务实合作持续深化，将继续为两国人民带来实实在在的利益。

“中国是经济全球化的坚定支持者。”巴基斯坦前驻华公使赛义德·哈桑·贾韦德表示，中方推动构建开放型世界经济，推进高质量共建“一带一路”，提出全球发展倡议并推动倡议落地，拉紧了各国经济合作的纽带。高质量共建中巴经济走廊将进一步造福两国人民。

“共享中国高质量发展带来的机遇”

长期以来，中国超大规模市场的需求优势和产业体系完备的供给优势对外资有着很强的“磁吸力”。

去年 5 月，法国欧莱雅集团宣布在中国市场设立首家投资公司。欧莱雅北亚区总裁费博瑞说，今年开年以来，中国出台了一系列政策助力经济持续升温，增强了跨国企业的信心。“欧莱雅深耕中国 20 余年，对中国经济社会发展前景充满信心。我们将继续坚定地与中国市场共成长，共享中国高质量发展带来的机遇。”

“科技创新是中国经济社会发展的重要引擎。中国是强生推动创新发展的重点战略市场之一。”美国强生全球资深副总裁宋为群表示，随着《鼓励外商投资产业目录（2022 年版）》正式生效实施，鼓励外商投资范围将进一步扩大，外资准入门槛将持续降低，发展环境越来越好。“中国正全力促进经济复苏，为企业赋能添力，做细做实各项服务举措，推动创新与合作，这坚定了外企投资、深耕中国市场的信心。”

在福建厦门，施耐德电气全新柔性生产线正式启用；在江苏苏州，博世集团宣布打造新能源汽车核心部件及自动驾驶研发制造基地；在四川成都，空中客车在欧洲之外布局的首个飞机全生命周期服务项目将于下半年竣工交付……

中国贸促会最新调研结果显示，98.2% 的受访外资企业和外国商协会对今年中国经济发展前景抱有信心，表示将继续在华投资，分享中国的发展红利。

南非约翰内斯堡大学非洲—中国研究中心主任戴维 · 蒙亚埃表示，世界经济复苏离不开中国经济的稳定发展，中国经济越强劲，世界经济越受益。“在新发展格局下，中国内需潜力将进一步释放，为各国带来更多发展机遇。”

“共建‘一带一路’将释放更大发展动能”

“中国加快构建新发展格局，着力推动高质量发展。中国企业在国际市场上的竞争力越来越强。”秘鲁国立圣马科斯大学亚洲问题研究中心主任、经济学教授卡洛斯 · 阿基诺表示，过去 10 年，中国致力于生产具有更高附加值、更多科技投入的尖端产品。

比利时赛百思中欧商务咨询公司首席执行官弗雷德里克·巴尔丹经常赴中国考察，对中国高质量发展印象深刻。他表示，中国培育了大批高素质人才，为中国经济发展增添韧性与活力。这对其他国家发展具有借鉴意义。

“一个开放发展的中国对于世界是巨大的机遇。”西班牙胡安卡洛斯国王大学教授费利佩·德瓦萨表示，中国通过共建“一带一路”合作为沿线国家和地区发展提供了新路径。

法国国际政治问题专家布鲁诺·吉格认为，“共建‘一带一路’秉持共商共建共享原则，搭建起中国与共建国家发展合作的国际平台，持续为全球经济发展增添动力。”

西班牙知名中国问题专家胡里奥·里奥斯表示，中国完整、准确、全面贯彻新发展理念，加快构建新发展格局，着力推动高质量发展，将为世界带来更多增长机遇。“共建‘一带一路’将释放更大发展动能。”

近期，多家国际机构和国际组织纷纷上调对2023年中国经济增长预测值。联合国经济和社会事务部全球经济监测中心主任哈米德·拉希德表示，2023年，中国将在推动全球增长方面发挥重要作用。“期待中国为世界经济复苏提供更多稳定力量。”

“中国经济表现稳健，背后的一个长期性因素是中国转向高质量发展，科技创新加速推进。”英国伦敦市经济与商业政策署前署长、中国人民大学重阳金融研究院高级研究员罗思义表示，以科技创新驱动经济发展，中国将展现更加光明的发展前景。

（2023年3月14日《人民日报》第6版）

外国青年眼中的中国全国两会——观察中国发展进步的重要窗口

中国全国两会是全过程人民民主的生动实践，也是世界观察中国发展进步的重要窗口。4 名外国青年围绕乡村振兴、城市规划发展、全过程人民民主等主题，畅谈亲历故事，期待中国经济社会取得更大发展。

通过拍摄视频增进跨文化交流的以色列青年——“看到更自信、更开放、更深度融入全球化的中国”

“您是如何通过创业带动家乡乡村振兴事业的？”

“我做竹编 10 多年了，竹编从一项个人爱好变成我一辈子的事业。通过非遗传承融合乡村振兴，我们公司已间接带动 3000 多人从事竹编相关产业，越来越多的老百姓依靠这项技艺获得了稳定的收入。未来，我的目标是通过将竹编产业化、品牌化，让竹编惠及更多群众。”

不久前，一场特殊的对话在线上展开。对话的一方是来自以色列的视频博主拉兹·加洛尔（中文名高佑思），另一方则是第十四届全国人大代表、贵州省级非遗“赤水竹编”传承人杨昌芹。在一个多小时的时间里，两位来自不同国家、从事不同职业的年轻人，围绕脱贫攻坚、乡村振兴等一系列话题展开了深入讨论。

“与杨昌芹的交流让我非常直观地感受到完善的扶持政策让更多中国青年，尤其是来自农村地区的青年更有勇气追梦，这让我很想再去贵州看看，也让我对中国未来的发展充满信心。”高佑思说。

15 年前，年少的高佑思随家人来到中国。此后的日子里，他在这里读书，毕业后留在中国从事视频创作工作。从刚来时听不懂中文，到拍摄的视频作品成为对外汉语教学素材；从创业初期的籍籍无名，到成为活跃在哔哩哔哩、微博等各大网络平台的“网红”，高佑思不仅向大量海外观众展示了中国“生动、接地气”的一面，也在这一过程中见证了中国的发展。

“这些年来，中国经济、科技等硬实力的发展毋庸置疑，与此同时，文化软实力也日益提升。我发现在中国学中文、说中文的‘老外’越来越多了，中国年轻人也在以更自信的姿态走出国门，拥抱全球化带来的机遇。”在带领团队进行内容创作的过程中，高佑思不仅观察到中国综合国力和国际形象的显著提升，也注意到中国青年精气神的改变，“透过这些，我看到更自信、更开放、更深度融入全球化的中国。”高佑思说，相信中国开放的大门会越开越大，跨文化交流会越来越频繁，中国的国际形象也会更加立体饱满。

让世界各地的年轻人更好地了解中国，也让中国的年轻人更好地了解世界各国文化，这是高佑思和团队创业的初衷。从开始创作视频作品至今，高佑思曾在新疆体验机械化种植棉花的高效，也曾在贵州感受过发展电商给偏远山村带来的变化；曾拿着话筒在北京的大街小巷采访各国青年，也曾围上围裙体验过凌晨 5 点早餐铺的工作……

采访最后，高佑思再次谈及加强跨文化交流、构建人类命运共同体的重要意义。“当前，人类面临自然灾害、气候变化、地区冲突等重大挑战，我们需要加强不同文化之间的交流。”在高佑思眼中，人类命运共同体理念契合当下时代的发展背景，构建人类命运共同体依靠各国人民共同努力来实现，“我相信，如果人人都能贡献一份力量，人类的未来一定更加美好。”

致力于报道中国的孟加拉国青年——
“一个个议案提案是中国充分发扬民主的体现”

最近，孟加拉国青年穆罕默德·赛耶杜尔（中文名吴迪）一直在关注今年中国全国两会。“中国作为世界第二大经济体，如何谋划高质量发展，对今年中国经济社会发展提出怎样的目标任务，这些都是全球共同关注的话题，也是我的报道重点。”

吴迪是江西财经大学国际贸易专业博士生，喜欢写作，计划在未来做一名记者。在校期间，吴迪观察到，孟加拉国媒体上关于中国的报道并不多，“我想把我在中国的所见所闻所感记录下来，让孟加拉国民众看到一个真实的中国。”吴迪把自己的中国经历写成报道，多次向孟加拉国新闻网站 BdNews24、DBC 新闻卫星电视频道、《商务标准报》等媒体投稿，在该国各大媒体上发表了百余篇关于中国的报道。2020 年，他曾在《商务标准报》上发表《看不见的病毒与我》一文，文中写道，“一直以来，中国以强大的斗志抗击新冠疫情。事实上，如果中国政府没有从一开始就积极应对疫情，全球的疫情防控将会受到影响。”

求学 5 年多来，吴迪已去过中国 22 个省份。除了到现代化的大城市参观游览，他也喜欢去一些小城镇和乡村。“北京、上海这些中国城市已为外界熟知，可真正了解中国乡村的外国人却不多。想要写出好的报道故事，我就要更加全面地了解中国。”走过不同的村庄，看到不同地方的人们生活发生的变化，吴迪真切感受到中国推进农业农村发展、提高农民收入的力度。

在一次走访活动中，吴迪结识了第十四届全国人大代表、江苏固城湖青松水产专业合作联社理事长邢青松。每年 2 月，邢青松都格外忙碌，他既要带领合作社社员不误养殖时令，保证蟹苗“春播”，又要搜集意见形成带着“泥土味”的议案。

“您今年参会主要关注什么问题？”吴迪带着好奇发问。

“针对目前蟹种出现退化的产业瓶颈问题，我建议在国家层面打造联合育种平台，联合各地高校、科研院所、企业开展联合攻关，培育新品种、新品系，以科技创新推动乡村产业振兴。”邢青松蹲在蟹苗盆前回答道。

“邢青松告诉我，他这几天一直在走访农户、养殖户，要把基层群众的心声带到全国两会上，再把国家的好政策宣传贯彻落实到基层。”吴迪感慨，汇聚民智、反映民意、影响民生的中国全国两会是观察中国民主政治的一扇窗口，“一个个议案提案是中国充分发扬民主的体现。”

“作为孟加拉国在华青年，我希望尽我最大的努力为增进两国友谊添砖加瓦。我来中国的时间虽然不长，但我已经把这里当成我的第二故乡。未来，我希望继续留在中国，把这里的动人故事讲给世界听。”吴迪说。

深入中国乡村调研的喀麦隆青年——“这是‘绿水青山就是金山银山’的生动诠释”

“每年中国全国两会，来自各地、各行各业的代表委员来到北京，聚焦中国社会热点，回应民生关切，这是中国政治生活中的一件大事，对于外籍人士感受、了解中国也具有重要意义。”在中国学习、生活多年的喀麦隆青年门杜说。

在政府工作报告中频频出现的“人民”二字让门杜印象深刻，中国共产党“以人民为中心”也是他在中国多次参与基层实践活动最为深切的体会。自2015年到北京大学留学开始，门杜利用各种校内外的实践机会，在中国参观调研了30多个乡村。“我相信深入乡村是了解真实中国的好方法。”门杜表示。

这么大的一个国家如何历史性解决绝对贫困问题？带着这个疑问，门杜去年来到浙江省丽水市缙云县，参观当地生态农场。当地通过“茭白＋麻鸭”的茭鸭共育模式带动农业发展、改造废弃矿洞推动旅游业发展，探索生态价值转化和废弃矿山生态修复新路径。“这是‘绿水青山就是金山银山’的生动诠释。”门杜感慨，在这一理念指引下，坚持经济发展与生态效益并重，很多资源都能被有效再利用。

门杜注意到，在他曾走访的很多地方，绿色发展都是当地实现脱贫致富的关键词。“越来越多的农业生产者以新发展理念为引领，实现经济发展和环境保护的双赢。”门杜回忆，在新疆和田地区，他看到当地大力发展种植食用菌这类“低耗水、高效益”的生态环保产业，既帮助当地农户增收，带动村民就业，也起到了保护环境的积极作用。

在走访中国乡村的过程中，门杜经常听到村民用“知心人”评价当地的村干部，这让他对中国基层干部的工作作风敬佩不已。“村干部对每户家庭的情况都很了解，关心村民的生活过得好不好。”

在一次实践活动中，门杜了解到欧阳华的故事。欧阳华是江苏省宜兴市西渚镇白塔村的党总支书记，也是第十三届、第十四届全国人大代表。履职期间，他专门建立“人大代表联络工作站”，先后接访1500多人次，帮助群众解决实际问题。他还在与村民充分沟通、反复论证后，带领村民种植南天竹、发展高端民宿、引进“打铁花”表演等演艺项目。在他们的共同努力下，白塔村村民人均年收入从不足1.2万元增加到5.5万多元。

在门杜看来，白塔村的案例是中国发展全过程人民民主的生动样本。“中国共产党始终把人民利益放在首位，不断满足人民群众需求。”门杜感慨，作为中国社会进步推进器的全过程人民民主，在促进人的全面发展中解放和发展生产力，有效推动了中国经济社会发展。

热爱中国文化的摩尔多瓦青年——“了解城市发展新战略”

“丰富灿烂的中国文化是我认识中国的窗口。在中国的不同地方，方言、菜系、生活方式和住宅设计都各有特色，这种文化多样性让我深深着迷。”摩尔多瓦青年达丽娅眼睛很亮，留着一头金色秀发，笑起来脸上有两个浅浅的酒窝。采访中，她热情地向记者展示春节期间拍摄的深圳南头古城的照片，“这座古城极具岭南特色，既有古朴的窗台楼阁，也有个性十足的网红小店。街区改造项目在保留历史原貌的基础上，为这里注入了许多创新活力。”

2010 年，达丽娅获得中国政府奖学金，来到位于甘肃省兰州市的西北师范大学攻读平面设计专业硕士学位。毕业后，怀着对历史城市维护与保存、城市规划设计的研究兴趣，达丽娅来到位于广州的华南理工大学建筑学院继续深造。如今，她在深圳从事城市遗产保护与再生领域的研究工作。

“这些年，我真切感受到中国社会的发展与变化。”达丽娅说，在甘肃生活的 4 年时间里，她见证了脱贫攻坚政策引领下甘肃农村地区发生的变化，“很多乡村修建了硬化路，建设了公共服务设施，农村儿童受教育程度大幅提高，乡村产业快速兴起，村民在家门口就能找到工作。”

作为城市发展的研究者，达丽娅对中国城市规划很感兴趣，对于中国在协调城市保护与发展方面的努力印象深刻。“中国城市规划注重构建城市文化遗产保护法律框架，并通过共建、共治、共享最大限度地满足居民需求，在尊重历史景观、真实性和完整性的同时，实现城市历史区域的保护与再生。”

谈起目前工作生活的粤港澳大湾区，达丽娅表示，粤港澳大湾区蓬勃涌动的创新活力和岭南文化的独特魅力是她选择留在深圳工作的原因。在她看来，粤港澳大湾区打造了开放包容的发展环境，在创新技术、智能制造等方面发展潜力巨大，“这里不仅是吸引人才的磁石，更是鼓励外商投资的热土。”

前往华为“牛角”园区、微信总部、明珠湾开发展览中心以及具有 800 年历史的东莞市塘尾村等地参观……在工作中，达丽娅经常有机会近距离感受粤港澳大湾区城市规划与设计。“绿色公园、科技研发中心及工业基础设施在大片开阔土地上建成，高速公路、桥梁和隧道等现代交通基础设施将它们连接起来，构成了一个城市网络。在这片区域里，每座城市既保持了独立性，又彼此联系，使得粤港澳大湾区形成一个生机勃勃的整体。”达丽娅与记者分享了她的观察所得，“这正是岭南文化务实进取、敢闯敢试、开放包容特征的生动体现。”

达丽娅认为，中国全国两会是了解中国发展的一扇窗口。“作为一名城市规划研究员，我希望了解城市发展新战略，助力未来的研究工作。我相信，未来中国城市和乡村将更加繁荣，人们的生活也会更加幸福。”

（2023年3月15日《人民日报》第17版）

两会传声

踔厉奋发新征程　勇毅前行向复兴

——热烈祝贺十四届全国人大一次会议胜利闭幕

东风浩荡，奋进新程；凝心聚力，奋楫扬帆。3 月 13 日，十四届全国人大一次会议圆满完成各项议程，在北京胜利闭幕。与会代表不负人民重托、积极建言献策、认真履职尽责，会议各项成果充分体现了党的主张和人民意志的统一。我们向与会代表致以崇高敬意，对大会的成功表示热烈祝贺！

这次大会是在全面贯彻落实党的二十大精神开局之年召开的一次重要会议，是一次民主、团结、求实、奋进的大会。大会高度评价过去五年党和国家事业取得的举世瞩目的重大成就，代表们一致认为这是以习近平同志为核心的党中央坚强领导的结果，是习近平新时代中国特色社会主义思想科学指引的结果，是全党全军全国各族人民团结奋斗的结果。大会选举和决定的新一届国家机构领导人员，结构更加优化、活力更为增强，为新时代坚持和发展中国特色社会主义提供了重要组织保证。大会审议并批准了政府工作报告和其他各项重要报告，代表们一致认为，政府工作报告体现了习近平新时代中国特色社会主义思想和党的二十大精神，明确了今年经济社会发展总体要求、主要预期目标和工作重点，是一个求真务实、开拓进取、团结鼓劲的好报告。大会审议通过关于修改立法法的决定，对于新时代加强党对立法工作的全面领导，坚持和发展全过程人民民主，加强和改进立法工作，完善以宪法为核心的中国特色社会主义法律体系，更好发挥法治固根本、稳预期、利长远的保障作用，具有重大意义。大会审议批准的国务院机构改革方案，着眼转变政府职能，加快建设法治政府，重点加强科学技术、金融监管、数据管理、乡村振兴、知识产权、老龄工作等重点领域的机构职责优化和调整，必将为全面建设社会主义现代化国家、全面推进中华民族伟大复兴提供有力保障。

“强国建设、民族复兴的接力棒，历史地落在我们这一代人身上。”闭幕会上，习近平主席发表重要讲话，深刻阐明全党全国人民的中心任务，着眼强国建设、民族复兴的新征程，强调我们要坚定不移推动高质量发展、始终坚持人民至上、更好统筹发展和安全、扎实推进“一国两制”实践和祖国统一大业、努力推动构建人类命运共同体，深刻指出“推进强国建设，必须坚持中国共产党领导和党中央集中统一领导，切实加强党的建设”，强调“我们要只争朝夕，坚定历史自信，增强历史主动，坚持守正创新，保持战略定力，发扬斗争精神，勇于攻坚克难，不断为强国建设、民族复兴伟业添砖加瓦、增光添彩！”习近平主席的重要讲话，坚守人民立场、坚定历史自信、彰显使命担当、指引前进方向，必将激励全国各族人民在强国建设、民族复兴新征程踔厉奋发、勇毅前行。

制度稳则国家稳，制度强则国家强。实践充分证明，人民代表大会制度是坚持党的领导、人民当家作主、依法治国有机统一的根本政治制度安排，是符合我国国情和实际、体现社会主义国家性质、保证人民当家作主、保障实现中华民族伟大复兴的好制度。在全面建设社会主义现代化国家新征程上，我们要毫不动摇坚持、与时俱进完善人民代表大会制度，充分发挥人民代表大会制度的根本政治制度作用，继续通过人民代表大会制度牢牢把国家和民族前途命运掌握在人民手中，更好把各方面智慧和力量凝聚到党和人民事业中来。

党的二十大擘画了全面建设社会主义现代化国家、以中国式现代化全面推进中华民族伟大复兴的宏伟蓝图，明确了新时代新征程党和国家事业发展的目标任务。新时代新征程，我国发展面临新的战略机遇、新的战略任务、新的战略阶段、新的战略要求、新的战略环境。推进中国式现代化，是一项前无古人的开创性事业，必然会遇到各种可以预料和难以预料的风险挑战、艰难险阻甚至惊涛骇浪。团结就是力量，奋斗开创未来。面对国际国内环境发生的深刻复杂变化，我们要保持战略清醒、战略自信、战略主动，坚定必胜信念，抓住战略机遇，沉着应对挑战，继续披荆斩棘，朝着既定的战略目标前进，做到沉着冷静、保持定力，稳中求进、积极作为，团结一致、敢于斗争，心往一处想、劲往一处使，同舟共济、众志成城，奋力开创事业发展新局面，不断夺取新的更大胜利。

今年是十四届全国人大及其常委会依法履职的第一年。要在以习近平同志为核心的党中央坚强领导下，坚持以习近平新时代中国特色社会主义思想为指导，深入贯彻习近平总书记关于坚持和完善人民代表大会制度的重要思想，全面贯彻落实党的二十大精神，坚持党的领导、人民当家作主、依法治国有机统一，坚持好、完善好、运行好人民代表大会制度，扎实推进中国式现代化，坚持稳中求进工作总基调，完整、准确、全面贯彻新发展理念，紧紧围绕新时代新征程党和国家中心任务依法履职、担当尽责，加强和改进新时代人大工作，为全面建设社会主义现代化国家开好局起好步作出应有贡献。我们相信，新一届全国人大及其常委会一定能够担负起新时代赋予人大工作的历史使命，开拓进取、奋发有为，不断开创人大工作新局面。

踔厉奋发新征程，勇毅前行向复兴。今天，亿万人民正意气风发、团结一心奋进在充满光荣和梦想的新征程上。让我们更加紧密地团结在以习近平同志为核心的党中央周围，全面贯彻习近平新时代中国特色社会主义思想，深刻领悟“两个确立”的决定性意义，增强“四个意识”、坚定“四个自信”、做到“两个维护”，自信自强、守正创新，锐意进取、顽强拼搏，为全面建设社会主义现代化国家、全面推进中华民族伟大复兴而团结奋斗。

（2023 年 3 月 14 日《人民日报》第 4 版）

凝聚同心共圆中国梦的强大合力

——热烈祝贺全国政协十四届一次会议胜利闭幕

深入协商谋良策，广聚共识增合力。全国政协十四届一次会议不负重托、不辱使命，圆满完成各项议程，3 月 11 日在北京胜利闭幕。我们对大会的成功表示热烈祝贺！

这是一次民主、团结、求实、奋进的大会。会议期间，中共中央总书记、国家主席、中央军委主席习近平等党和国家领导同志出席大会开幕会和闭幕会，看望了参加会议的委员，深入界别小组听取意见，与委员共商国是、共谋发展。广大政协委员认真履职尽责、积极建言资政、广泛凝聚共识，充分发挥了社会主义协商民主的独特优势，充分彰显了中国特色社会主义民主政治的生机活力。

政协章程是参加人民政协的各党派团体和各族各界人士共同的行为准则，是各级政协设立组织、开展工作的基本依据。对政协章程进行适当修改，是更好坚持和完善中国共产党领导的多党合作和政治协商制度、加强人民政协制度建设和自身建设的一件大事。这次会议把党的十九大以来习近平新时代中国特色社会主义思想新发展写入章程，把党的二十大提出的重要思想、重要观点、重大战略、重大举措和党中央关于人民政协工作的重要决策部署体现到章程中。政协章程不断适应新形势、作出新规范，有利于人民政协更好发挥作用、推动人民政协事业发展。

人民政协作为统一战线的组织、多党合作和政治协商的机构、全过程人民民主的重要实现形式，是社会主义协商民主的重要渠道和专门协商机构。实践充分证明，把人民政协制度坚持好、把人民政协事业发展好，必须毫不动摇坚持中国共产党的全面领导，必须准确把握人民政协性质定位，必须聚焦中心工作持续提高协商效能，必须坚持团结和民主两大主题，必须不断强化政协委员责任担当。

党的二十大擘画了全面建设社会主义现代化国家、以中国式现代化全面推进中华民族伟大复兴的宏伟蓝图。实现宏伟蓝图，需要在党的旗帜下团结凝聚起万众一心、共克时艰的磅礴力量，动员全体中华儿女一起来想、一起来干，朝着既定的战略目标前进，不断夺取新的更大胜利。人民政协是国家治理体系的重要组成部分，要坚持以习近平新时代中国特色社会主义思想为指导，学习贯彻习近平总书记关于加强和改进人民政协工作的重要思想，持续深入贯彻中央政协工作会议精神，认真履行各项职能，践行全过程人民民主，促进中华儿女大团结，凝聚同心共圆中国梦的强大合力。

商以求同，协以成事。人民政协要坚持党的领导、统一战线、协商民主有机结合，坚持发扬民主和增进团结相互贯通、建言资政和凝聚共识双向发力，围绕服务党和国家工作大局协商议政，坚持巩固和发展最广泛的爱国统一战线，更好成为坚持和加强党对各项工作领导的重要阵地、用党的创新理论团结教育引导各族各界代表人士的重要平台、在共同思想政治基础上化解矛盾和凝聚共识的重要渠道。要发挥人民政协作为专门协商机构作用，加强制度化、规范化、程序化等功能建设，提高深度协商互动、意见充分表达、广泛凝聚共识水平，完善人民政协民主监督和委员联系界别群众制度机制，把人民政协制度优势转化为国家治理效能。

齐众心、汇众力、聚众智。全面建设社会主义现代化国家寄托着中华民族的夙愿和期盼，凝结着中国人民的奋斗和汗水。中国式现代化是中国共产党领导全国各族人民在长期探索和实践中历经千辛万苦、付出巨大代价取得的重大成果，是强国建设、民族复兴的唯一正确道路。在充满光荣和梦想的新征程上，人民政协使命光荣、责任重大。让我们更加紧密地团结在以习近平同志为核心的党中央周围，全面贯彻习近平新时代中国特色社会主义思想，深刻领悟“两个确立”的决定性意义，增强“四个意识”、坚定“四个自信”、做到“两个维护”，全面贯彻落实党的二十大精神，同心同德、埋头苦干、奋勇前进，为实现新征程的良好开局、夺取全面建设社会主义现代化国家新胜利、实现中华民族伟大复兴的中国梦，汇聚磅礴伟力、作出新的贡献。

（2023 年 3 月 12 日《人民日报》第 4 版）

凝聚起强国建设民族复兴的磅礴力量

——2023年全国两会巡礼

新时代新征程，江山壮丽，气象万千。

在全面贯彻党的二十大精神的开局之年，在这个充满希望的春天，十四届全国人大一次会议、全国政协十四届一次会议完成各项议程，圆满落下帷幕。

3月4日至13日，5000多名新一届全国人大代表、全国政协委员扎实履职尽责，积极建言献策，奏响民主、团结、求实、奋进的时代乐章。

春潮澎湃起，扬帆正当时。

中共中央总书记、国家主席、中央军委主席习近平在十四届全国人大一次会议闭幕会上发表重要讲话，发出号召——

“团结奋斗，开拓创新，在新征程上作出无负时代、无负历史、无负人民的业绩，为推进强国建设、民族复兴作出我们这一代人的应有贡献！”

在以习近平同志为核心的党中央坚强领导下，全国各族人民满怀信心、鼓足干劲、勇毅前行，凝聚起磅礴力量，必将用新的伟大奋斗创造新的伟业。

标定方位共赴征程
——把党的二十大精神转化为国家意志和共同行动，在新的历史起点上向着新的奋斗目标进发

这是新时代新征程上的历史性时刻——

2023年3月10日上午，习近平总书记在十四届全国人大一次会议第三次全体会议上全票当选国家主席、中央军委主席。

长时间的热烈掌声响彻人民大会堂，充分反映了全党全军全国各族人民的共同愿望和心声。

庄严的一刻，崭新的起点。

站在新的起点上回望，新时代十年在中华民族伟大复兴历史进程中如此波澜壮阔——

党的十八大以来，在以习近平同志为核心的党中央坚强领导下，党和国家事业取得历史性成就、发生历史性变革，我国迈上全面建设社会主义现代化国家新征程。

党的十九大以来的5年极不寻常、极不平凡，我们党团结带领人民，如期打赢脱贫攻坚战，全面建成小康社会，实现第一个百年奋斗目标，推动党和国家事业取得举世瞩目的重大成就。

2022年是党和国家历史上极为重要、极为关键的一年，如期安全顺利举办北京冬奥会、冬残奥会，动态优化调整疫情防控政策措施，全年经济增长3%，党和国家事业取得了丰硕成果。

置身历史的洪流，感知时代的伟力。

安徽省农业科学院副院长赵皖平连续三届当选全国人大代表。他长期坚持在农村调研，见证了广袤中华大地从脱贫攻坚到全面推进乡村振兴、从全面小康到扎实推进共同富裕的非凡跨越。

“伟大历史性成就的取得，根本在于有习近平总书记作为党中央的核心、全党的核心掌舵领航，在于有习近平新时代中国特色社会主义思想科学指引。”赵皖平坚定地说。

站在新的起点上眺望，充满光荣和梦想的新征程如此恢宏浩荡——

党的二十大擘画了全面建设社会主义现代化国家、以中国式现代化全面推进中华民族伟大复兴的宏伟蓝图，吹响了踏上新征程的时代号角。

前程远大，击鼓催征。

2023年全国两会是党的二十大后召开的第一次全国两会。产生新一届国家机构和全国政协领导人员，审议审查或讨论政府工作报告、计划报告、预算报告、人大常委会工作报告、政协常委会工作报告、两高报告、立法法修正草案、国务院机构改革方案……

随着各项议程完成，党的二十大作出的战略部署、确立的行动指南通过法定程序转化为国家意志。

非同寻常的全国两会，标定新征程新方位——

立足新的时代方位，全国两会勾画建设中国式现代化阶段性施工图。

习近平总书记在人代会闭幕会上的重要讲话中强调“加快推进中国式现代化建设”，政府工作报告提出“扎实推进中国式现代化”，修改后的立法法明确“保障以中国式现代化全面推进中华民族伟大复兴”……今年全国两会上，中国式现代化是重要聚焦点。

举旗定向，纲举目张。

党的二十大概括提出并深入阐述中国式现代化理论。一个多月前，学习贯彻党的二十大精神研讨班开班式上，习近平总书记深刻阐释了中国式现代化的一系列重大理论和实践问题。

认识不断深化，推动实践不断丰富。从推进关键核心技术攻关到加快前沿技术研发和应用推广，从完善现代物流体系到大力发展数字经济，今年政府工作报告着重就加快建设现代化产业体系提出目标。

“减少对传统产业的过分依赖，才能华丽转身。”近年来，全国人大代表焦云所在企业的发展重心从煤炭开采、炼焦向石墨烯转变，赢得市场竞争力。他表示，要以党的二十大确定的路线图为指引，以全国两会描绘的施工图为方向，把企业推向现代化发展轨道。

着眼新的实践方位，全国两会部署牢牢把握高质量发展这个首要任务。

“必须完整、准确、全面贯彻新发展理念”“必须更好统筹质的有效提升和量的合理增长”“必须坚定不移深化改革开放、深入转变发展方式”“必须以满足人民日益增长的美好生活需要为出发点和落脚点”。

3 月 5 日，习近平总书记在参加他所在的十四届全国人大一次会议江苏代表团审议时，以“四个必须”为推动高质量发展进一步指明了前进方向、提供了重要遵循，系统阐述了推动高质量发展的必由之路、战略基点、必然要求、最终目的。

现场聆听总书记重要讲话后，江苏省产业技术研究院院长刘庆代表说：“我们要发挥科技体制机制改革试验田作用，推进创新链、产业链、资金链、人才链深度融合，努力成为实施创新驱动发展战略、推动长三角一体化高质量发展的重要引擎。”

登高望远，把握大势。

上海电气集团股份有限公司党委书记、董事长冷伟青委员表示：“国家战略指引企业的发展策略，目前我们所服务的产业链迎来国产替代的黄金时期，订单状况良好，坚持高质量发展是抓住战略机遇的基础和底气。”

瞄准新的目标方位，全国两会对全年经济社会发展作出部署安排。

国内生产总值增长 5% 左右，城镇新增就业 1200 万人左右，居民消费价格涨幅 3% 左右，粮食产量保持在 1.3 万亿斤以上……2023 年一系列主要预期目标已明确设定。

今年是全面贯彻党的二十大精神的开局之年，是实施“十四五”规划承前启后的关键一年、为全面建设社会主义现代化国家奠定基础的重要一年，实现全年各项目标任务意义重大。

习近平总书记强调，推进中国式现代化必须抓好开局之年的工作。

放眼全年，南开大学校长陈雨露代表认为，中国经济具有迎难而上、爬坡过坎的能力，一直在克服困难中发展进步，在应对挑战中超越自我，完全能够抵御短期波动，赢得长远发展。

展望未来，全国政协委员孙东生信心满满：“今天的中国充满生机活力，明天的中国奋斗成就梦想。我们满怀豪情，脚踏实地，共赴中国式现代化新征程。”

自信自强踔厉奋发
——满怀信心行进在中国式现代化康庄大道上

3 月 5 日下午，人民大会堂东大厅灯光璀璨。江苏代表团审议现场，习近平总书记与代表展开热烈交流。

“2017 年您考察徐工时乘坐的 220 吨全地面起重机，关键指标已达到全球第一，国产化率由原来的 71% 提升到 100%。”来自徐工集团的单增海代表给习近平总书记带来了一个好消息。

总书记肯定地说：“你们的工程机械是做出来了，达到了世界领先水平。从全世界来看，我们现在的制造业门类品种是最齐全的。同时，我们还要再提升，向中高端走，我们高质量发展要体现在这里。”

第二天下午，习近平总书记看望参加全国政协十四届一次会议的民建、工商联界委员，并参加联组会。迎着委员们热切的目光，总书记坚定地说：“党的十八大以来，我们始终坚持‘两个毫不动摇’、‘三个没有变’，始终把民营企业和民营企业家当作自己人。”

“总书记的话掷地有声、春风化雨，说到了我们的心坎上，大家倍感温暖和振奋。”蓝润集团董事长戴学斌代表说，现在改革红利不断释放，发展环境持续优化，“我们将乘势而上、不负时代，满怀热情谋发展”。

信心，在今年全国两会上汇聚与升腾。

中华民族伟大复兴进入开启新征程的关键时期，我国发展进入战略机遇和风险挑战并存、不确定难预料因素增多的时期。

向外看，世界百年未有之大变局加速演进，世界进入新的动荡变革期，全球发展和安全形势错综复杂，人类面临许多共同挑战。

向内看，我国改革发展稳定依然面临不少深层次矛盾，需求收缩、供给冲击、预期转弱三重压力仍然较大，经济恢复的基础尚不牢固。

有信心就有力量，就会孕育希望。

“什么时候没有困难？一个一个过，年年过、年年好，中华民族5000多年来都是这样。”去年底召开的中央经济工作会议上，习近平总书记的肺腑之言引起强烈共鸣。

由冬到春，又是一程。

从春天出发，新开局新气象彰显信心——

“生于春天，在希望的春天。”人代会四川代表团分组审议现场，汉源县古路村党支部书记郑望春代表说起自己名字的由来。

古路村被称为“悬崖上的村庄”，过去村民们进出村要靠树藤在岩壁上攀登。2018年索道开通后，原本3个小时的山路只需3分钟，外地游客纷纷来打卡。

现在，彝寨的梨花又将盛开。点开手机里的照片，给代表们介绍村里变化，郑望春满是喜悦：“我和乡亲们都对未来更有信心了。”

华夏大地春意更浓，生产车间愈发忙碌，田间地头一派热闹景象，奋斗者追梦人的干劲不断迸发……大江南北、会场内外，生机与活力的气息扑面而来。

开局成绩单里满载信心。站在“委员通道”上，中国旅游研究院院长戴斌委员亮出的数据令人眼前一亮：“今年春节假期全国国内旅游出游人数达3.08亿人次，创造了3758亿元旅游收入。”

全年目标图里展现信心。“权威部门话开局”发布会上，国家发展改革委副主任赵辰昕透露，31个省区市中有27个省份今年经济增长预期目标高于全国，各地的发展信心、采取的务实举措，为全国目标实现创造了条件、打下了基础。

从春天出发，新政策新举措夯实信心——

广东深圳盐田港，随着国际集装箱班轮一声长鸣，载有新能源汽车的巨轮踏上出海航程。

会场内，吉利控股集团有限公司董事长李书福委员说：“中国新能源汽车产销量连续8年排名世界第一，去年出口67.9万辆，同比增长120%。”

今年计划报告提出，打造一批标志性工程，深化国际产能合作和第三方市场合作。这让宁德时代董事长曾毓群委员捕捉到更大发展机遇：“我们要迎难而上，国内发展不停步，坚定不移走出去，努力占领全球新能源产业制高点。”

宏观政策齐发力、增强动能出实招、民生保障增投入，政府工作报告、计划报告、预算报告中的政策“组合拳”协调配合、协同发力，点燃推动全年发展的信心“发动机”。

坚持人民至上，不断实现人民对美好生活的向往。从居民收入增长与经济增长基本同步，到把促进高校毕业生就业摆在更加突出位置；从推动优质医疗资源扩容下沉和区域均衡布局，到义务教育均衡、职业教育提质、高等教育创新……全国两会多方面部署民生新举措，勾勒出民生发展新图景。

法治中国建设为高质量发展保驾护航。平等保护各类市场主体合法权益，依法惩治粮食、金融、能源资源等领域犯罪，发布优化法治环境促进民营经济发展壮大意见……两高报告为信心指数带来更多利好。

从春天出发，中国向世界传递信心——

“中国两会释放大量重要信息，不仅对中国未来发展十分重要，也对全球持续发展意义重大。”今日俄罗斯国际通讯社记者阿赛第一次参加中国两会报道，大会的热烈气氛让他颇为兴奋。

中国的“两会时间”，世界的“中国时间”。

全国两会开幕前夕，国际货币基金组织大幅上调中国经济增长预期，高盛、瑞信等国际投行也纷纷调高预期，表明对中国经济复苏力度非常有信心。

“我感受到中国民众的热情与活力，中国又回到了快速增长的轨道上。”近期到访中国的巴西瓦加斯基金会巴中研究中心主任埃万德罗 · 卡瓦略感慨道。

对于5%左右的国内生产总值增长预期目标，国际媒体投出信任票。《华尔街日报》报道说，中国经济以反弹之势拉开兔年序幕，如此开局表现提高了今年全球经济实现更强劲增长的可能性。

政府工作报告再次强调“更大力度吸引和利用外资”，这一强烈信号让不少跨国企业充满期待。“成百上千家美国企业热切盼望拓展在华业务。”美中贸易全国委员会会长克雷格 · 艾伦说。

中国的发展惠及世界，中国的发展离不开世界。

韩国韩中全球协会会长禹守根认为，中国所倡导的开放型经济是推动全球经济重回正轨、惠及各国民众的良方，中国作为负责任的大国不断努力通过拓展合作实现共赢。

凝心聚力同向同行
——践行全过程人民民主，集众智、谋良策、聚共识，激发亿万中华儿女为强国建设、民族复兴而团结奋斗

“很高兴，作为新一届全国人大江苏代表团的成员，同大家一起共商国是。”3月5日下午参加江苏代表团审议时，习近平总书记亲切地说。

今年1月19日，作为中央提名的代表候选人，习近平总书记在江苏参选，以全票当选第十四届全国人大代表。

那一天，魏巧第一次当选全国人大代表。6年前，她辞去工作，从城市回到乡村，探索数字化大田种植，如今是江苏省镇江市镇江新区永兴农机机械化专业合作社理事长。

“我们的年轻人、知识分子，也要双向流动。一方面在城镇化过程中成为新市民，另一方面农村对人才需求很大。像魏巧这样的同志到农村去，很

好！”交流中，习近平总书记赞许魏巧的选择。

无论是新市民、新农人，还是一个个新职业群体，新一届全国人大、全国政协中都有他们的身影。

十四届全国人大代表具有广泛代表性，保证了各地区、各民族、各方面都有适当数量的代表，一线工人、农民、专业技术人员和妇女代表占代表总数的比例都比上一届有所提高。

十四届全国政协增设环境资源界别，共有85名委员，包括环境资源领域党政领导干部、生态环保领域科研工作者、能源资源领域企业负责人等，顺应了推进美丽中国建设的需要。

全国两会期间，中国盲人协会副主席王永澄代表袒露心声：“党和国家高度重视残疾人事业，始终关注、关心着我们。奋进新征程，每个人都是参与者、建设者。我看不到精彩世界，却能作出精彩贡献。”

这是全过程人民民主的生动实践——

在中国的民主殿堂上，党的领导、人民当家作主、依法治国有机统一，党的主张、国家意志、人民意愿紧密融合。

全国两会期间，习近平总书记3次参加团组审议讨论，听取18名代表委员的发言。

3月6日，农历惊蛰，春日暖阳中，习近平总书记来到北京友谊宾馆聚英厅参加政协联组会，听取大家的意见和建议。

一位委员发言时，谈到新兴产业发展。习近平总书记指出，对于新兴产业，一定要搞好统筹规划，搞清楚市场有多大、风险在哪里，要防止一路所向披靡、孤军深入，最后却被人兜了底、全军覆没。

总书记把目光转向与会的中央和国家机关领导同志，进一步强调，国家产业政策一定要稳慎，制定产业政策、推动产业发展都要稳慎。希望我们的新能源产业，既要抓住机遇顺势而上，也要统筹好发展和安全的关系。

党和国家领导人、代表委员、相关部门工作人员集聚一堂，围绕重大问题共谋思路、共商对策，全国两会是集思广益、群策群力的重要平台。

纵观全国两会全程，人大代表团充分审议、政协界别热烈讨论，人大代表各抒己见、政协委员建言资政；

三场“代表通道”、三场“委员通道”，42名代表委员接受记者采访；三场“部长通道”，9位部门负责人回应热点关切；两场政协大会发言，26位委员走上讲台；

十四届全国人大一次会议共收到代表提出的议案271件，建议8000多件；全国政协十四届一次会议共收到提案5399件。

全过程人民民主不仅有完整的制度程序，而且有完整的参与实践。

3月13日，十四届全国人大一次会议表决通过关于修改立法法的决定，增加“立法应当坚持和发展全过程人民民主”的规定，确保立法活动和立法各个环节都能听到来自人民的声音、都能了解来自基层的情况，积极回应人民群众新要求新期待。

审议立法法修正草案时，上海市长宁区虹桥街道荣华居民区党总支第一书记盛弘代表在“基层立法联系点”相关条款下标注了记号。

去年11月，正是在虹桥街道的基层立法联系点，来自各方面的代表参加了一场征询会，围绕立法法修正草案提出意见建议。

“大到国家立法，小到社区治理，全过程人民民主已深深融入大家的日常工作和生活，我们享有的是广泛充分、真实具体、有效管用的民主。”盛弘说。

以民主凝聚共识，以共识增进团结。

全国两会的召开，让亿万人民的期盼与心声，有效连通党和国家事业发展的顶层设计和决策部署，党心与民心同频共振，政声与民意交融共鸣。

习近平总书记在政协联组会上的话语铿锵有力：“只有全体人民心往一处想、劲往一处使，同舟共济、众志成城，敢于斗争、善于斗争，才能不断夺取新的更大胜利。”

只争朝夕再谱新篇

——真抓实干、拼搏奋斗，为全面建设社会主义现代化国家开好局起好步

春色铺展，太行山石巍然而立，红旗渠水长流不息。

“实现第二个百年奋斗目标也就是一两代人的事，我们正逢其时、不可辜负，要作出我们这一代的贡献。”党的二十大闭幕后不久，习近平总书记在河

南省安阳市考察时来到红旗渠，发出有力号召。

“红旗渠精神是中华民族不可磨灭的历史记忆，永远震撼人心，永远激励我们前进。”全国人大代表、安阳市市长高永表示，强国建设、民族复兴的宏伟目标令人鼓舞，催人奋进，要坚决贯彻落实好全国两会精神，用新的奋斗创造新的业绩。

坚定不移推动高质量发展，始终坚持人民至上，更好统筹发展和安全，扎实推进“一国两制”实践和祖国统一大业，努力推动构建人类命运共同体……

新征程上，为全面建设社会主义现代化国家开好局起好步，全国两会是统一思想、凝聚力量、攻坚克难的动员会。

迎着春光，乘势而上。

坚持改革创新，奋楫争先立潮头——

3 月 10 日，国务院机构改革方案在十四届全国人大一次会议上表决通过。

国务院机构改革作为党和国家机构改革的一项重要任务，重点是加强科学技术、金融监管、数据管理、乡村振兴、知识产权、老龄工作等重点领域的机构职责优化和调整。

重新组建科学技术部、组建国家金融监督管理总局、组建国家数据局，深化地方金融监管体制改革、优化农业农村部职责、完善老龄工作体制……

湖南省株洲市市长陈恢清代表认为，改革方案针对性强、力度大、涉及面广，着力解决了一些事关重大、社会关注的难点问题，是发展所需、基层所盼、民心所向，对经济社会发展将产生重要影响。

今年是改革开放第四十五个年头，全国两会奏响了改革不停顿、开放不止步的强音。

习近平总书记参加江苏代表团审议时指出，要按照构建高水平社会主义市场经济体制、推进高水平对外开放的要求，深入推进重点领域改革，统筹推进现代化基础设施体系和高标准市场体系建设，稳步扩大制度型开放。

今年首月，我国实际使用外资金额同比增长 14.5%，持续成为外商投资兴业的热土。今年前两个月，我国货物贸易出口总值同比增长 0.9%，规模创历史同期新高。

“改革开放是当代中国发展进步的活力之源。”福建社会科学院副院长黄茂兴代表说，持续全面深化改革，坚定不移扩大开放，能进一步释放全社会创新创业创造动能，让我们不断赢得优势、赢得主动、赢得未来。

发扬斗争精神，咬定青山不放松——

“面对国际国内环境发生的深刻复杂变化，必须做到沉着冷静、保持定力，稳中求进、积极作为，团结一致、敢于斗争。”

习近平总书记在参加政协联组会时作出的这一重要论断，为在新征程上有效应对风险挑战、夺取新的更大胜利提供了科学的认识论和方法论。

应对艰和险，披荆斩棘；把握时与势，勇毅前行。

全国人大代表、湖南科技大学教授万步炎和他的团队秉持“国家落后于人的地方，就是我们努力的方向”理念，面向国家重大科技需求，勇攀科技高峰，让深海资源与地质钻探的关键核心技术牢牢掌握在中国人自己手里。

“我们中国人有能力、有志气，如果有人想卡我们的脖子，那是卡不住的。”万步炎说。

形势越是复杂，任务越是艰巨，越要保持战略定力，坚持办好自己的事。

全国两会期间，习近平总书记强调，我们能不能如期全面建成社会主义现代化强国，关键看科技自立自强。

“实现高水平科技自立自强，就是当祖国需要时，想用就有，想干就能。”中国航空工业集团有限公司型号总设计师唐长红委员自豪地说。

保持奋斗姿态，越是艰险越向前——

“让孩子就近上个好学校，找一个好的医院看病，村里面有一个好的生态环境……”2019 年全国两会期间，河南省濮阳县西辛庄村党支部书记李连成代表向习近平总书记道出农民的八个梦想。

一个个梦想正在逐渐变成现实，再次当选全国人大代表的李连成今年又讲述了第九个梦想：助力乡村振兴的科技下乡梦。

新梦想如何变成现实？“干都中了嘛，就是带着乡亲们加油干，更幸福的日子还在后面嘞。”李连成说。

实干才能成就伟业，奋斗才能梦想成真。

新征程上，我们面对的是风高浪急的国际环境和艰巨繁重的国内改革发展稳定任务，风险挑战只会越来越多、越来越严峻。

锚定新目标，完成新任务，唯有奋斗。

从依靠纺织起家的“中国近代第一城”到如今的“万亿 GDP 城市”，制造业是江苏南通的鲜明底色。南通市市长吴新明代表说，我们将坚持产业兴市、制造强市不动摇，强化招商引资拓增量、科技赋能提质量、壮群强链优结构，全面筑牢高质量发展的根基。

3 月 11 日，“奋斗者”号全海深载人潜水器圆满完成国际首次环大洋洲载人深潜科考航次任务。

从“蛟龙”号到“深海勇士”号，再到“奋斗者”号，中国载人深潜不断突破。中国船舶重工集团有限公司全海深载人潜水器总设计师叶聪委员踌躇满志，“面向国家重大需求，让更大规模、更强性能深潜装备服务国家使命，‘奋斗者’号来报到。”

冀望未来，大道宽广。

踏上新征程、阔步春风里，全国各族人民更加紧密地团结在以习近平同志为核心的党中央周围，坚定历史自信，增强历史主动，坚持守正创新，保持战略定力，发扬斗争精神，勇于攻坚克难，不断为强国建设、民族复兴伟业添砖加瓦、增光添彩！

（2023 年 3 月 14 日《人民日报》第 5 版）

李强总理出席记者会并回答中外记者提问

十四届全国人大一次会议3月13日上午在人民大会堂举行记者会，国务院总理李强应大会发言人王超的邀请出席记者会，并回答中外记者提问。国务院副总理丁薛祥、何立峰、张国清、刘国中参加。

记者会开始时，李强说，很高兴今天能够与各位媒体朋友在这里见面交流，首先要感谢大家为报道这次中国两会付出的辛劳。李强表示，我们衷心感谢党和人民的信任，也深知肩负的责任重大、使命光荣。我们一定在以习近平同志为核心的党中央坚强领导下，紧紧依靠广大人民，以奋发有为的精神状态和“时时放心不下”的责任意识，忠实履行宪法和法律赋予的职责，勇毅前行、廉洁奉公、鞠躬尽瘁、不辱使命。

中央广播电视总台记者：首先向您和四位副总理履新表示祝贺。新一届政府任期的未来五年对于全面建设社会主义现代化国家来说是开局起步的关键时期，国内外非常关注新一届政府的工作。新一届政府的施政目标是什么？有哪些工作重点？将会怎样开展工作？

李强：谢谢你的祝贺，谢谢大家对新一届政府工作的关心。

去年十月份召开的党的二十大，对我们国家今后五年和更长时间的发展作了全面的战略部署，大家比较关心的重大问题都能从党的二十大报告中找到清晰的答案。

新一届政府的工作，就是要把党中央的决策部署贯彻好、落实好，把党的二十大擘画的宏伟蓝图变成施工图，与全国人民一道，一步一个脚印把宏伟蓝图变成美好现实。

今后工作中，有这么几个方面是我们要重点把握的：

第一是牢固树立以人民为中心的发展思想。说到底，党和政府一切工作的宗旨就是为民造福。习近平总书记讲：“人民对美好生活的向往，就是我们的奋斗目标。”我们任何时候都必须始终牢记人民政府前面的“人民”这两个字，扎扎实实办好每一件民生实事。客观地讲，绝大部分老百姓不会天天盯着看 GDP 增长了多少，大家更在乎的是住房、就业、收入、教育、就医、生态环境等身边具体事。政府工作就是要贴近老百姓的实际感受去谋划、推进，真正做到民有所盼、政有所为。

第二是集中力量推动高质量发展。这次两会期间，习近平总书记在参加江苏代表团审议时特别强调，要牢牢把握高质量发展这个首要任务。我国经济社会发展已经取得了巨大成就，经济总量稳居世界第二，但发展还不平衡、不充分。任何一个总量指标，分摊到 14 亿多的人口基数上，人均水平都比较有限。现在，我们的发展更多地只是解决“有没有”的问题，下一步需要更加重视解决“好不好”的问题，特别是提高科技创新能力、建设现代化产业体系、推动发展方式绿色转型等。总的来说，我们要完整、准确、全面贯彻新发展理念，加快构建新发展格局，着力推动高质量发展。

第三是坚定不移深化改革开放。改革开放是决定当代中国命运的关键一招，我们在推进中国式现代化、实现第二个百年奋斗目标的历史进程中，还是要“吃改革饭、走开放路”。要坚持社会主义市场经济改革方向，坚持高水平对外开放，在深化改革开放中不断增强发展的动力和活力。

美国消费者新闻与商业频道记者：今年是中国疫情过峰后的第一年，很多人预期经济将在短期内反弹，中国准备采取怎样的措施实现全年经济增长目标？中国经济在今年及接下来的五年将面临哪些有利和不利的因素？未来五年中国计划采取什么样的政策来支持可持续、高质量增长？近几年中国在应对债务、资本无序扩张等系统性风险方面的政策取得了哪些成效？

李强：这位记者朋友很会抓机会，我记了一下，你一口气提了 4 个问题、涉及 6 方面内容。时间关系，我只能择要作些回答。

今年世界经济形势总体不容乐观，不稳定、不确定、难预料因素比较多，如何稳增长对世界各国都是一个考验。今年，中国经济预期增长目标定为 5% 左右，这是我们综合考虑各方面因素后确定的。当然，中国的经济总量已经突破 120 万亿元，基数很高，加上今年的新挑战不少，要实现 5% 左右的增长，并不轻松，需要倍加努力。

有关具体政策措施，去年中央经济工作会议已经作了全面部署，基本取向是坚持稳字当头、稳中求进，推动经济运行整体好转。稳，重点是稳增长、稳就业、稳物价；进，关键是在高质量发展上取得新进步。具体来讲，我想要特别做好几件事，或者说要打好这么几套组合拳：一是宏观政策的组合拳，二是扩大需求的组合拳，三是改革创新的组合拳，四是防范化解风险的组合拳。这些组合拳，都是有其具体内涵的，有的还会根据实践的需要不断充实、调整和完善。

刚才，这位记者朋友问到了有利和不利因素问题。中国发展确实有很多优势条件，比如，市场规模巨大，产业体系完备，人力资源丰富，发展基础厚实等，更重要的是制度优势显著。说到困难，大家都有困难，今年我们的困难也不会少，但是，大家想一想，哪个时候、哪一年没有困难呢？我们从来都是在克服困难中不断实现新发展的。我们这一代中国人从小听得最多的故事就是大禹治水、愚公移山、精卫填海、夸父逐日等等，都很励志，讲的都是不怕困难、不畏艰险、勇于斗争、自强不息的精神，我们中国人不会被任何困难所压倒。

从最近两个多月情况看，我国经济运行出现了企稳回升态势，一些国际组织也调高了今年中国经济增速的预期。对中国经济的前景，我想用 8 个字来概括，就是“长风破浪，未来可期”。对此，我充满信心。

香港凤凰卫视、凤凰网记者：这几年，香港实现了由乱到治的根本性转折。香港稳定下来了，发展问题又摆在了眼前。随着世界政经局势和环境的变化，有评论认为现在港澳的竞争力弱化了。请问，您如何看待港澳未来的发展前景？中央政府下一步还会有哪些措施支持港澳发挥自己的优势和特点，实现更好的发展？

李强：中央政府始终高度重视发挥香港、澳门的优势和特点。回归以来，在国家的支持下，香港国际金融、航运、贸易三大中心地位得到了巩固和提高，澳门作为旅游休闲中心享誉世界。

近年来，受各种因素影响，香港、澳门经济发展遇到一些困难，但这是暂时的困难、发展中的困难。中央政府将全面准确、坚定不移贯彻“一国两制”方针，全力支持香港、澳门融入国家发展大局，全力支持香港、澳门发展经济、改善民生，全力支持香港、澳门提高国际竞争力。有祖国作坚强后盾、有

“一国两制”的制度保障，香港、澳门的地位和作用只会加强、不会削弱。香港、澳门的明天一定会更加美好！

新加坡联合早报记者：您早年当过温州市委书记，温州市以及您后来任职的浙江、江苏以及上海都是中国民营经济非常发达的地方，您对民营经济有很深的了解。请问您认为中国还需要采取哪些措施提振民企的信心、支持民企的发展？还有哪些地方做得不够、需要补齐？

李强：大家一定都已关注到，这次两会期间，习近平总书记在看望全国政协委员时，就民营经济健康发展、高质量发展作了深刻阐述，引起热烈反响。广大民营企业家深受鼓舞、深受激励，都很振奋。

我长期在民营经济比较发达的地方工作，经常有机会与民营企业家交流，对他们发展中的期盼和顾虑还是比较了解的。在这里，我主要想表达这么几层意思：

第一，“两个毫不动摇”是我国基本经济制度的重要内容，是长久之策，过去没有变，以后更不会变。确实，去年有段时间，社会上有一些不正确的议论，使一些民营企业家内心感到忧虑。其实在发展民营经济这个问题上，党中央的方针政策一直是非常明确的。党的十九大、二十大和去年的中央经济工作会议，都作了强调。对此，我们是旗帜鲜明、坚定不移的。

第二，民营经济的发展环境会越来越好，发展空间会越来越大。我们将在新起点上大力营造市场化、法治化、国际化营商环境，平等对待各类所有制企业，依法保护企业产权和企业家权益，促进各类经营主体公平竞争，支持民营企业发展壮大。从发展空间看，中国具有超大规模的市场需求，还有很多新领域新赛道有待开拓，都蕴藏着巨大的发展机遇。民营经济一定是大有可为的。

第三，时代呼唤广大民营企业家谱写新的创业史。这也是我特别想说的一点。经济发展有其客观规律，也依赖客观条件，但更需要很强的主观能动性。希望民营企业家大力弘扬优秀企业家精神，坚定信心再出发。说到这里，我不由想起当年江浙等地发展个体私营经济、发展乡镇企业时创造的“四千”精神：走遍千山万水、说尽千言万语、想尽千方百计、吃尽千辛万苦。虽然现在创业的模式、形态发生了很大的变化，但是当时那样一种筚路蓝缕、披荆斩棘的创业精神，是永远需要的。我们各级领导干部要真诚关心、服务民营企业，构建亲清政商关系，带动全社会形成尊重创业者、尊重企业家的良好氛围。我相信，在新时代新征程上，广大民营企业家一定能谱写出更加辉煌的创业史。

澎湃新闻记者：网民对于一些民生热点问题高度关注。今年我国就业形势依然严峻，请问政府将采取哪些措施稳就业呢？去年中国出现了多年未有的人口负增长，这是否意味着人口红利即将消失？今年会不会出台延迟退休政策？

李强：我很愿意回应网民的关切，一有时间我也会上网，看看网民关注什么，有什么好的意见建议。

刚才，你实际上提了三个问题。第一个问题，就业问题。就业是民生之本，解决就业问题，最根本的一条，还是要靠发展经济。具体工作中，我们将全面落实就业优先战略，进一步加大就业服务、技能培训等方面的政策支持力度，多措并举稳定和扩大就业岗位，支持和规范发展新就业形态。今年高校毕业生预计 1158 万，从就业看，有一定压力；但从发展看，注入的是蓬勃的活力。我们将进一步拓宽就业渠道，帮助年轻人通过劳动和奋斗，更好地实现自己的人生价值。

第二个问题，人口负增长问题。我国人口增长由正转负，有人担心人口红利会不会就此消失。我看没那么简单。人口红利既要看总量、更要看质量，既要看人口、更要看人才。我国有近 9 亿劳动力，每年新增劳动力都超过 1500 万，人力资源丰富仍然是中国的突出优势。更重要的是，我国接受高等教育的人口已超过 2.4 亿，新增劳动力平均受教育年限达到 14 年。可以说，我们的“人口红利”没有消失，“人才红利”正在形成，发展动力依旧强劲。当然，我们对人口增减可能带来的问题还要作深入的分析研判，积极应对。

至于延迟退休政策问题，我们将认真研究、充分论证，在适当时候稳妥推出。

乌兹别克斯坦人民言论报记者：国际上有些人质疑，相比于其他国家，中国在防疫上实施了两年多的严控，是否确有必要？应对未来可能出现的新一波疫情，中国作了哪些准备？

李强：疫情三年，中国人民在中国共产党的坚强领导下，同心抗疫，现在已经取得重大决定性胜利。三年多来，我们始终坚持人民至上、生命至上，坚持科学精准防控，因时因势优化调整防控措施。在病毒致病力较强的阶段，我们果断实施“乙类甲管”，有效保护了人民生命安全和身体健康，也为疫苗和药物研制、疫苗接种普及等争取了宝贵时间。随着病毒致病力减弱和我国防治能力提高，我们对防控措施作了一系列优化调整，适时进行了转段，实施了“乙类乙管”。中国这样一个人口众多、发展不平衡的大国，用不到两个月的时间实现了疫情防控平稳转段，较快恢复了经济社会正常秩序，是很了不起的。实践证明，我国疫情防控的各项策略措施是完全正确的，防控成效是巨大的。

人类与病毒的斗争是一个长期历史过程。当前新冠疫情传播的风险仍然存在，我们将及时研判，做好预测预警，并制定完善不同情景下的疫情应对预案，不断加强医疗卫生服务体系建设，加快疫苗和药物的研发，加强与国际社会的合作和协调，共同维护人类健康福祉。

台湾联合报记者：大陆方面表示，将始终关爱、尊重、造福台湾同胞。随着大陆疫情防控措施的调整和优化，两岸民众都希望能够尽快全面恢复两岸的正常交流和往来。请问大陆方面在推动两岸经济文化合作交流以及人员往来方面有何规划？

李强：两岸同胞是一家人，血浓于水，打断骨头连着筋。我们将在一个中国原则和“九二共识”的基础上，继续推动两岸经济文化交流合作，要让更多台胞、台企来大陆，不仅愿意来，而且能融得进，有好的发展。

当前，早日实现两岸同胞正常往来，恢复各领域常态合作，是大家的共同期望，需要共同努力。

人民日报记者：全面建设社会主义现代化国家，最艰巨最繁重的任务仍然在农村。请问本届政府在推进乡村振兴上有哪些考虑？对保障中国粮食安全有哪些举措？

李强：中国是一个农业大国，现在还有近5亿人常住在农村。没有农业农村现代化，社会主义现代化是不全面的。在去年底召开的中央农村工作会议上，习近平总书记对建设农业强国、做好“三农”工作、推进乡村振兴作出了全面部署。当前我们就是要按照习近平总书记的要求，抓好各项任务的落实。

就乡村振兴来讲，下一步在具体工作中，我感到要突出三个关键词：一是全面。不光是发展经济，而是要全面彰显乡村的经济价值、生态价值、社会价值、文化价值。二是特色。中国地域辽阔，“十里不同风、百里不同俗”，要因地制宜，打造各具特色的乡村风貌，保护和传承好地域文化、乡土文化，不能千村一面。三是改革。要通过深化农村改革来促进乡村振兴，广大农民是乡村振兴的主体，必须充分调动他们的积极性，要让他们积极参与改革，并更好分享改革发展成果。

刚才你还提到粮食安全问题。我国粮食产量连续 8 年超过 1.3 万亿斤，总体上粮食安全是有保障的，我们将抓住耕地和种子“两个要害”，不断提高粮食生产能力。我这里特别想跟农民朋友们说句话：政府所有支持粮食生产的政策只增不减，鼓励大家多种粮，确保 14 亿多中国人的饭碗牢牢端在自己手中。

中阿卫视记者：当前，地缘政治摩擦和去全球化加剧，中美关系紧张对立，虽然中国一直强调坚定不移推进改革开放，但外资外企依然难以安心经营，有的开始考虑撤离。请问，中国的对外开放政策会有变化吗？您如何看待当前的中美关系及其改善前景？

李强：今年是中国改革开放 45 周年，改革开放发展了中国，也影响了世界。从我掌握的情况看，绝大多数外资企业依然看好在华发展前景，去年，中国实际使用外资 1890 多亿美元，创历史新高，比三年前增加了近 500 亿美元。这说明，中国依然是全球投资高地。

对外开放是我们的基本国策，无论外部形势怎么变，我们都将坚定不移向前推进。我这里特别想说一说中国国际进口博览会，这是中国主动向世界开放市场、共享发展机遇的重大举措，已连续举办 5 届，即使在疫情之下也没有中断，去年有 127 个国家和地区的 2800 多家企业参展。进博会的举办充分说明，开放的中国大市场是各国企业发展的大机遇。

今年，我们还将对接高标准国际经贸规则，进一步扩大开放。中国开放的大门会越开越大、环境会越来越好、服务会越来越优。开放的中国欢迎大家来投资兴业。

有关中美关系的具体问题，秦刚外长在前几天的记者会上已经作了阐述，我不再多作重复。当前重要的是，把习近平主席同拜登总统去年 11 月份会晤时达成的一系列重要共识，转化为实际政策和具体行动。

我知道，这几年在美国国内有些人在炒作两国“脱钩”的论调，有时还很热，但我不知道到底有多少人能真正从这种炒作中受益。据中方统计，去年，中美贸易额近 7600 亿美元，创下历史新高。中美两国经济你中有我、我中有你，彼此都从对方的发展中受益。我去年大部分时间是在上海工作，接触了不少包括美资在内的外企高管，他们都告诉我看好上海、看好中国，希望从合作中实现共赢。这些都表明，中美可以合作、也应该合作。中美合作大有可为。围堵、打压对谁都没有好处。

新华社记者：新一届政府面临着艰巨繁重的任务，各方面也寄予很高的期许，这对于政府的履职能力、工作作风都提出了新的要求。请问新一届政府在加强自身建设方面有哪些考虑?

李强：确实，如你所说，新的使命任务对我们提出了新的更高要求。我们打算，以新一轮政府机构改革为契机，切实加强政府自身建设，进一步转变职能、提升效能、改进作风。突出抓四件事：

一是大兴调查研究之风。最近党中央已提出明确要求，国务院要带头认真抓好落实。我长期在地方工作，有一个很深的感受：坐在办公室碰到的都是问题，深入基层看到的全是办法。高手在民间。我们要推动各级干部多到一线去，问需于民、问计于民，向人民群众学习，真正帮助基层解决实际问题。特别是长期在大机关工作的年轻同志，要深入基层、心入基层，更多地接地气。

二是扎实推进依法行政。政府工作必须在法律框架内进行，所有行政行为都要于法有据。要进一步加强法治政府建设，不断提高运用法治思维、法治方式解决问题的能力。

三是提高创造性执行能力。各级政府部门和公务人员，都要有服务意识、发展意识，特别是在履行审批、管理职能时，不能光踩刹车、不踩油门；不能尽设路障、不设路标；凡事要多作“应不应该办”的价值判断，不能简单地只作“可不可以办”的技术判断。要坚决反对一切形式主义、官僚主义，真正做有创造力的执行者。

四是坚决守住廉洁底线。我们将始终以严的标准、严的措施抓好廉洁政府建设，对一切腐败行为一定要零容忍。每一位政府工作人员都要自觉接受监督，真正做到忠诚、干净、担当。

记者会在人民大会堂三楼金色大厅举行，历时约 80 分钟，参加采访的中外记者约 500 人。

（2023 年 3 月 14 日《人民日报》第 2 版）

李强主持召开国务院常务会议 研究国务院机构设置有关工作，讨论《国务院工作规则（修订稿）》 新一届国务院开始全面履职

国务院总理李强 3 月 14 日主持召开新一届国务院第一次常务会议，研究国务院机构设置有关工作，讨论《国务院工作规则（修订稿）》。新一届国务院开始全面履职。

会议强调，习近平总书记在全国两会期间发表了一系列重要讲话，具有很强的政治性、思想性、指导性、针对性。新一届政府要以习近平新时代中国特色社会主义思想为指导，深入学习领会习近平总书记重要讲话和全国两会精神，认真抓好贯彻落实。会议强调，国务院首先是政治机关，必须旗帜鲜明讲政治，深刻领悟“两个确立”的决定性意义，增强“四个意识”、坚定“四个自信”、做到“两个维护”。要坚持守正创新，系统学习掌握习近平总书记重要指示批示精神和党中央决策部署，大兴调查研究之风，深入研究重大问题、提出重大举措、推进重大工作，创造性地把各项任务抓实抓好。要增强“一盘棋”意识，团结共事、合力干事，相互支持、相互配合，协同高效开展工作。

根据党的二十届二中全会审议通过的《党和国家机构改革方案》和十四届全国人大一次会议审议批准的国务院机构改革方案，会议审议通过了国务院直属特设机构、直属机构、办事机构、直属事业单位、部委管理的国家局设置。会议指出，机构改革是当前一项重大政治任务，要切实把思想和行动统一到党中央决策部署上来，讲政治、顾大局，精心组织、周密实施，确保机构、职责、队伍等及时调整到位，确保改革期间各项工作正常运转、有序衔接。要以这次机构改革为契机，适应构建新发展格局、推动高质量发展的需要，进一步

转变政府职能，完善工作机制，提高工作本领，改进工作作风，推动有效市场和有为政府更好结合。

会议讨论了新修订的《国务院工作规则》，决定将修订稿提请国务院第一次全体会议审议。会议强调，做好国务院工作，必须把维护党中央权威和集中统一领导作为最根本的政治纪律和政治规矩，坚持和完善党中央重大决策部署落实机制，自觉同党中央重大要求对标对表，确保党中央决策部署不折不扣落实。要坚持科学民主决策，坚持依法行政，推动政府工作规范有序高效运转。要扛起全面从严治党政治责任，锲而不舍落实中央八项规定及其实施细则精神，自觉接受各方面监督，不断推进廉洁政府建设。

会议还研究了其他事项。

（2023 年 3 月 15 日《人民日报》第 1 版）

李强主持召开国务院第一次全体会议强调 当好贯彻党中央决策部署的执行者行动派实干家 在新的起点上推动各项工作开好局起好步

国务院总理李强3月17日主持召开新一届国务院第一次全体会议。会议宣布国务院领导同志分工和国务院机构设置，审议通过新修订的《国务院工作规则》，对政府工作作出部署。李强强调，要坚定维护以习近平同志为核心的党中央权威和集中统一领导，全面贯彻党的二十大精神，紧紧围绕新时代新征程党的中心任务开展工作，为全面建设社会主义现代化国家、实现中华民族伟大复兴的中国梦不懈奋斗。

李强指出，本届政府任期的五年，是全面建设社会主义现代化国家开局起步的关键时期。本届政府的工作，就是要把党中央的决策部署贯彻好、落实好，我们每一位同志都要当好执行者、行动派、实干家。执行者，就是要全面准确领会党中央战略意图，不折不扣落实党中央各项要求，同时提高创造性执行的能力，确保党中央决策部署落地见效。行动派，就是要坚持用行动说话，响应党中央号召、贯彻党中央要求，必须雷厉风行、迅速有力，确保党中央政令畅通、令行禁止。实干家，就是不仅要真抓实干、埋头苦干，而且要善作善成、把事做成，努力创造经得起历史、实践和人民检验的业绩。

李强指出，要按照党中央对今年工作的部署，着力抓好重点任务落实，在新的起点上推动各项工作开好局、起好步。要牢牢把握高质量发展这个首要任务，坚持稳字当头、稳中求进，科学精准实施宏观政策，综合施策释放内需潜能，推动经济运行持续整体好转。要把发展经济的着力点放在实体经济上，打好关键核心技术攻坚战，加快建设现代化产业体系。要进一步深化改革开放，谋划实施新一轮国有企业改革，促进民营经济发展壮大，稳住外贸外资基本盘。要有效防范化解重大风险，牢牢守住不发生系统性风险的底线。要全力抓好农业农村工作，切实保障粮食和重要农产品稳定安全供给，巩固拓展脱贫攻坚成果。要深入推进环境污染防治，持续改善生态环境质量，积极稳妥推进碳达峰碳中和。要做好社会事业发展、疫情防控等各方面工作，不断增强人民群众的获得感、幸福感、安全感。

李强强调，要全面加强政府自身建设，把政治建设摆在首位，大兴调查研究之风，认真落实机构改革任务，坚持严格依法行政，提高创造性执行效能，为完成各项目标任务提供有力保障。国务院及各部门的领导同志要带头讲政治、守规矩，严律己、不谋私，勤作为、勇担当，形成风清气正、团结奋进的良好局面。

国务院全体会议组成人员出席会议。国务院其他部门、单位的负责人列席会议。

（新华网）

后　记

东风浩荡，奋进新程；凝心聚力，奋楫扬帆。万众瞩目的十四届全国人大一次会议、全国政协十四届一次会议于3月上旬在北京胜利召开。参加两会的代表委员以习近平新时代中国特色社会主义思想为指导，深刻领悟“两个确立”的决定性意义，增强“四个意识”、坚定“四个自信”、做到“两个维护”，代表人民利益，传递人民心声，认真履职尽责，积极建言献策，用实际行动践行着代表人民、为了人民、服务人民的光荣使命。

2014年以来，我社连续推出“来自两会的声音”图书，在广大读者中产生了良好反响。在今年两会胜利闭幕之际，我社又策划出版了《奋楫扬帆——来自两会的声音》。本书首先收录了习近平总书记在两会上的系列重要讲话，为广大读者学习贯彻两会精神指明了方向。同时，本书从中国式现代化、推动高质量发展、实现高水平科技自立自强、构建新发展格局、建设农业强国、完善基层治理、加强民生保障、实现民营经济健康发展、推进全体人民共同富裕、推动发展方式绿色转型等方面汇集了部分代表委员的精彩发言。全书力求真实地传达来自两会的声音，生动地反映全国各族人民的愿望，让广大干部群众更好地学习领会习近平新时代中国特色社会主义思想，全面贯彻党的二十大精神，砥砺前行，推动经济社会持续健康发展，为全面建设社会主义现代化国家、全面推进中华民族伟大复兴，为把我国建设成为富强民主文明和谐美丽的社会主义现代化强国不懈奋斗！

参加本书组稿和编校工作的有：冯文礼、朱艳华、廖厚才、曹庆臻、张朕、徐晓晨、晁操、刘璇、王建玲、王君宁、张天杨、王战星、张丽、代青霞、刘磊、郭江妮、许小雪、邱耿、刘琳、宫媛媛、张国旗、张馨睿、郭春蕾、薛磊、李岩、李颖等同志，杨柳同志提供了部分稿件。本书收录的部分文章来源于新华社、人民日报、光明日报、经济日报等媒体，由于时间关系，其中一些未能及时与作者取得联系，敬请谅解。请作者速与我们联系，以便奉上稿酬，赠送样书。

本书编委会

2023 年 3 月